Bernhard Bülow

Gerd Fesser

REICHSKANZLER FÜRST VON BÜLOW

Architekt der deutschen Weltpolitik

Militzke

Bibliografische Information der Deutschen Bibliothek
Die Deutsche Bibliothek verzeichnet diese Publikation in der Deutschen Nationalbibliografie; detaillierte bibliografische Daten sind im Internet über http://dnb.ddb.de abrufbar.

1. Auflage

Lektorat: Kristina Kremin
Umschlaggestaltung: Ralf Thielicke
Umschlaggestaltung unter Verwendung eines Fotos von AKG, Berlin
(Portätaufnahme vor 1909 von Jacob Hilsdorf)
Satz und Layout: Anneli Gebhardt
Gesetzt aus der Stone Serif
Gesamtherstellung: Jütte-Messedruck Leipzig GmbH
ISBN 3-86189-295-2

INHALTSVERZEICHNIS

VORWORT

Bernhard Fürst von Bülow (1849–1929) ist heute im öffentlichen Bewusstsein der Deutschen kaum noch präsent. Während seiner Amtszeit als Reichskanzler (1900–1909) hingegen war er mächtiger und populärer als alle anderen sechs Nachfolger des »Eisernen Kanzlers« Otto von Bismarck. Neben Kaiser Wilhelm II. war er die schillerndste Figur innerhalb der Führungsriege des Reiches.

Nach dem Tode Bülows erschienen 1930/31 in vier Bänden seine fesselnd geschriebenen »Denkwürdigkeiten«. Die Enthüllungen über Wilhelm II. und über die Rolle der deutschen Reichsregierung bei der Auslösung des Ersten Weltkrieges, die in diesen Memoiren enthalten waren, lösten eine wahre Sturzflut an Anti-Bülow-Pamphleten aus. In diesen Schriften wurde ein rabenschwarzes Charakterbild des Fürsten gezeichnet. Vereinzelte Ausläufer dieser »Front-wider-Bülow«-Literatur erscheinen bis auf den heutigen Tag.

Als Staatssekretär des Auswärtigen Amtes (1897–1900) und Reichskanzler war Bülow der Architekt der deutschen »Weltpolitik«. In den Jahren vor 1989/90 konnte man mit gutem Grund meinen, die wilhelminische »Weltpolitik« liege nicht nur sehr weit zurück, sondern sei auch für die künftige deutsche Außenpolitik ohne jede Relevanz. Nach der deutschen Vereinigung und dem Ende der Ost-West-Konfrontation zeigt sich aber: Es gibt zwischen der außenpolitischen Situation des deutschen Kaiserreichs vor hundert Jahren und der des vereinigten Deutschland auffällige Parallelen. Deutschland ist heute – wie am Ende des 19. Jahrhunderts das Kaiserreich – dabei, seine Rolle in der internationalen Politik neu zu definieren. Da mag der Blick auf die Versuchungen und Fehlleistungen der damaligen außenpolitischen Neuorientierung nützlich sein.

DIE ERSTEN 24 JAHRE

Man schrieb das Jahr 1849. Das Dorf Klein-Flottbek gehörte damals noch zum Herzogtum Holstein. Es lag sieben Kilometer westlich von Altona und reichte nahe an das rechte Elbufer heran. Der Ort war ein beliebtes Ausflugsziel der Altonaer und Hamburger. Das besondere Interesse vieler Besucher galt dem weitläufigen Park, den Martin Jenisch, Senator der Freien Stadt Hamburg, hatte anlegen lassen.

Hier, in Klein-Flottbek, erblickte am 3. Mai Bernhard Heinrich Martin Carl von Bülow im Landhaus seiner Großmutter Emilie Rücker das Licht der Welt. Der Knabe entstammte väterlicherseits einer der ältesten und am meisten verzweigten deutschen Adelsfamilien. Die Bülows kamen aus Mecklenburg, wo 1154 erstmalig ein Gottfried von Bülow urkundlich erwähnt worden war. Allein im 14. Jh. stellten sie viermal den Bischof von Schwerin. Im 17., 18. und 19. Jh. haben dann zahlreiche Bülows in Preußen, aber auch in Sachsen und Hannover sowie in Russland, Österreich, Polen, Schweden und Dänemark als hohe Militärs und Staatsbeamte oder auch als Schriftsteller gewirkt. Die bekanntesten von ihnen waren neben dem Reichskanzler der General der Infanterie Friedrich Wilhelm Graf Bülow von Dennewitz (1755–1816) und der Dirigent, Pianist und Musikschriftsteller Hans von Bülow (1830–1894). Der Generaloberst und spätere Generalfeldmarschall Karl von Bülow (1846–1921), ein Vetter des Reichskanzlers[1], befehligte 1914 während der Marneschlacht die deutsche 2. Armee. Ein später Spross des Geschlechts ist der 1923 geborene Zeichner, Schriftsteller und Schauspieler Loriot, der mit bürgerlichem Namen von Bülow heißt (die Bülows führen den Pirol im Wappen, der auch »Vogel Bülow« genannt wird und im Französischen »Loriot« heißt).

Schon Bernhard Bülows Großvater Adolf war in den dänischen Staatsdienst getreten. Sein Vater Ernst Bernhard[2] folgte im Jahre 1837. Der kleine Bernhard besaß deshalb die dänische Staatsangehörigkeit. Mütterlicherseits war Bernhard mit den führenden Hamburger Großbürgerfamilien Rücker, Jenisch und Godeffroy verwandt. Seine Mutter Luise Victorine war eine geborene Rücker. Martin

Jenisch war sein Großonkel und sein Pate. Nach Bernhard wurden seine sieben Geschwister geboren: die Brüder Adolf [3], Alfred [4], Waldemar (1853), Christian (1855), Carl Ulrich [5] und Friedrich [6] sowie die Schwester Bertha (1858).

Ernst Bernhard Bülow war streng konservativ eingestellt, gleichwohl jedoch ein hochgebildeter Mann, vor allem ein großer Verehrer Goethes. Im Jahre 1850 wurde Bülow senior zum Bundestagsgesandten für die Herzogtümer Holstein und Lauenburg ernannt. Der König von Dänemark war gleichzeitig Herzog von Holstein und Lauenburg und konnte deshalb einen Vertreter in den Bundestag entsenden. Familie Bülow siedelte dann nach Frankfurt am Main über.

In Frankfurt gaben Bankiers und Großkaufleute gesellschaftlich den Ton an. Frankfurt war seit 1815 Freie Stadt. Seit 1816 beherbergte es den Bundestag, das ständige Organ des Deutschen Bundes. Bernhard und seine Geschwister haben sich in der traditionsreichen Stadt sehr wohlgefühlt, wenngleich sie den Welthandelsplatz Hamburg imponierender fanden. Bülow senior hatte keinen Grundbesitz und war vor seiner Heirat auch nicht vermögend gewesen. Seine Frau hatte jedoch Geld in die Familie gebracht. Die Bülows konnten deshalb ein »standesgemäßes« Leben führen.

Ernst Bernhard von Bülow, 1873–1879 Staatssekretär des Auswärtigen Amtes, der Vater Bernhard von Bülows

Bernhard und seine Geschwister hatten eine behütete, glückliche Kindheit. Die Eltern fuhren oft mit ihnen zu dem nahegelegenen Rupenheim. Dieses Schloss gehörte dem Landgrafen Wilhelm von Hessen, der mit einer dänischen Prinzessin verheiratet war. Der kleine Bernhard spielte dort mit den Kindern des Prinzen Christian von Holstein-Glückstadt, der dann 1863 König von Dänemark werden sollte. Er konnte nicht wissen, dass seine Spielgefährten dereinst allesamt auf Thronen Platz nehmen würden: Alexandra heiratete den späteren König Eduard VII. von England, Dagmar (als Maria Feodorowna) den späteren Zaren Alexander III. und Peter Christian wurde als Georg I. König von Griechenland.

Bernhard wurde zu Hause von englischen und französischen Gouvernanten beaufsichtigt. Sein Vater sprach als Diplomat natürlich perfekt Französisch, seine hanseatische Mutter Englisch. So konnte der Junge nebenher die beiden Weltsprachen erlernen. Bis zum zwölften Lebensjahr wurde er von hessischen Hauslehrern unterrichtet. Bernhard hatte gute geistige Anlagen, und sie konnten sich unter derartig günstigen Bedingungen optimal entfalten.

Die Bülows wohnten in der Neuen Mainzer Straße. Nicht weit davon, in der Gallusgasse, wohnte ein Mann, dessen Name in Frankfurt in aller Munde war: der preußische Gesandte Otto von Bismarck. Bismarck war der Hecht im Karpfenteich des Bundestages. Er beschwor beständig Konflikte mit dem österreichischen Gesandten herauf und zerstörte so die beschauliche Atmosphäre, die vor seinem Eintreffen geherrscht hatte.

Der Preuße hat über fast alle seine Frankfurter Kollegen sarkastische, ja teilweise vernichtende Urteile gefällt. Den Gesandten Dänemarks hingegen schätzte er von Anfang an. Bereits am 26. Juni 1851 schrieb er an Leopold von Gerlach, den einflussreichen, hochkonservativ eingestellten Generaladjutanten des preußischen Königs Friedrich Wilhelm IV.: »Herr von Bülow aus Holstein gehört [...] zu den besten Elementen der Versammlung, er ist ein angenehmer Gesellschafter von liebenswürdigen Manieren, dabei schlau und umsichtig ...«[7] Als der kleine Bernhard sieben Jahre alt war, ging er einmal an der Hand seines Vaters die Bockenheimer Landstraße entlang. Da kam ihnen Bismarck entgegen. Er musterte den Sprössling seines Kollegen und meinte lächelnd: »Der Junge sieht ehrgeizig aus.«[8]

Im Herbst 1861 schickte Vater Bülow seine Söhne Bernhard und Adolf auf das Frankfurter Gymnasium. Sie wurden in die Quarta aufgenommen (das war nicht die vierte, sondern die dritte Klasse) und zu Ostern 1862 in die Tertia versetzt. Direktor der Schule war Tycho Mommsen (ein Bruder des berühmten Historikers Theodor Mommsen), der seinen Schülern eisern die Grundlagen des Griechischen und Lateinischen einpaukte. Besonders mochte Bernhard seinen Geschichtslehrer Dr. Theodor Creizenach. Creizenach war Jude, und die beiden Bülows prügelten sich seinetwegen einmal mit einigen Mitschülern, die in der Pause antisemitische Schmierereien an die Tafel gemalt hatten. Bernhard war ein eifriger Schüler, und so wurde ihm im Oktober 1862 im Zeugnis bescheinigt: »Er hat sich durch lobenswertes Betragen, sorgfältigen Fleiß und sehr gute Fortschritte in allen Unterrichtsfächern die vorzügliche Zufriedenheit seiner Lehrer erworben.«[9]

In der damaligen Zeit sah man das 13./14. Lebensjahr des Menschen als den Übergang von der Kindheit zum Jugendalter an. Bei Bernhard Bülow waren das folglich die ereignisreichen Jahre 1862/63. Seine ersten neun Lebensjahre waren in die Zeit einer politischen Kirchhofsruhe gefallen. Nach der Niederwerfung der Revolution von 1848/49 unterdrückten die regierenden Adelskreise in fast allen Staaten des Deutschen Bundes nicht nur alle revolutionären und demokratischen Kräfte. Sie drangsalierten auch Liberale und verweigerten ihnen jegliche Teilhabe an der politischen Macht.

Ende der 50er Jahre begann in Deutschland das Ringen darum, wie bürgerliche Umwälzung und nationale Einigung zu Ende geführt würden. Im Jahre 1858 berief in Preußen der Prinzregent Wilhelm – der spätere König und Kaiser Wilhelm I. – eine Regierung aus liberalkonservativen und altliberalen Ministern und leitete so die »Neue Ära« ein.[10] Diese Regierung wurde freilich auf die Dauer weder den Interessen der Junker noch denen des liberalen Bürgertums gerecht. Es flammte ein Machtkampf zwischen der Krone und den Liberalen auf.[11] Wilhelm I., nunmehr König, entließ schließlich 1862 die Minister der »Neuen Ära« und berief ein antiliberales Kampfkabinett. An dessen Spitze stand ein alter Bekannter und Freund der Familie Bülow: Otto von Bismarck.

Auch im Königreich Dänemark kam Bewegung in die Politik. In den regierenden Kreisen gewannen die nationalistischen »Eiderdänen« die Oberhand. Diese Nationalisten drängten darauf, die Selbstverwaltungsrechte der deutschen Bevölkerung im Herzogtum Schleswig aufzuheben, was ihnen dann Ende 1863 gelingen sollte. Bülow senior geriet dadurch in einen Loyalitätskonflikt und schied 1862 aus dem dänischen Staatsdienst aus. Er nahm einen Vorschlag des Großherzogs Friedrich Wilhelm von Mecklenburg-Strelitz an, künftig dessen kleines Fürstentum zu regieren. Im Frühjahr 1863 übersiedelte Familie Bülow nach Neu-Strelitz.

Die beiden Großherzogtümer Mecklenburg-Schwerin und Mecklenburg-Strelitz gehörten politisch wie ökonomisch zu den rückständigsten Territorien Deutschlands. Der blinde Großherzog Friedrich Wilhelm freilich war der Meinung, es sei am besten, wenn in seinem »Ländle« alles beim alten bleibe. Einem gebürtigen Frankfurter wäre es gewiss sauer geworden, das liebliche Taunus-Gebirge gegen die herbe ebene Mecklenburger Landschaft einzutauschen. Doch Bernhard Bülow, der an der »Waterkant« geboren war und die Sommermonate stets in Klein-Flottbek verbracht hatte, fühlte sich in Neu-Strelitz und dessen Umgebung durchaus wohl.

In Neu-Strelitz besuchten Bernhard und Adolf das Gymnasium Carolinum. Bernhard arbeitete sich in seiner Klasse allmählich vom zehnten auf den vierten Platz vor. Zu Ostern 1865 bekam er sein letztes Zeugnis. Darin erhielt er seine beste Note in Französisch, seine schlechteste in Religion.[12] Der Französischlehrer befreite Bernhard und Adolf bald vom Unterricht. Der Grund: Ihre Klassenkameraden sprachen das Französische hartnäckig mit plattdeutschem Akzent, und der Lehrer befürchtete, das werde auf die beiden Brüder abfärben. Bernhard war bei allem Fleiß aber keineswegs ein Stubenhocker, sondern tummelte sich mit Adolf viel auf der Reitbahn und wanderte mit ihm bis nach Rügen.

Im Sommer 1864 teilte Ernst Bernhard Bülow seinen beiden Ältesten mit, dass er sie im folgenden Jahr auf das so genannte Pädagogium (ein Gymnasium mit Internat) zu Halle schicken werde. Es lag auf der Hand, dass seine fünf Söhne (Waldemar war 1855 gestorben) in dem kleinen Mecklenburg-Strelitz nur sehr begrenzte Entwicklungsmöglichkeiten haben würden. So sagte er denn zu Bernhard und Adolf: »Ich schicke euch auf eine preußische Schule, da ihr doch wohl einmal euren Weg in Preußen machen werdet, damit ihr euch rechtzeitig an die preußische Art gewöhnt.«[13] Im Frühjahr 1865 ging es nach Halle.

Das dortige Pädagogium wurde von Schülern wie Lehrern allgemein »Pädchen« genannt. Über einen seiner Lehrer, den Geographen und Theologen Hermann Adalbert Daniel, hat Bernhard Bülow später gesagt, dieser habe ihn in seiner Jugendzeit nächst dem Vater am stärksten beeinflusst.[14] Daniel war von dem aufgeweckten Knaben angetan und beschäftigte sich viel mit ihm. Er hielt seinen Schüler dazu an, über den Lehrplan hinaus Goethe sowie antike Autoren zu lesen, lenkte sein Interesse auf die Geschichte und förderte sein nationales Empfinden. Von seinem Lehrer ermuntert, lieferte Bernhard eine erstaunliche Gedächtnisleistung: Er lernte den ersten Teil des »Faust« auswendig und behielt ihn bis ins hohe Alter parat.

Seit dem Frühjahr 1866 wurde es immer offensichtlicher, dass Bismarck auf einen Krieg mit Österreich zusteuerte. Bismarck wusste genau, was er wollte: Deutschland mit »Eisen und Blut« unter preußischer Führung einigen und so nebenher die Hauptforderung des Bürgertums erfüllen – und gleichzeitig die Liberalen weitgehend von der politischen Macht fernhalten.[15]

Nicht nur die demokratischen Kräfte in Deutschland, sondern auch das Gros des liberalen Bürgertums hielt an einer strikten Opposition gegen den »Konfliktsminister« fest.[16] Bismarck hatte einst 1847 als fanatischer Reaktionär die Bühne der Politik betreten, und dieser Ruf hing ihm noch immer an. In Wirklichkeit hatte er mittlerweile viel Sinn für politische Realitäten entwickelt. Magistrate und Stadtverordnetenversammlungen etlicher preußischer Städte sandten an den König Petitionen. Sie bestürmten darin den Monarchen, Bismarck zu entlassen und einen Krieg mit Österreich zu verhindern. Der Direktor des »Pädchens«, Kramer, war ein strammer Konservativer. Er hatte seinen Zöglingen jegliche Zeitungslektüre verboten – außer der »Neuen Preußischen Zeitung« (Kreuzzeitung), hinter der die konservativsten Kräfte Preußens standen. So waren Bernhard Bülow und seine Mitschüler einhellig über die Haltung der preußischen Stadtväter empört.[17]

Nach dem Sieg über Österreich[18] machte Bismarck mit den preußischen Liberalen seinen Frieden, was etlichen Konservativen gar nicht gefiel. Seine Regierung hatte seit 1862 verfassungswidrig Geldmittel ausgegeben. Er beantragte jetzt beim Abgeordnetenhaus eine nachträgliche Genehmigung dieser Mittel und die Mehrzahl der liberalen Abgeordneten stimmte am 3. September 1866 zu.

Während Bismarck auf diese Weise seine »Revolution von oben« einleitete, legte Bülow im August 1867 das Abitur ab. Die Noten auf seinem Reifezeugnis lauteten: Religion, Deutsch, Französisch, Geschichte/Geographie »Vorzüglich«, Latein und Griechisch »Gut«, Mathematik »Befriedigend«. In der Verbaleinschätzung hieß es: »Während der ganzen Zeit seines Schulbesuches hat er sich ebenso sehr durch eifrigen Fleiß als durch sein freundliches Wesen und in jeder Beziehung lobenswertes Betragen seinen Lehrern und Mitschülern wert gemacht […]«[19]

Bülows Klasse erhielt für den Deutschaufsatz das Thema: »Unsere mittelalterlichen Volksepen – ein großes und herrliches ›Lied von Treue‹!« Der Aufsatz Bülows lässt erkennen, dass der jugendliche Verfasser die germanischen bzw. deutschen Heldenepen gut kannte. Nicht minder gut kannte er die einschlägigen germanistischen Lehrmeinungen seiner Zeit, die zumeist eine deutliche nationalistische

Einfärbung trugen und auf den Mythos einer besonderen germanisch-deutschen Treue fixiert waren. So sagte Bülow denn abschließend über die Heldenepen: »Es spiegelt sich in ihnen die ganze Treue unseres Volkes ab. Die größte Tugend des Deutschen ist auch – wie [August] Vilmar sagt – der Pulsschlag seines Volksliedes.«[20] Im Abiturzeugnis urteilte Daniel über Bülows Aufsätze: »Die trefflichen, meist des ersten Zensurgrades würdigen Klassenaufsätze boten neben reichem und durchdachtem Inhalt, der ein reiches Wissen und eine umfängliche Belesenheit zur Geltung brachte, vornehmlich auch durch die gewandte Herrschaft über die Form dem Leser wirklichen Genuß. Der Examensaufsatz schließt sich diesen Arbeiten würdig an.«[21] Sobald Bülow das Abitur in der Tasche hatte, tat er etwas, wovon er schon seit Jahren träumte: Er verbrannte die verhasste Logarithmentafel.

Ab Herbst 1867 studierte Bülow Jura: 1867/68 in Lausanne, 1868/69 in Leipzig, 1869/70 in Berlin. Aber er besuchte nur wenige Vorlesungen. In Lausanne hörte er lediglich bei dem Romanisten Gay, in dessen Haus er wohnte. Ansonsten schwänzte er. In Leipzig hörte er vor allem bei Wilhelm Roscher[22], dem Begründer der älteren historischen Schule der politischen Ökonomie in Deutschland. Weitaus mehr als dieser Empiriker beeindruckte ihn Rudolf Gneist[23], an dessen Vorlesungen er in Berlin teilnahm. Das Spezialgebiet dieses hochproduktiven Mannes war das englische Staats- und Verfassungsrecht. Gneist war Parlamentsabgeordneter und gehörte bis 1866 zu den entschiedenen Gegnern Bismarcks. Seit den Ereignissen von 1866 hatte er sich aber, wie so viele andere Liberale auch, zu einem Bewunderer Bismarcks gemausert und sich den Nationalliberalen angeschlossen. Bülow schätzte an Gneist insbesondere dessen scharfsinnige und geistreiche Art der Darstellung.

Bülow las viel, darunter zahlreiche Romane, vor allem französische. Er hat später in seinen »Denkwürdigkeiten« geschrieben, aus guten Romanen könne man für den Umgang mit Menschen, für das praktische Leben mehr lernen als aus Lehrbüchern.[24]

Vater Bülow wünschte nicht, dass sein Sohn in ein studentisches Korps eintrete. Seitdem der junge Mann einmal am Kneipabend einer Verbindung teilgenommen hatte, hielt er sich auch aus eigenem Antrieb von allen Korporationen fern. Literweise Bier zu trinken und dabei laut zu schwadronieren, das lag ihm nicht. Er ging lieber in die Turnhalle oder den Fechtsaal und überdachte auf langen Spaziergängen seinen Lesestoff.

Der junge Bülow war von »bester Familie«, sah gut aus, hatte ein gewandtes Auftreten. Er war blond und mit 1,77 Metern für damalige Verhältnisse hochgewachsen. So fand er denn bei der Damenwelt Anklang. Er hatte einige Amouren, ohne dabei schon eine tiefere innere Bindung zu empfinden.

Durch den Wechsel von Klein-Flottbek nach Frankfurt am Main, Neu-Strelitz und Halle, dann von Lausanne nach Leipzig und Berlin hat Bülow in seiner Kindheit und Jugend weitaus reichere Eindrücke erfahren als ein durchschnittlicher junger Landadliger. Partikularismus und Provinzialismus waren ihm fremd. Er wuchs in der selbstverständlichen Vorstellung auf, zu den Oberen Zehntausend zu gehören. Antibürgerliche Affekte, die bei so vielen Junkern eine Rolle spielten, kannte er nicht.

Bülows Vater war unterdessen nach Berlin übergesiedelt. Der Großherzog von Mecklenburg-Strelitz kritisierte von reaktionären Positionen aus heftig die Bismarcksche »Revolution von oben«. Auch dem alten Bülow hatte die Politik seines einstigen Frankfurter Kollegen anfänglich nicht behagt. Er besaß aber genug Realitätssinn, um die 1866 geschaffenen Tatsachen zu akzeptieren. So legte er sein Amt als Staatsminister nieder und wurde 1868 Gesandter der beiden mecklenburgischen Großherzogtümer in Berlin.

Im Jahre 1870 fand Bismarck einen geeigneten Weg, die ins Stocken geratene nationale Einigung in seinem Sinne voranzutreiben: Er provozierte Kaiser Napoleon III. zum Krieg. Zum Missbehagen seines Vaters meldete Bülow junior sich im Juli als Kriegsfreiwilliger. Er trat in eins der renommiertesten preußischen Kavallerieregimenter ein: das in Bonn stationierte Husarenregiment Nr. 7, dessen Chef König Wilhelm I. war.

Bülow hatte noch nicht gedient und musste deshalb erst ausgebildet werden. Anfang November kam er an die Front. In den großen Schlachten zu Beginn des Krieges war die Reiterei oft in geschlossenem Verband zur Attacke eingesetzt worden, wobei sie sehr schwere Verluste erlitt, so bei Gravelotte-St. Privat. Jetzt aber standen Aufklärung, Vorpostendienst und Melderitte im Vordergrund. Nur einmal, während der Schlacht an der Hallue (23./24. Dezember 1870), geriet Bülow in einen Nahkampf. Er hatte seinem Vater die Erlaubnis abgetrotzt, Avantageur (Offiziersanwärter) zu werden. Am 8. März 1871 konnte er die Schulterstücke eines Leutnants (damals hieß das noch »Secondelieutenant«) anlegen.

Nach dem Krieg diente Bülow dann weiter in Bonn. Hier schloss er sich an seinen Regimentskameraden Franz Prinz zu Arenberg an. Arenberg[25] wurde einer der ganz wenigen wirklichen Freunde, die Bülow je gefunden hat, und ihre Verbundenheit sollte bis zum Tode Arenbergs im Jahre 1907 anhalten. Die katholischen Herzöge zu Arenberg waren eine der reichsten Familien Deutschlands. Sie hatten großen Grundbesitz in Deutschland, Frankreich, Belgien und Luxemburg und besaßen auch Kohlengruben und Eisenhütten. Die Arenbergs gehörten zu jenen Magnaten, die ökonomisch und politisch ein Bindeglied zwischen Adel und Großbürgertum darstellten. Der Kontakt zu dieser Familie dürfte für die Ausformung der politischen und sozialen Auffassungen Bülows nicht unwesentlich gewesen sein.

Bülow wurde von seinem Vater gedrängt, das Referendar-Examen abzulegen. Gemeinsam mit Arenberg ließ er sich im November 1871 beurlauben und ging an die Universität Greifswald. Seine juristischen Kenntnisse waren recht bescheiden. Bülow arbeitete eisern, um sich den riesigen Wissensstoff anzueignen, den man für die Prüfung parat haben musste. Er war geistesgegenwärtig und wusste sich auszudrücken. So schaffte er im März 1872 die Prüfung mit »Gut«. Arenberg hingegen, der viel mehr wusste, aber nicht so schlagfertig war, musste sich mit »Befriedigend« begnügen.

Nach dem Examen eröffnete Vater Bülow seinem Ältesten, dass er ihn für den diplomatischen Dienst vorgesehen und auch schon alles geregelt habe. Der Junior fügte sich und hing am 11. August 1872 die kleidsame, russischblaue Attila der »Königshusaren« an den Nagel.

Am 1. September trat er als unbezahlter Referendar am Kaiserlichen Landgericht Metz in den Vorbereitungsdienst, am 1. März 1873 wechselte er ins Bezirkspräsidium Metz über. In Metz lieferte er eine erste Probe seiner späteren legendären Beredsamkeit. Er übernahm als Offizialverteidiger den Fall eines bayerischen Landstreichers, der in einem Garten Äpfel gestohlen und dabei den Gartenbesitzer, einen lothringischen Bauern, erschlagen hatte. Die Sache war eigentlich sonnenklar. Doch Bülow plädierte so leidenschaftlich und sophistisch zugunsten des Beschuldigten, dass die französischsprachigen Geschworenen diesen schließlich frei sprachen.[26] Am 26. November 1873 trat er dann in das Auswärtige Amt ein, das mittlerweile einen neuen Chef bekommen hatte: Ernst Bernhard von Bülow.

POLITISCHE LEHR- UND WANDERJAHRE 1873–1888

Der 24jährige Eleve der Diplomatie war begabt und voller Ehrgeiz, und er brachte alle Voraussetzungen mit, zügig Karriere zu machen. Er gehörte dem alten Adel an, war Reserveoffizier eines exklusiven Regiments und verfügte bereits über vielfältige gesellschaftliche Verbindungen, die man damals »Konnexionen« nannte. Bülow besaß Humor und Schlagfertigkeit und jenes optimistische, ja sonnige Naturell, das einen Menschen in seiner Umgebung beliebt macht. Und zu alledem kam die Protektion seines einflussreichen Vaters.

Bülow senior wusste ganz genau, dass ein Staatssekretär des Auswärtigen Amtes unter der Ägide des »Eisernen Kanzlers« kein eigenes Profil entwickeln konnte. Er arrangierte sich mit seinem einstigen Kollegen, war ihm ein geschickter wie auch absolut loyaler Gehilfe und kam vortrefflich mit ihm aus.

Vater Bülow sorgte dafür, dass sein Sprössling im Auswärtigen Amt das Diplomatenhandwerk gründlich erlernte. Er ließ ihn je drei Wochen lang im Zentralbüro, im Chiffrierbüro und in der Legationskasse, dann je sechs Wochen lang in der Handelspolitischen Abteilung und in der Rechtsabteilung ausbilden.

Bülow junior ging viel in Gesellschaft, insbesondere zu Bismarcks, aber auch zu Marie von Schleinitz (der Gattin des königlichen Hausministers Alexander Frh. von Schleinitz, mit dem Bismarck auf Kriegsfuß stand), zu Gneist, zu dem Fabrikanten Albert Borsig und dem Bankier Adolf von Hansemann. Als er 1863 zum ersten Male nach Berlin gekommen war, da hatte er die Stadt noch recht öde gefunden und unvorteilhafte Vergleiche mit Hamburg und Frankfurt angestellt. Beispielsweise gab es damals in der Hauptstadt noch Straßen mit übelriechenden offenen Rinnsteinen. In den Gründerjahren aber platzte Berlin aus allen Nähten. Das Straßenbild war mittlerweile weitaus lebhafter geworden, und es herrschte eine hektische Bautätigkeit.

Ab Herbst 1874 schickte Bülow senior seinen Sohn ins Ausland: von Oktober 1874 bis Mai 1875 an die deutsche Botschaft in Rom, von Dezember 1875 bis April 1876 nach St. Petersburg, im April 1876 nach Wien. Zwischendurch bestand der Attaché im November

1875 das diplomatische Examen mit Auszeichnung. Der junge Bülow lernte so drei der großen europäischen Hauptstädte aus eigener Anschauung kennen und verschaffte sich einen Eindruck von den führenden Politikern dieser Länder.

In Wien verliebte Bülow sich in die Frau des Ersten Sekretärs der deutschen Botschaft. Maria Gräfin Dönhoff[1] war eine bildschöne grazile Frau, gebildet und kunstbegeistert. Franz Liszt war ihr Klavierlehrer gewesen, und Franz Lenbach hat sie gemalt. Ihr sizilianisches Temperament vertrug sich schon lange nicht mehr mit dem pedantischen Wesen ihres Gatten. Die Beziehungen Bülows zum Grafen Karl Dönhoff wurden bald kompliziert, und so bat er seinen Vater, ihn zu versetzen. Er blieb aber in den folgenden Jahren mit Maria Dönhoff in brieflicher Verbindung und traf sich etliche Male heimlich mit ihr. Seine spätere Behauptung, er habe Maria Dönhoff erst 1883 näher kennen gelernt und erst seit dieser Zeit mit ihr korrespondiert[2], ist unzutreffend.

Im Dezember 1876 wurde Bülow, der erst 27 Jahre alt war, die Leitung der deutschen Gesandtschaft in Athen übertragen. Am griechischen Königshof nannte man ihn seiner Jugendlichkeit wegen allgemein »das Kind«.[3] Mit König Georg, der einst in Rupenheim sein Spielgefährte gewesen war, stand er bald auf vertrautem Fuße. Im damaligen Bildungsideal nahm die antike griechisch-römische Geschichte und Literatur einen gewaltigen Rang ein. Es bedeutete für Bülow viel, die Akropolis täglich vor Augen zu haben, Olympia, Sparta und Korfu, die Insel des Odysseus, aufzusuchen.

Maria Gräfin Dönhoff, seit 1886 die Frau Bernhard von Bülows

Athen war in diesen Jahren für die deutsche Diplomatie ein wichtiger Horch- und Beobachtungsposten. Im April 1877 mündete die Orientalische Krise nämlich in den Russisch-Türkischen Krieg ein.[4] Für die Balkanvölker war dies ein nationaler Befreiungskrieg. Gleichzeitig aber war es ein Griff des Zarismus nach Konstantinopel (Istanbul), das die panslawistischen Kreise »Zarigrad« nannten. Das rief Russlands Rivalen England und Österreich-Ungarn auf den Plan und beschwor die Gefahr eines großen europäischen Krieges herauf.

Vom 13. Juni bis 13. Juli 1878 tagte dann der berühmte Berliner Kongress.[5] Hier gelang es Bismarck, die Kriegsgefahr abzuwenden und zwischen Russland, Österreich-Ungarn und England einen Kompromiss auszuhandeln. Bülow war im Mai 1878 aus Athen abberufen und ins Sekretariat des Kongresses delegiert worden. Ihm bot sich so die einzigartige Gelegenheit, all die führenden Staatsmänner der europäischen Großmächte agieren zu sehen – den russischen Außenminister Alexander Michajlowitsch Fürst Gortschakow, den englischen Premierminister Benjamin Earl of Beaconsfield (Disraeli), den österreichisch-ungarischen Außenminister Gyula Graf Andrássy und viele andere. Disraeli schrieb übrigens, nachdem er im Hause des Staatssekretärs Bülow zu Gast gewesen war, an Queen Victoria, Bernhard Bülow und sein Bruder Adolf seien die »bestaussehenden, bestgekleideten und bestgearteten jungen Gentlemen«, denen er je begegnet sei.[6] Der junge Bernhard Bülow verfolgte voller Bewunderung, wie souverän Bismarck den Kongress leitete. Der Berliner Kongress markierte den Höhepunkt von Bismarcks außenpolitischem Wirken zwischen 1871 und 1890. Bismarck hatte in den Jahren 1866 bis 1871 nicht nur durch eine Revolution von oben den deutschen Nationalstaat errichtet, sondern auch das überkommene europäische Staatensystem aus den Angeln gehoben. Seitdem – genauer: seit der »Krieg-in-Sicht-Krise« von 1875[7] – war seine Politik dann auf etwas ganz anders ausgerichtet, nämlich darauf, den Status quo zu erhalten: den territorialen Besitzstand und die soziale Ordnung des Kaiserreiches sowie – wahrlich nicht zuletzt – die eigene Machtposition.[8]

Bülows Vater teilte nach dem Berliner Kongress seinen Filius für drei Monate der Politischen Abteilung des Auswärtigen Amtes zu. Dort las der junge Bülow neben seiner laufenden Arbeit voller Eifer in den politischen Akten. Er suchte sich die machiavellistischen Intentionen seines großen Chefs ganz und gar zu eigen zu machen. Bismarck war bestrebt, die Sicherheit Deutschlands zu garantieren, indem er die Expansionsbestrebungen der potentiellen Gegner in entfernte Regionen lenkte und die Zwistigkeiten zwischen diesen Mächten schürte. Am 2. November 1878 erklärte der Kanzler in einem internen Schreiben an das Auswärtige Amt, er würde es als

»Triumph unserer Staatskunst« empfinden, »wenn es uns gelänge, das orientalische Geschwür offen zu halten und dadurch die Einigkeit der Großmächte zu vereiteln und unseren eigenen Frieden zu sichern.«[9]

Die herrschenden Kreise Russlands waren mit den Ergebnissen des Berliner Kongresses nicht zufrieden. Als den Hauptschuldigen dafür, dass sie einen Teil ihrer Ziele nicht erreicht hatten, betrachteten sie Bismarck. Das trug zu einer Verschlechterung der deutsch-russischen Beziehungen bei. Bismarck schloss deshalb schließlich im Oktober 1879 ein Bündnis mit Österreich-Ungarn, den Zweibund. Bülow erlebte mit, wie Bismarck den anfänglichen Widerstand Wilhelms I. gegen dieses Bündnis brach: Der Kanzler ließ von Mitarbeitern des Auswärtigen Amtes, zu denen auch der junge Bülow gehörte, en masse angebliche Zuschriften von Bürgern aus allen Teilen Deutschlands fabrizieren und sie dem Kaiser vorlegen. Schließlich glaubte der solcherart bearbeitete Monarch, »das deutsche Volk« rufe wie ein Mann nach dem Bündnis mit Österreich – und er gab nach.[10]

Nach seiner Gastrolle im Auswärtigen Amt wurde Bülow im November 1878 zum Zweiten Sekretär der Botschaft in Paris ernannt. Über den deutsch-französischen Beziehungen lag seit 1871 der Schatten der Annexion von Elsass-Lothringen. Die führenden französischen Politiker jeglicher Couleur waren auf die Idee der Revanche eingeschworen. In den 70er Jahren fanden in Frankreich heftige Auseinandersetzungen zwischen Monarchisten und Republikanern statt, bei denen die Republikaner 1879 endgültig die Oberhand gewannen. Bismarck unterstütze die Republikaner, weil er meinte, dass der russische Zarismus sich nicht mit einem republikanischen Frankreich verbünden werde.

Deutscher Botschafter in Paris war in den Jahren 1874–1885 Chlodwig Fürst zu Hohenlohe-Schillingsfürst[11], ein recht liberal eingestellter Grandseigneur, mit dem Bülow von Anfang an gut auskam. Der junge Diplomat fand schnell Zugang zur aristokratischen Gesellschaft des Faubourg Saint-Germain. Im Hause des Grafen Roger du Nord lernte er auch Leon Gambetta kennen, der seit Herbst 1870 tatkräftig den nationalen Widerstand Frankreichs geleitet hatte. Politisch sah Bülow in Gambetta naturgemäß den Gegner, als Persönlichkeit imponierte dieser ihm jedoch.

Am 20. Oktober 1879 starb Bülows Vater, der seine Gesundheit in der Tretmühle des Auswärtigen Amtes ruiniert hatte. Auf dringliches Anraten seines Arztes hatte er ein Abschiedsgesuch eingereicht, es sich aber von Bismarck ausreden lassen. Auf der Fahrt in einen Erholungsurlaub traf ihn ein Schlaganfall. Herbert von Bismarck, der Sohn des Kanzlers, schrieb am 7. November 1879 an den Diplomaten Carl von Eisendecher: »Der Tod des alten Bülow hat meinen Vater sehr ergriffen, es ist ein schwerer, kaum zu ersetzender Verlust.« [12] Der Tod seines Vaters bedeutete für Bülow auch, dass er seinen Weg fortan auf sich selbst gestellt, ohne Protektion machen musste.

1880 wurde Max von Thielmann [13] Erster Sekretär der Pariser Botschaft. Wenn Hohenlohe Urlaub machte (und das tat er ausgiebig), dann verbreitete Thielmann als Geschäftsträger jede Menge Hektik und frönte seinem Hang, die anderen Mitarbeiter zu belehren und zu bevormunden. Dem Dritten Sekretär, Philipp Graf zu Eulenburg, ging er derart auf die Nerven, dass der sich bereits nach sechs Monaten versetzen ließ. In einem Brief sprach Eulenburg von der »qualvollen Zeit«, die er in Paris erlebt habe. [14] Bülow ließ sich von Thielmann nichts gefallen. Er beschwerte sich beharrlich bei Hohenlohe und zog ihn schließlich ganz auf seine Seite. Am 19. November 1882 bat Hohenlohe dann Herbert Bismarck, für die Abberufung Thielmanns zu sorgen. Bereits drei Tage später konnte der Kanzlersohn ihm mitteilen, dass Thielmann versetzt werde. Sein Vater habe mit Blick auf Thielmann gesagt, dass »Taktlosigkeit überhaupt die schlimmste Eigenschaft sei, die ein diplomatischer Beamter haben könne.« [15] Im August 1883 wurde Bülow dann, wie Hohenlohe es vorgeschlagen hatte, Erster Sekretär.

Bülows politische Berichterstattung folgte ganz der Linie Bismarcks, die darauf gerichtet war, Frankreich nach außen zu isolieren und im Inneren zu schwächen. So erklärte er am 14. November 1882 in einem Brief an Friedrich von Holstein: »Mein bald vierjähriger Aufenthalt hier hat mich immer mehr in der Überzeugung bestärkt, dass wir in Frankreich im Interesse unserer Sicherheit die Republik mit besserem Rechte, aber aus denselben Gründen aufrechterhalten müssen, die Frankreich seit Franz I. bewogen, den Partikularismus in Deutschland zu pflegen.« [16] Und am 30. März 1883, gleichfalls an Holstein: »M. u. E. sollte die Republik in unserem Interesse die ihr hoffentlich noch vergönnten Jahre nutzen, um einerseits Frankreichs Kräfte und Geld in Kolonialunternehmen festzulegen, andererseits den Kulturkampf in Gang zu bringen.« [17]

Die Tätigkeit Bülows fand in Berlin Anklang. Bereits am 23. Oktober 1881 hatte Hohenlohe nach einem Gespräch mit dem Reichskanzler in seinem Tagebuch vermerkt, im Auswärtigen Amt sei man mit Bülows politischer Berichterstattung mehr zufrieden als mit der Thielmanns.[18] Im März 1883 kam Herbert Bismarck für einige Tage nach Paris. Am 28. März schrieb er seinem Vater, Bülow passe »sehr gut« nach Paris, und alle Leute, die er kennen gelernt habe, hätten laut dessen Lob gesungen.[19]

Im März 1884 besuchte Bülow in Rom Maria Dönhoff und deren Eltern. Anschließend reiste er über Neapel und Palermo nach Tunis und Algier. In Algier schrieb er am 18. April einen ausführlichen Brief an Holstein. Er teilte der »Grauen Eminenz« des Auswärtigen Amtes mit, dass er entschlossen sei, die mittlerweile geschiedene Maria Dönhoff zu heiraten. Bülow berichtete, dass er Maria im Jahre 1881 veranlasst habe, die Scheidung einzureichen. Der frischgebackene Legationsrat schrieb: »Wenn ich die an Geist und Herz gleich außergewöhnliche Frau aufgäbe, die mein ganzes Leben ist, welche mir so viele Beweise von Liebe und Treue gegeben hat und sich mir ganz anvertraute, würde ich keine glückliche Minute mehr haben und ein gebrochener Mann sein [...] Nichts wird mich verhindern auszuführen, was ich nun acht Jahre anstrebe. Ich werde nie von der Gräfin D. lassen, auch wenn ich im Falle der Heirat mit ihr abgehen [d. h., aus dem Dienst ausscheiden – d. V.] müsste.«[20]

Bülows Verbindung mit Maria Dönhoff passt nicht so recht in das Bild des gefühlskalten, stets berechnenden »Strebers«, das dessen Gegner und etliche Historiker immer wieder gemalt haben. Angesichts der damals herrschenden Moralauffassung war eine Eheschließung mit einer geschiedenen Frau für einen Beamten ein tiefschwarzer Fleck in der Personalakte. Hinzu kam, dass Maria Dönhoff mit der Kronprinzessin Viktoria eng befreundet war, was die Bismarcks mächtig gegen sie einnehmen musste. Herbert von Bismarck nahm denn auch, sobald er von Bülows Vorhaben erfuhr, eine schroff ablehnende Haltung ein.[21] Der Legationsrat musste sehr wohl mit der Möglichkeit rechnen, dass seine heißerstrebte berufliche Karriere ein jähes Ende nehmen würde.

Holstein empfahl dem verliebten jungen Kollegen, die geplante Verlobung und Eheschließung erst einmal für einige Monate zu vertagen. Bülow akzeptierte das und bat Holstein darum, ihn auf einen fernen diplomatischen Posten zu versetzen, wo er mit seiner künftigen Frau keinen Anstoß erregen würde. Er nannte Alexandria,

Sofia und Tanger. Am 29. Juni 1884 wurde er in der Tat versetzt, freilich nach St. Petersburg. Gleichzeitig bestellte Bismarck ihn auf sein pommersches Gut Varzin.

In Varzin las der Kanzler Bülow ein Privatissimum über seine Russlandpolitik.[22] Das A und O für die Außenpolitik des Deutschen Reiches, so betonte er, sei das Verhältnis zu Russland. Aus diesem Grunde sei Petersburg der wichtigste diplomatische Posten. Es müsse alles getan werden, um einen deutsch-russischen Krieg zu vermeiden. Bülow solle in Petersburg nicht müde werden, immer wieder zu erklären: Niemand könne voraussehen, wie ein Krieg zwischen Deutschland, Österreich-Ungarn und Russland ausgehen würde. Nur eines sei ganz sicher: Die drei Monarchen würden die Zeche zu zahlen haben, und »die Revolution« würde die Gewinnerin sein.[23]

Während seiner Reise nach Petersburg machte Bülow in Königsberg Station und fasste die Äußerungen Bismarcks in einem Gedächtnisprotokoll zusammen. Darin heißt es unter anderem: »S.[eine] D.[urchlaucht] über auswärtige Lage. Friedenspolitik! Warum?! Bei Krieg nichts, gar nichts zu gewinnen. D[eu]tsch-Österreich? Baltische Provinzen? Holland? Schweiz? Alles das würde uns nur schwächen. Er verwarf prophylaktische Kriege.«[24]

Anfang Juli trat Bülow seinen neuen Posten an. Er fand eine stark veränderte politische Lage vor. Zar Alexander II., der als liberaler, ausgesprochen deutschfreundlich eingestellter Reformer galt, war im Jahre 1881 von Mitgliedern der Untergrundorganisation Narodnaja Wolja ermordet worden. Sein Nachfolger, Alexander III.[25], ein Reaktionär und großrussischer Nationalist, riss in der Innenpolitik das Steuer nach rechts herum und begann auch, gegenüber dem Deutschen Reich auf Distanz zu gehen. Großen Einfluss auf den neuen Zaren besaß sein einstiger Erzieher Konstantin Petrowitsch Pobedonoszew[26], der sich als Oberprokureur der obersten Kirchenbehörde (des »Heiligsten Regierenden Synods«) zur treibenden Kraft der Russifizierung im Vielvölkerreich aufschwang. Sowohl die Reformen Alexanders II. als auch die westliche Kultur und Lebensform lehnte dieser orthodoxe Reaktionär schroff ab.

Der deutsche Botschafter in Petersburg, General der Infanterie Hans Lothar von Schweinitz[27], sympathisierte mit Pobedonoszew. Politisch stand er wesentlich weiter rechts als Bismarck. Er war ein fähiger Diplomat, gab sich freilich unnahbar und machte sich zudem in der Botschaft rar. Zu dieser Zeit bezogen die deutschen Botschafter in den großen europäischen Hauptstädten fürstliche Gehälter (in London und Petersburg 150 000 Mark jährlich). Sie lebten durchweg auf großem Fuße und delegierten die Arbeit so weit als irgend möglich auf ihre Sekretäre. Schweinitz nahm sich oft und reichlich Urlaub, während Bülow als Geschäftsträger amtierte.

Bülow besuchte von Anfang an unermüdlich Empfänge, Bälle und dergleichen und ging in den Salons der Aristokratie ein und aus. Besonders wichtige Kontaktpersonen waren für ihn deutschfreundlich eingestellte Adelskreise, namentlich Großfürst Wladimir, ein Bruder des Zaren, die Fürstin Helene Kotschubej (die Oberhofmeisterin der Zarin Maria Feodorowna), der General Durnow (der Verwalter des kaiserlichen Vermögens) und dessen Frau, eine gebürtige Prinzessin Kotschubej. Bülow freundete sich auch mit dem Polizeigeneral Tscherewin an, der für die Sicherheit des Zaren zuständig war. Ab und zu brachte er den angetrunkenen General gegen Mitternacht nach Hause und saß noch einige Stunden mit ihm zusammen. Tscherewin trank Unmengen von kaukasischem Landwein und plauderte dabei offenherzig über die geheimsten Staatsangelegenheiten.[28] Bülow, der mit weitaus mehr Menschen in Kontakt kam als der bequeme Schweinitz, war bald über die Stimmung in der Petersburger Gesellschaft wesentlich besser orientiert als der Botschafter. Er fasste die Berichte nach Berlin ganz nach eigenem Gutdünken ab. Daneben schrieb er seit Beginn seiner Tätigkeit in Petersburg Privatbriefe an Herbert Graf von Bismarck, den mächtigen Sohn des Kanzlers.[29]

Diesen Berichten und Briefen ist die schriftstellerische Begabung Bülows, seine Freude am Fabulieren, anzumerken. Bülow beantwortete die Anfragen, die er vom Auswärtigen Amt oder privat von Herbert Bismarck erhielt, präzise und wusste seine Einschätzungen stets durch konkrete Fakten zu untermauern. Um den harten Kern des jeweiligen Berichtes oder Briefes rankte sich zumeist eine Fülle von Mitteilungen über Gespräche und Erlebnisse, namentlich aber pikant dargebotener Hofklatsch. Bülows Rapporte waren deshalb stets amüsant zu lesen, uferten freilich im Umfang mächtig aus. Unter den Briefen an Herbert Bismarck etwa sind solche mit einer Länge von 20 Seiten keine Seltenheit.

Herbert Bismarck legte viele der Briefe seinem Vater vor, manche auch Kaiser Wilhelm I. oder dem Prinzen Wilhelm, dem späteren Kaiser Wilhelm II. Der Reichskanzler, der allgemein mit seiner Anerkennung kargte, lobte die Briefe Bülows wiederholt ausdrücklich.

Herbert von Bismarck, 1886–1890 Staatssekretär des Auswärtigen Amtes

Etliche Male kennzeichnete er bestimmte Stellen und wies seine Mitarbeiter an, die betreffenden Informationen an die Botschaft in Wien weiterzuleiten.[30]

Solche Anerkennung war für Bülow ein Lichtblick, denn er befand sich 1884/85 oft in gedrückter Stimmung. Es fiel ihm nicht immer leicht, in den Salons die Rolle des gut gelaunten geistreichen Plauderers und Charmeurs durchzuhalten. Zum einen zehrte der große Arbeitsumfang an seinen Nerven, zum anderen quälte ihn die Ungewissheit, ob es ihm je möglich sein würde, die geschiedene Maria Gräfin Dönhoff zu heiraten. Entscheidend aber war das äußerst unerquickliche Verhältnis zu Schweinitz. Bülow empfand den Unterschied zwischen dem großzügigen milden Regime des Fürsten Chlodwig zu Hohenlohe-Schillingsfürst, der in Paris sein Vorgesetzter gewesen war, und dem Willkür-Regiment von Schweinitz bitter. Am 11. November 1885 machte er seinem Herzen in einem Brief an seinen Freund Karl von Lindenau[31] Luft: »Den ganzen Sommer über, von Mai bis Ende September, saß Schweinitz auf dem Lande, keine Eisenbahnstunde von der Stadt, im Kreise seiner sieben Kinder & kümmerte sich nicht einen Deut um die Geschäfte; dann kam der Battenberg-Schwindel, so dass ich die ganze Zeit über mehr zu tun hatte als je in meiner dienstlichen Laufbahn. Ich konnte nicht einen Tag von Petersburg fort, wo Schweinitz alle 14 Tage einmal auf wenige Stunden erschien. [...] Schweinitz ist gar kein angenehmer Chef. Er ist innerlich beständig in Opposition zum A. [Auswärtigen] Amt, nicht aus sachlichen Gründen, sondern aus persönlichen Motiven, weil er sich in seiner Bequemlichkeit durch jeden Auftrag gestört fühlt; er ist grenzenlos faul & wälzt alles auf mich ab; ist dafür jedoch nicht dankbar, sondern schimpft hinter meinem Rücken auf mich; er ist äußerlich ein Prinzipien-Reiter & fließt über von salbungsvollen Redensarten über Moral, Konservatismus & Religion, innerlich jedoch einer der krassesten brutalsten Egoisten, die mir noch vorkamen & dabei falsch wie Galgenholz. Es ist nicht gut unter ihm wohnen.«[32]

Während Schweinitz Sympathien für Pobedonoszew hegte, schrieb Bülow bereits am 17. Oktober 1884 an Herbert Bismarck, er teile die Ansicht der Gräfin Durnow, dass Pobedonoszew »durch seine Verbohrtheit Russland der Revolution in die Arme« treibe. Er fügte hinzu, vom deutschen Standpunkt aus sei es allerdings günstig, dass es das Regime Popedonoszew gebe: »Ich komme doch immer mehr zu der Überzeugung, dass, wenn es in Russland zu Katastrophen käme, aus denen das Zarentum geschwächt hervorginge, dies ein Glück für uns wäre.«[33]

Der »Battenberg-Schwindel«, von dem Bülow in seinem Brief an Lindenau schrieb, trug seit 1885 enorm dazu bei, die außenpolitische Situation Deutschlands zu verschlechtern. 1885 verschärfte sich das Ringen zwischen Russland und Österreich um den beherrschenden Einfluss in Bulgarien, das von 1879 bis 1886 von Alexander von Battenberg, dem Fürsten von Bulgarien, regiert wurde. Bis in die Armeeführung und die Spitzen der Bürokratie hinein regten sich in Russland panslawistisch gesinnte Kräfte, die für einen Angriffskrieg gegen Österreich eintraten. Mehr und mehr schürten diese Kreise auch antideutsche Stimmungen. Der deutschfreundlich eingestellte russische Außenminister Nikolai Karlowitsch Giers[34] geriet zunehmend unter Druck. Gleichzeitig löste der Sturz der Regierung Ferry in Frankreich eine innenpolitische Krise aus, die eine lautstarke antideutsch-revanchistische Bewegung hervorbrachte. Erstmals seit 1871 schien für Deutschland die Gefahr eines Zweifrontenkrieges zu entstehen.

Am 26. Oktober 1885 schrieb Bülow über den Balkankonflikt: »Daß Rußland, nachdem Bosnien und die Herzegowina in den Besitz, Serbien und Rumänien in die Machtsphäre Österreichs gelangt sind, sich auch Bulgarien definitiv entwinden lassen soll, wird m. u. E. Kaiser Alexander nicht zugeben. Wenn er dort die aus politischen und persönlichen Gründen gewünschte Satisfaktion nicht erhält, wird der Kaiser [...] den panslawistischen Geistern [...] gegen Österreich freien Lauf lassen.«[35] Der Kanzlersohn antwortete am 31. Oktober, dass er die Ansicht Bülows rückhaltlos teile. Er fügte hinzu: »Sie sind wirklich der einzige unter unseren sämtlichen Diplomaten, der sich von den politischen Ideen meines Vaters durchdringen lässt und darüber auch außerhalb der Dienststunden nachdenkt.«[36]

Während in der Großen Politik Gewitterwolken heraufzogen, trat im persönlichen Leben Bülows jene Wende ein, auf die er lange gehofft hatte. Anfang Dezember 1885 wurde die Ehe der Gräfin Dönhoff vom Vatikan wegen eines Formfehlers annulliert. Damit stand ihrer Heirat mit Bülow auch kirchenrechtlich kein Hindernis mehr in Wege. Nach den Flitterwochen erwarteten Bülow weitere diplomatische Auseinandersetzungen, denn die außenpolitische Krisensituation dauerte bis 1887 an. In den Führungskreisen des Deutschen Reiches traten starke Kräfte hervor, welche die Russlandpolitik Bismarcks für verfehlt hielten. Diese Leute meinten, ein Krieg mit Russland und Frankreich werde ohnehin kommen, daher sei es besser, ihn präventiv zu führen. Besonders militant zeigte sich Alfred Graf von Waldersee, der anstelle des 85jährigen Helmuth von Moltke faktisch den preußischen Generalstab leitete.[37] Friedrich von Holstein begann im Geheimen der Russlandpolitik Bismarcks entgegenzuarbeiten und belieferte Waldersee sowie die österreichische Regierung mit Informationen.[38]

Bismarck schätzte nicht nur die politischen, sondern auch die militärischen Aussichten eines deutsch-russischen Krieges weitaus realistischer ein als die angeblichen Fachleute. Er trat deshalb den Kriegsbefürwortern scharf entgegen.[39] Bülow teilte die Intentionen Bismarcks völlig und setzte sich – wie auch Schweinitz – dafür ein, einen Krieg mit Russland zu vermeiden. Am 10. November 1886 schrieb er an Lindenau: Er sei der Ansicht, dass »den Russen nicht über den Weg zu trauen ist, ein Krieg mit denselben jedoch unsere Gesamtlage in Europa nur verschlechtern kann & wir deshalb trachten müssen, einen solchen, soweit es unsere Sicherheit & Würde zulässt, mit Geduld & Spucke zu vermeiden.«[40]

Dass Bülow die Russlandpolitik Bismarcks unterstützte, missfiel Holstein außerordentlich. Er äußerte sich immer unfreundlicher über den Diplomaten und bemühte sich nach Kräften, ihn beim Kronprinzenpaar sowie bei Herbert Bismarck anzuschwärzen. Am 10. November 1886 schrieb er an seinen Freund Paul Graf von Hatzfeld-Wildenburg: »Bülows Petersburger Berichterstattung erweist sich geradezu als gemeingefährlich, nur mit Lucchesinis Tätigkeit 1805 vergleichbar.«[41] Lucchesini war am Vorabend des Krieges von 1806 preußischer Gesandter in Paris gewesen, wo er sich von den Franzosen immer wieder hinters Licht führen ließ und so zur Desorientierung seiner Regierung beitrug. Ähnlich kritische Meinungen kamen auch aus anderer Quelle. Am 12. Januar 1887 berichtete der österreichisch-ungarische Botschafter in Berlin, Emmerich Graf Széchényi, seinem Außenminister über ein Gespräch mit Hugo Graf Radolin, dem Hofmarschall des Kronprinzen und Vertrauensmann Holsteins. Dieser meinte zu wissen, weshalb Herbert Bismarck einen »russenfreundlichen« Kurs verfolgte, nämlich weil er »stark unter dem Einfluß« Bülows stehe, der »förmlich vor allem, was russisch sei, auf dem Bauche liege«.[42] Ein weiterer Grund für die Feindseligkeit Holsteins dürfte im krankhaften Misstrauen dieses Sonderlings gelegen haben, der in Bülow einen Aufsteiger witterte, der auch in Zukunft seine Kreise stören konnte.

Infolge der wachsenden Spannungen zwischen Russland und Österreich-Ungarn gelang es den Regierungen in Wien, Berlin und Petersburg nicht, das 1887 auslaufende Dreikaiserbündnis zu erneuern. Im Herbst 1886 begannen separate Verhandlungen über eine deutsch-russische Allianz.[43] Seit Januar 1887 stockten sie freilich, unter anderem deshalb, weil sich ein deutsch-französischer Krieg abzuzeichnen schien.

Bülow befürwortete am 20. Januar 1887 in einem Brief an Herbert Bismarck nachdrücklich ein deutsch-russisches Bündnis. Er betonte, dass »die russische Politik einheitlicher, konsequenter und für uns verlässlicher werden würde, wenn wir in einem festen Vertragsverhältnis à deux mit den Russen stünden. M.E. würde es jetzt möglich sein, einen Vertrag mit den Russen abzuschließen, welcher jeden von uns beiden zur wohlwollenden Neutralität verpflichtete für den Fall, dass der andere in Krieg geriete.«[44] Am 13. und 22. April 1887 hatte Bülow, der wieder einmal als Geschäftsträger fungierte, ausführliche Unterredungen mit Giers zu diesem Thema. Der Außenminister ließ dabei erkennen, dass er daran interessiert war, die stockenden Verhandlungen mit der deutschen Seite voranzubringen. Bülow informierte den Reichskanzler darüber am 14. und 25. April 1887.[45] Er unterstützte dabei den Vorstoß von Giers entschieden. Am 5. Mai schrieb er Herbert Bismarck, die »Entente à trois« sei derzeit nicht erreichbar, da müsse man eben eine »Entente à deux« abschließen. Er fuhr fort: »Daß auch ein Vertrag mit Rußland keine absolute Garantie gegen einen russischen Angriff biete, gebe ich Schweinitz vollkommen zu. Nichtdestoweniger ist m. u. E. ein solcher ein großer Gewinn für uns, und darum habe ich [...] soviel ich konnte, für einen solchen vorgearbeitet. Rußland nähert sich langsam, aber wohl unaufhaltsam, denn es wird hier zu dumm regiert, dem Dilemma: Krieg oder Revolution. Da wir bei einem Konflikt mit

Rußland nichts zu gewinnen haben, so ist offenbar alles nützlich, was dazu beiträgt, daß wenigstens diese Eventualität vermieden wird.«[46]

Der Rückversicherungsvertrag[47] wurde dann allerdings in der Hauptsache zwischen dem Reichskanzler sowie seinem Sohn Herbert und dem russischen Botschafter in Berlin, Graf Paul Andrejewitsch Schuwalow ausgehandelt. Am 18. Juni 1887 unterzeichnete man den streng geheimen Vertrag. Die Vereinbarung verpflichtete, ganz im Sinne Bülows, im Falle eines französischen Angriffs auf Deutschland und eines österreichischen Angriffs auf Russland die Vertragspartner zur Neutralität.[48]

Trotz des Rückversicherungsvertrages verschlechterten sich die deutsch-russischen Beziehungen weiter. Im August und September 1887 unternahm der führende französische Revanchepolitiker Paul Deroulède eine Reise durch Russland und wurde dabei von den Panslawisten frenetisch gefeiert. Viel schwerer ins Gewicht fiel jedoch die Verschärfung der Gegensätze auf handels- und finanzpolitischem Gebiet. Bismarck übte auf Russland massiven ökonomischen Druck aus – zunächst durch eine Pressekampagne gegen die russischen Wertpapiere, später durch das Lombardverbot.[49] Er wollte die russische Regierung auf diese Weise zwingen, auf geplante Industriezölle zu verzichten, insbesondere jedoch die mit dem Rückversicherungsvertrag eingeleitete außenpolitische Zusammenarbeit mit dem Deutschen Reich tatsächlich einzuhalten.[50]

Längerfristig ging Bismarcks Rechnung nicht auf. Russland orientierte sich notgedrungen vom deutschen Kapitalmarkt auf den französischen um, und die Befürworter eines russisch-französischen Bündnisses gewannen weiter an Boden.[51] Bülow freilich teilte die Fehlkalkulation der Bismarcks. So schrieb er am 25. Januar 1888 an Herbert Bismarck: »M. u. E. liegt gerade in dem widrigen Stand der russischen Werte eine Friedens- und Sicherheitsgarantie für uns.«[52]

Vom September bis Dezember 1887 machte Schweinitz erneut Urlaub, während Bülow wiederum als Geschäftsträger amtierte. Er verfasste zahlreiche Berichte und Privatbriefe, in denen er nachdrücklich auf den wachsenden Einfluss der Panslawisten hinwies, die ein Bündnis mit Frankreich anstrebten. Obwohl Schweinitz diese Berichte später in Berlin las, entgingen ihm wichtige Nuancen. In den »Denkwürdigkeiten« des Botschafters heißt es, Bülow habe Giers als »unwahr und feindlich« hingestellt und »den Glauben erweckt, daß [in Petersburg] Hof und Gesellschaft nach unserem Blut lechzten.«[53] Das stimmt indes nicht. Bülow wusste in Wirklichkeit sehr wohl zu differenzieren und bescheinigte Giers, dass er offenbar »Frieden und Freundschaft mit uns« wolle, sein Einfluss aber begrenzt sei.[54]

In der Literatur wurde Bülow gelegentlich als Befürworter eines Präventivkrieges bezeichnet, zumindest für seine Petersburger Zeit.[55] Als Indiz hierfür diente ein Brief an Holstein, in dem er über die militärischen Aussichten eines Krieges gegen Russland urteilte.[56] Vergleicht man den Brief aber mit den diversen anderen hier bereits erwähnten Äußerungen Bülows zur Frage eines deutsch-russischen Krieges[57], ist eine solche Interpretation auszuschließen. Bülow kannte die russlandfeindliche Einstellung Holsteins. Er entwarf die Vision eines Vernichtungskrieges gegen Russland, um Holstein zu demonstrieren, dass ein solcher opferreicher Krieg nicht im Interesse Deutschlands liege. Auch Bismarck, dem Holstein – wie vorauszusehen – den Brief vorlegte, hat ihn offenkundig so verstanden, schrieb jedoch an den Rand: »Dergl. exzentrische Konjekturen muß man nicht zu Papier bringen!«[58] Weder in Berlin noch Petersburg gewannen die kriegsentschlossenen Kräfte die Oberhand, und so trat seit Ende 1887 in den deutsch-russischen Beziehungen eine Beruhigung ein.

Am 25. Dezember 1887 zog Bülow die folgende Bilanz seiner Tätigkeit: »Ich hatte drei Monate angestrengter Geschäftsträgerei, es scheint alles gut gegangen zu sein & jedenfalls bin ich mir bewusst, die Situation wie sie ist geschildert & das Richtige befürwortet zu haben. Daß bei einem Kriege mit Rußland politisch nicht viel herausschaut, liegt auf der Hand; Vertrauen zu den Russen zu empfehlen, nach allen Erfahrungen der letzten Zeit, dazu besitze ich nicht das Coeur Léger, & der Optimismus von Schweinitz macht mich nicht daran irre, daß wir den Russen gegenüber ernstesten Anlaß zum Mißtrauen haben, unser Pulver trocken halten müssen & uns nicht pour leur beaux yeux von unseren mitteleuropäischen Allierten trennen lassen dürfen. Wir sollten m. E. für niemanden – weder für die Engländer noch für die Polen & Magyaren – die Kastanien aus dem Feuer holen; wir sollten uns aber auch nicht von den Russen düpieren lassen & nicht für die Vögel, die sie uns auf dem Dache zeigen, die Vögel fliegen lassen, welche wir (in Wien, Rom, London, hoffentlich auch im [vatikanischen] Conzil) in der Hand haben.«[59]

Bülows Tätigkeit in Petersburg ging während der kurzen Regierungszeit Kaiser Friedrichs III. zu Ende. Schon ein Jahr zuvor hatte er einen energischen Vorstoß unternommen, seinem Avancement nachzuhelfen. Am 12. April 1887 schrieb er an Herbert Bismarck und drängte den Kanzlersohn, ihm bald eine europäische Gesandtschaft zu verschaffen.[60] Natürlich wusste er, dass der Reichskanzler den Brief lesen würde. Bülow brachte drei Argumente vor: Seine aufreibende Tätigkeit habe seine Gesundheit ruiniert. Er müsse drei Viertel seiner Ausgaben aus eigener Tasche bezahlen und habe so in Petersburg bereits 38 000 Mark eingebüßt. Da man ihn nicht befördere, verbreite sich in Petersburg die Meinung, er stehe nicht mehr in Gunst. Das aber erschwere ihm die Arbeit. Das Schreiben war reichlich mit Schmeicheleien für Herbert Bismarck garniert, was diesem aber gar nicht gefiel. Er merkte die Absicht und war verstimmt. Der Staatssekretär übersandte den Brief am 14. April seinem Vater. Er schrieb dazu, wenn Bülow so hohe Ausgaben habe, dann seien diese lediglich durch dessen »im Gelde sorglose Frau, d. h. also durch seine törichte Heirat veranlaßt«. Doch Bismarck junior betonte, Bülow sei »der brauchbarste unter unserem jüngeren Personal.« Bülow sei zwar eigentlich noch nicht an der Reihe, doch er befürworte eine baldige Beförderung. Er schloss mit den Worten: »[...] ich gönne diesem fähigen Menschen jeden guten Posten, den Du ihm ev. geben willst.«[61] Der Kanzler versah Bülows Brief mit mehreren Randbemerkungen. Zur selbstbewussten Äußerung des Botschaftsrates, er habe in Paris und Petersburg »seine Schuldigkeit getan«, schrieb er lakonisch: »ja«.[62] Am 6. April 1888 wurde Bülow schließlich zum Gesandten in Bukarest ernannt, das allgemein als Sprungbrett zu den Botschafterposten in den großen europäischen Metropolen galt.[63]

An seine Jahre in Russland erinnerte sich Bülow später gern. Seine Äußerungen über Land und Leute zeugen von Realitätssinn und auch Sympathie. Er war mit der modernen russischen Literatur gut vertraut und kannte Iwan Sergejewitsch Turgenjew auch persönlich. In seinen »Denkwürdigkeiten« schwärmte er von Schlittenfahrten im russischen Winter und von nächtlichen Picknicks auf den Inseln vor Petersburg im Sommer.[64]

Während seiner Petersburger Jahre war Bülow klar geworden, welch gewaltigen Machtfaktor Russland trotz aller Rückständigkeit und inneren Schwächen bildete. Wie einst Bismarck, wollte Bülow später in seiner Amtszeit als Staatssekretär und Reichskanzler einen

Krieg mit Russland unbedingt vermeiden. In seinen »Denkwürdigkeiten« gebrauchte er das Bild, im Kriegsfall könne England der deutschen Eiche »viele edle Zweige abhauen und schönes Laubwerk vernichten«, aber nur Russland könne sie an den Wurzeln treffen.[65] Seit seiner Tätigkeit in Petersburg hegte Bülow, solange er politisch wirkte, gegenüber den regierenden Kreisen Österreich-Ungarns insgesamt stets eine skeptische und distanzierte Einstellung. Ja, er hielt an der Überlegung fest, sich im äußersten Notfall zu Lasten der Donaumonarchie mit dem Koloss im Osten zu verständigen.[66]

DER WEG NACH OBEN 1888–1897

Zwei Monate nach seinem Eintreffen in Bukarest schrieb Bülow an Lindenau, er sei »sehr glücklich« und es gefalle ihm in Rumänien »ausgezeichnet«.[1] Er genoss es, dass er nun sein eigener Herr war, die Petersburger Hektik und die Streitereien mit Schweinitz hinter ihm lagen. Bereits in den ersten Monaten seiner Tätigkeit nahm Bülow nicht nur zu König Carol I. (der dem Hause Hohenzollern-Sigmaringen entstammte) und dem Diplomatischem Korps Kontakt auf, sondern auch zu den führenden Politikern der regierenden »Junimisten« (deutschfreundlichen gemäßigten Konservativen), der Liberalen und der Konservativen. Wie Bismarck betrachtete er die Agrarfrage als das entscheidende Problem der rumänischen Innenpolitik. In seinen Berichten nach Berlin lobte er Petru Carp, den Führer der »Junimisten«, weil dieser sich der Bauernfrage gegenüber aufgeschlossen zeige. Carp erkenne, so schrieb er am 8. Juni 1888, »daß die rumänische Staatsmaschine mit einem tüchtigen Tropfen sozialen Öls geschmiert werden müsse, wenn sie nicht Gefahr laufen solle, plötzlich im entscheidenden Augenblick still zu stehen.«[2] Über die russenfreundlichen Konservativen bemerkte er am 26. Juni 1888: »Die Bojaren sehnen sich offen nach der Zeit zurück, wo sie im Schutze der russischen Bajonette noch ungestörter als jetzt ihre Sonderinteressen auf Kosten der hörigen Bauern befriedigen konnten.«[3]

Rumänien war seit 1883 durch einen geheimen Vertrag, der auch militärische Klauseln enthielt, mit dem Dreibund verbunden.[4] Der Vertrag lief 1891 aus und Carol I. verhielt sich einer Erneuerung des Abkommens gegenüber abwartend. Für den Fall eines Krieges mit Russland war es von erheblicher Bedeutung, ob Rumänien die rechte Flanke der aufmarschierenden österreichisch-ungarischen Armee sicherte oder aber bedrohte. Bülow wirkte geduldig auf den König und auf führende rumänische Politiker ein und 1892 wurde der Vertrag verlängert. Schon am 28. Oktober 1889 hatte Bülow gegenüber Holstein erläutert, wie man Rumänien bei der Stange halten könne: Indem man dessen Expansionsstreben nach Bessarabien »wenigstens nicht schroff« widerspreche.[5] 1893 trug Bülow dazu bei, den deutsch-rumänischen Handelsvertrag unter Dach und Fach zu bringen. Am 30. Juni 1893 zog er dann eine Erfolgsbilanz seiner Tätigkeit: »In meiner wilden Walachei stand politisch alles gut, Carol ganz in unserem Fahrwasser [...], ebenso die maßgebenden Politiker der Rechten und Linken.«[6]

Bülow hatte viel freie Zeit und nutzte sie insbesondere zum Lesen historisch-politischer Bücher. Über seine Methode, den Lesestoff zu verarbeiten, schrieb er: »Auf längeren Spaziergängen in der Donautiefebene, angesichts weidender Büffel, schmutziger Hütten, zerlumpter Zigeuner & der gewissen aus der Römerzeit stammenden Brunnen, die wie Riesenstörche ausschauen, meditiere ich dann das Gelesene & knüpfe daran Gedanken über Gegenwart & Zukunft.«[7]

Der Gesandte las beispielsweise Schriften Niccoló Machiavellis, der stets zu seinen Lieblingsautoren zählte, und Edward Bellamys utopisch-sozialistischen Roman »Ein Rückblick aus dem Jahre 2000 auf das Jahr 1887«. Vor allem aber las er Heinrich von Treitschkes »Deutsche Geschichte im 19. Jahrhundert«. Dieses Hauptwerk des »Reichsherolds«[8] hat mit seiner suggestiven bilderreichen Sprache im Denken Bülows tiefe Spuren hinterlassen. Zwar wäre es falsch, Bülow pauschal als einen Anhänger der Ideen Treitschkes zu bezeichnen. So war er beispielsweise einfach zu kultiviert, um dem Antisemitismus zu verfallen. Etliche der nationalistischen Positionen Treitschkes aber hat er sich zu eigen gemacht, z. B. dessen militanten Antipolonismus. Nach dem Erscheinen des 5. Bandes von Treitschkes Hauptwerk (1894), so sei vorgreifend vermerkt, übernahm Bülow dann weitgehend dessen schroffe Frontstellung gegen England.

Während Bülow in Bukarest ein beschauliches Leben führte, ging in Deutschland die Ära Bismarck zu Ende. Der neue Kaiser, Wilhelm II.[9], war ohne wirkliche politische Erfahrung, doch von einem enormen Geltungsdrang erfüllt. Es war von Anfang an klar, dass er sich nicht mit jener bescheidenen Rolle begnügen würde, die sein Großvater neben dem Titanen Bismarck gespielt hatte. Bismarck hatte einst in den Jahren 1862 bis 1866 die Machtpositionen der Krone erfolgreich gegen die liberale Opposition verteidigt. Und er hatte Wilhelm I. durch drei siegreiche Kriege jede Menge an Ansehen und Ruhm verschafft. Der greise Monarch war seinem leitenden Staatsmann dafür tief dankbar und folgte bereitwillig dessen politischen Intentionen.

Wilhelm II. hingegen lechzte danach, ein »persönliches Regiment« zu errichten, selbst zu regieren. Einige seiner Vertrauten schürten sorgsam die Spannungen zwischen Kaiser und Kanzler. Vor allem eine ihrer Einflüsterungen fraß sich tief in der Seele des jungen Monarchen fest: Friedrich II. wäre nie der Große König geworden, wenn er bei seiner Thronbesteigung einen allmächtigen Minister wie Bismarck im Amte vorgefunden hätte.[10]

Bereits zu Beginn der 1880er Jahre hatte sich zwischen Wilhelm und seinen liberal gesinnten Eltern eine unüberbrückbare Kluft herausgebildet. Die Hinwendung Wilhelms zu reaktionären, englandfeindlichen und antisemitischen Auffassungen ist entscheidend von zwei Militärs gefördert worden – in den frühen 1880er Jahren von dem damaligen Major Adolf von Bülow (dem Bruder Bernhard von Bülows)[11], danach vom stellvertretenden Generalstabschef Alfred Graf von Waldersee. Insbesondere Waldersee hat einen verhängnisvollen Einfluss auf die geistige Entwicklung des Prinzen ausgeübt. John C. G. Röhl, der profilierteste Biograph Wilhelms II., kennzeichnet Waldersee als »erzreaktionäre(n) Frömmler, Kriegshetzer, Bismarckgegner, Antidemokrate(n), Frauenfeind und Judenhasser« und meint, dieser habe bei Wilhelm die Rolle eines »Ersatzvaters« gespielt.[12] 1887/88 gehörte der Prinz dann folgerichtig zu jener von Waldersee geführten Gruppe von Scharfmachern, die einen Angriffskrieg gegen Frankreich und Russland forderte.[13] In St. Petersburg bemerkte man das sehr wohl, und so musste Bülow am 27. November 1887 berichten: Er habe von der Großfürstin Maria Pawlowna erfahren, »daß dem Zaren neuerdings insinuiert werde, Seine K. H. Prinz Wilhelm wünsche den Krieg mit Russland und sei überhaupt sehr antirussisch.«[14]

Es gibt zahlreiche Belege dafür, dass wohlinformierte Zeitgenossen die charakterliche Entwicklung Wilhelms mit tiefer Sorge betrachteten. Sie vermerkten, dass der Prinz insbesondere zwei negative Eigenschaften ausprägte: eisige Gefühlskälte und maßlose Selbstüberhebung. So meinte Herbert von Bismarck im Jahre 1887: Wilhelm glaube Friedrich der Große zu sein, habe aber weder dessen Gaben noch dessen Kenntnisse.[15] Wilhelm II. hat 30 Jahre lang regiert und danach noch 23 Jahre im Exil gelebt. Im Jahr 1888 war er 29 Jahre alt. Seine damalige Umgebung und das Gros seiner Biographen waren und sind sich in einem Punkt einig: Die Charaktereigenschaften dieses Monarchen waren zum Zeitpunkt seiner Thronbesteigung bereits fertig ausgeprägt und haben sich bis zu seinem Tode kaum verändert. Insbesondere gilt das Urteil, dass er »nie reifer wurde«.[16]

Am 18. März 1890 vollbrachte Wilhelm II. seine spektakulärste politische Tat: Er entließ Bismarck, der 19 Jahre lang das Deutsche Reich und 28 Jahre lang den preußischen Staat regiert hatte.[17] Neben dem persönlichen Element, das sich so vortrefflich zu dramatischer Darstellung eignet, spielten beim Sturz Bismarcks sehr wohl schwer wiegende Sachfragen eine Rolle.

Selbst in den beiden konservativen Parteien und in der Nationalliberalen Partei, die gemeinsam das Regierungslager bildeten, hatte sich allmählich viel Unzufriedenheit mit der Politik Bismarcks angestaut. Das Sozialistengesetz des »Eisernen Kanzlers« hatte sich als ungeeignet erwiesen, die Sozialdemokratie ernsthaft zu schwächen. Im Bürgertum verübelte man ihm, dass er sich in puncto Kolonialexpansion mittlerweile sehr zurückhielt. Seine Politik gegenüber Russland galt als zu wenig energisch. Bismarck spielte wieder mit dem Gedanken, zu einer gewalttätigen Innenpolitik überzugehen. Innerhalb der Machtelite war die Ansicht weit verbreitet, Bismarcks Zeit sei ablaufen.[18]

Der Sturz Bismarcks hat dann bekanntlich im Ausland wesentlich mehr Aufsehen erregt als in Deutschland selbst. Der Redakteur der »Neuen Preußischen Zeitung«, Hermann Wilhelm Kropatschek, erklärte in Rathenow vor dem Konservativen Verein: »Eine frohe Botschaft, meine Herren! Von nun an werden wir nicht länger von der Familie Bismarck, sondern von dem Hause Hohenzollern regiert.«[19] Auch die Mehrzahl der deutschen Diplomaten begrüßte die Entmachtung ihres Dienstherrn. Bülow war einer der wenigen von ihnen, die sich gegen eine Entlassung Bismarcks aussprachen.

Bülow erhielt am 27. Februar 1890 von einem der Hauptbeteiligten am Sturz Bismarcks, Philipp zu Eulenburg, einen Brief. Der Brief war übrigens bereits am 29. Januar geschrieben worden. Eulenburg kündigte darin einen baldigen »großen Wechsel« an. Dabei würde neben Bismarck möglicherweise auch dessen Sohn Herbert entlassen werden – und Bülow solle als Staatssekretär an Herbert Bismarcks Stelle treten.[20] Bülow antwortete am 2. März mit einem ausführlichen Brief. Er sprach sich darin entschieden gegen eine Entlassung der beiden Bismarcks aus. Bülow schrieb, er betrachte »das Bleiben des Reichskanzlers als ein Interesse ersten Ranges für das Land wie für den Kaiser«.[21] Über die Folgen einer Entlassung Bismarcks prophezeite er: »Ein solcher Abgang von der Szene möchte viele und gerade brave Leute in Deutschland mit Schmerz und Sorge erfüllen, und der verabschiedete Reichskanzler würde ihnen als eine

Karikatur des britischen »Punch« auf den Sturz Bismarcks, 1890

Art von Belisar erscheinen, der, ein Opfer der Fürstenungunst, wenn auch nicht am Wege betteln, so doch in Varzin sich in einsamer Untätigkeit verzehren müßte.«[22]

Dass es so oder so zum Bruch zwischen dem Kaiser und seinem Kanzler kommen würde, war Bülow aber zweifellos klar. So formulierte er in seinem Brief einige allgemeine politische Empfehlungen: Österreich dürfe nicht den Russen preisgegeben werden, im Inneren sollten die Katholiken »freundlich« behandelt und die Nationalliberalen nicht etwa verfolgt werden. In alledem steckte auch bereits eine gewisse Distanzierung von Bismarck. Gegenüber der Arbeiterbewegung befürwortete Bülow ein flexibles Vorgehen: »Die Allerhöchsten Erlasse und Vorschläge in der Arbeiterfrage sind vielleicht die bedeutsamste Maßnahme, die wir seit den Stein-Hardenbergschen Reformen im Innern erlebt haben. Warum soll der Monarchie die Einrenkung des 4. Standes in den Staatsorganismus nicht gelingen, wo sie unter schwierigsten Verhältnissen diejenige des 3. durchführte?«[23]

Nach dem Sturz Bismarcks schrieb Bülow dann am 9. April 1890 an Karl von Lindenau: »Ich brauche Ihnen nicht zu sagen, daß der völlige Rücktritt des Fürsten mich tief erschüttert und betrübt hat. Eine allmähliche & schonende Entlastung des Fürsten würde – bei dem Alter, der fortschreitenden Isolierung & mancherlei Eigentümlichkeiten Sr. D. – recht zweifellos im Interesse des Landes gelegen haben. Aber dieser gänzliche, plötzliche & brüske Fortgang ist natürlich eine sehr ernste Sache [...]«[24]

Am 23. März 1890 ernannte Wilhelm II. zur allgemeinen Überraschung den General der Infanterie Leo von Caprivi[25] zum Reichskanzler und Präsidenten des Preußischen Staatsministeriums. Caprivi war ein gradliniger und angesehener Mann, als Militär auf innen- wie außenpolitischem Gebiet naturgemäß stark auf sachkundige Ratgeber angewiesen. Seine Politik wurde bald allgemein als »Neuer Kurs«[26] bezeichnet. Der »Neue Kurs« zielte nach innen darauf ab, den Interessen des Bürgertums stärker als bisher Geltung zu verschaffen, namentlich durch den Abschluss industriefreundlicher Handelsverträge. Den Kampf gegen die Arbeiterbewegung suchte Caprivi mit flexiblen Methoden zu führen. Auf dem Felde der Außenpolitik erlangte Friedrich von Holstein[27] entscheidenden Einfluss.

Caprivi hat seinen Amtsvorgänger gefragt, wen er ihm als Staatssekretär des Auswärtigen Amtes empfehlen würde. Bismarck nannte ihm drei Namen: Friedrich Johann Graf von Alvensleben, Friedrich Wilhelm Graf zu Limburg-Stirum und Bernhard von Bülow.[28] In einem Brief an Eulenburg gab Friedrich von Holstein am 26. März 1890 folgende Gründe an, die gegen eine Berufung Bülows sprechen würden: »Bülow ist schon wegen der Gattin hier bei der Kaiserin unmöglich, abgesehen von seinen gesellschaftlichen Eigenschaften, das heißt Fehlern.«[29] In Wirklichkeit dürften bei Holstein zwei ganz andere Erwägungen den Ausschlag gegeben haben: Bülow war ein Anhänger der Russlandpolitik Bismarcks, und es war vorauszusehen, dass er für eine Verlängerung des Rückversicherungsvertrages eintreten würde. Generell wollte Holstein einen Staatssekretär, den er dirigieren könnte. Er mag vorausgesehen haben, dass das mit dem gewandten Bülow schwierig werden würde. Jedenfalls drohte er, falls Bülow berufen würde, werde er gehen. Am 26. März schrieb daraufhin Eulenburg an Wilhelm II.: »Bernhard Bülow ist hervorragend tüchtig, aber Holstein würde den Abschied nehmen, wenn er käme.«[30] Auf Holsteins Wunsch wurde dann bekanntlich ein völliger Außenseiter, der Badenser Adolf Frh. Marschall von Bieberstein berufen. Marschall besaß als ehemaliger Staatsanwalt keine außenpolitische Erfahrung und war deshalb in den ersten Jahren seiner Amtszeit ganz und gar von Holstein abhängig.

Wenn sich also Bülow gegen eine Entlassung Bismarcks aussprach, dann dürfte das folgende Gründe gehabt haben: Ihm war klar, dass die halbhegemoniale Stellung des Deutschen Reiches in Europa zu einem beträchtlichen Teil auf dem persönlichen Prestige Bismarcks beruhte. Die Gegner Bismarcks um Alfred von Waldersee und Holstein kritisierten insbesondere dessen Russlandpolitik. Bülow hingegen teilte in dieser Frage völlig die Auffassungen des Kanzlers. Er befürchtete negative innenpolitische Auswirkungen. Und er besaß, bei aller Durchtriebenheit, eine echte persönliche Bindung an den Kanzler und dessen Familie.

Unmittelbar nach dem Sturz Bismarcks vollzog die neue Reichsregierung auf dem Felde der Außenpolitik einen einschneidenden Kurswechsel: Sie verlängerte den Rückversicherungsvertrag mit Russland nicht. Wilhelm II. hatte in den Tagen des Regierungswechsels persönlich mit dem russischen Botschafter Paul Graf Schuwalow verhandelt und ihm zugesagt, dass der Vertrag verlängert würde.[31] Er ließ sich jedoch bald darauf ebenso wie der neue Reichskanzler Caprivi durch Holstein umstimmen, das Abkommen nicht zu verlängern.

Holstein, Generalstabschef Waldersee und eine Anzahl von Diplomaten und Militärs meinten, ein Zweifrontenkrieg mit Frankreich und Russland sei unvermeidlich. Aus diesem Grunde hielten sie ein Arrangement mit Russland – für das es durchaus noch Spielraum gab [32] – für überflüssig. Sie setzten stattdessen auf eine Festigung des Dreibundes und waren bestrebt, Großbritannien an dieses Bündnis heranzuziehen. Diesem Ziel diente der Helgoland-Sansibar-Vertrag vom 1. Juli 1890. Der »Neue Kurs« sollte sich auf dem Felde der Außenpolitik als unheilvoller Fehlschlag erweisen: Es gelang schließlich doch nicht, England für ein Bündnis zu gewinnen. Die Begleitumstände der Abwendung Deutschlands vom Rückversicherungsvertrag und das zeitweilige deutsche Liebeswerben um die Gunst Englands hatten aber in den regierenden Kreisen Russlands Besorgnis hervorgerufen. Man befürchtete dort, den Pressionen oder gar dem militärischen Angriff einer übermächtigen Koalition ausgesetzt zu werden. Die Befürworter einer russisch-französischen Allianz setzten sich nun endgültig durch: 1893 schlossen Russland und Frankreich eine Militärkonvention ab. [33]

Der amerikanische Diplomat und Historiker George Kennan hat hervorgehoben, dass die russisch-französische Militärkonvention einen gefährlichen Automatismus festschrieb: Sobald eine der Dreibundmächte ihre Streitkräfte mobilisieren würde, sollten Frankreich und Russland zur Gesamtmobilmachung übergehen; Mobilmachung und Eröffnung der Kriegshandlungen aber sollten faktisch identisch sein. Die in der Militärkonvention vorgesehene Verklammerung von Mobilmachung und Kriegsbeginn verschaffte, so Kennan, den russischen Militärs die Möglichkeit, »einen großen europäischen Krieg zu entfesseln, wann immer es ihnen in den Kram passte.« [34]

Die Abwendung vom Rückversicherungsvertrag war gewissermaßen das zentrale außenpolitische Glaubensbekenntnis des »Neuen Kurses«. Bülow hat sich deshalb um seiner Karriere willen gehütet, offen gegen diesen Kurswechsel aufzutreten. Ohne Zweifel hat er aber innerlich die Kündigung des Rückversicherungsvertrages abgelehnt. Gegenüber Theodor Wolff nannte er die Kündigung des Rückversicherungsvertrags am 18. September 1917 einen »schweren Fehler«. [35]

Am 9. April 1890 schrieb Bülow an Lindenau: »Im Interesse des Dienstes würde es liegen […], wenn man mir in nicht allzu ferner Zeit eine Botschaft gäbe, denn ich würde an einer solchen alles in allem doch wohl mehr nützen als mache anderen.« [36] Doch im

Auswärtigen Amt herrschte Holstein, und der hielt an seiner Feindseligkeit gegenüber Bülow fest. Solange dessen Fortkommen von Holstein abhängig war, lag die von Bülow ersehnte Botschaft auf dem Monde.

Da Bülow nicht auf den Segen Holsteins rechnen konnte, beschritt er einen ganz anderen Weg, seine Karriere voranzubringen: Er intensivierte seinen Kontakt zu Philipp Eulenburg.[37] Bülow und Eulenburg hatten sich einst im Jahre 1881 an der Pariser Botschaft angefreundet, als Bülow dem damaligen Dritten Sekretär gegen den Quälgeist Thielmann beistand. Seit 1886 war Eulenburg eng mit dem späteren Kaiser Wilhelm II. befreundet.[38] Etwa zwischen 1890 und dem Ende der 90er Jahre hat niemand so großen Einfluss auf Wilhelm II. ausgeübt wie Eulenburg. »Phili« Eulenburg empfand für den Kaiser eine schwärmerische Zuneigung und war ihm aufrichtig ergeben. Dass Eulenburg homosexuell veranlagt[39] und die Beziehung von seiner Seite aus homoerotisch gefärbt war, wusste der Monarch aller Wahrscheinlichkeit nach nicht. »Phili« war ein Meister der höfischen Intrige und lenkte Wilhelm II. in vielen Fragen sehr geschickt. Dabei war er selber weitgehend uneigennützig, tat freilich vielerlei für den Eulenburgschen Clan, vor allem aber für seinen intimen Freundeskreis (die nach Eulenburgs Schloss benannte »Liebenberger Tafelrunde«). In den ersten Jahren nach Bismarcks Sturz arbeitete Eulenburg eng mit Holstein zusammen und wirkte in dessen Sinne auf den Kaiser ein.

Philipp Fürst zu Eulenburg-Hertefeld, in den 1890er Jahren der einflussreichste Ratgeber Wilhelms II.

Bülow hatte genau erkannt, dass Eulenburg das Rampenlicht der Öffentlichkeit scheute und deshalb auf keinen Fall Staatssekretär oder gar Reichskanzler werden wollte. Er strebte danach, mit Eulenburgs Hilfe zunächst eine der großen Botschaften zu erlangen, visierte insgeheim aber schon bald das Reichskanzleramt an.

Die Regierung des »Neuen Kurses« geriet aus verschiedenen Gründen heraus bald in Schwierigkeiten.[40] Die Junker attackierten vehement die Handelsvertragspolitik Caprivis, und schwerindustrielle Kreise um Carl Ferdinand Frh. von Stumm-Halberg machten gegen die Arbeiterschutzgesetzgebung Front. Als im Kampf gegen die Sozialdemokratie die erhofften schnellen Erfolge ausblieben, verlor Wilhelm II. das Interesse an der Arbeiterschutzgesetzgebung.[41] Auch zeigte sich, dass Caprivi – alles andere als eine Marionette – eine eigene politische Konzeption entwickelte und sich gegenüber willkürlichen Eingriffen des Kaisers in seine Politik störrisch verhielt. Zu alledem rissen die Angriffe des grollenden Bismarck und seiner Gefolgsleute gegen den »Neuen Kurs« nicht ab.[42]

Bülow hatte von Anfang an dem »Neuen Kurs« distanziert gegenübergestanden – weniger dessen politischen Zielen als seinen personellen Trägern. Schon am 15. April 1890 fragte er bei Eulenburg im Tone deutlicher Missbilligung an: »Wer verfiel auf Marschall?«[43] Am 8. Februar 1892 richtete er an Eulenburg einen ausführlichen Brief[44], in dem er eine kritische Bilanz des »Neuen Kurses« zog. Bülow lobte die entgegenkommende Haltung der Regierung gegenüber den Katholiken und tadelte ihre Abkehr von der repressiven Bismarckschen Polenpolitik. Er regte an, die Beziehungen zu Russland zu verbessern, gegenüber England aber Zurückhaltung zu üben. Den Handelsverträgen stimmte er ausdrücklich zu. Wie Bülow zweifellos vorausgesehen hatte, schrieb Eulenburg die wichtigsten Passagen des Briefes ab und legte sie Wilhelm II. vor. Der Freund des Kaisers schrieb dazu: »Wer sich Bülows Wissen und Können auf politischem Gebiet verschließt, ist ein Neidhammel [...]«. Wilhelm habe aber »Blick für Talent« und werden die Motive der »Hammel« durchschauen.[45]

Bülow schrieb nun immer wieder an »Phili« Briefe, deren Grundtenor lautete: Die politischen Intentionen Wilhelms II. seien richtig, die Männer des »Neuen Kurses« seien aber nicht dazu fähig, diese Ideen durchzusetzen. So formulierte er am 6. April 1892: »Die leitenden Ideen unseres kaiserlichen Herrn sind zum größten Teile unzweifelhaft richtige; dieselben müssen nur künftig mit mehr Geschick und Takt vertreten – ausgeführt werden.«[46] Und am 9. Juli 1892: »Es war vorauszusehen, daß nach dem Ausscheiden eines so rücksichtslosen Treibers wie Bismarck eine gewisse Erlahmung eintreten, die Mittelmäßigkeit sich in den Vordergrund schieben, Neid und naive Selbstsucht ungescheuter um sich greifen würden. Wir werden uns nur dann behaupten, und die großen Ziele unseres Allergnädigsten Herrn nur dann erreicht werden, wenn diejenigen, welche die Kaiserlichen Intentionen ausführen sollen, auch die Fähigkeiten hierzu besitzen.«[47]

Alle diese Äußerungen waren natürlich darauf berechnet, dass der Kaiser sie lesen würde. Und sie verfehlten die beabsichtigte Wirkung nicht. Auch die diplomatische Berichterstattung Bülows gefiel Wilhelm II. außerordentlich. Bülow räumte in seinen Berichten der Liebesaffäre zwischen der Hofdame Helena Vacaresca und dem rumänischen Kronprinzen Ferdinand breiten Raum ein, und der Kaiser verschlang diese Schilderungen geradezu.[48]

Das Avancement im Diplomatischen Dienst hing von einem kleinen Personenkreis ab: dem Kanzler, dem Staatssekretär, Holstein, einigen Ratgebern des Kaisers und, in erster Linie natürlich vom Kaiser selbst. Bülow pflegte deshalb seine Beziehungen zu Eulenburg und Holstein sorgsam. Im Februar 1893 bot ihm Eulenburg brieflich das »Du« an[49] (während Eulenburg und Holstein sowie Bülow und Holstein sich nie geduzt haben). In seinem Antwortschreiben vom 13. März 1893 kopierte Bülow die schwülstige Ausdrucksweise Eulenburgs und schrieb allen Ernstes: »Als schwesterliche entstiegen einst unsere Seelen dem rätselhaften Born alles Daseins; nur andere Hüllen und verschiedenfarbige Flügel wurden uns gegeben. Wenn Dir die Himmlischen die Zaubergabe reichen und glänzenden künstlerischen Talents schenkten, so kann ich Dir hierin nicht produktiv zur Seite stehen, wohl aber rezeptiv mich an Dir freuen, Deinen Geist genießen und Dich bewundern.«[50] Gegenüber Holstein beteuerte Bülow, dass er diesem seit seiner Pariser Lehrzeit »für mannigfache und mir unvergeßliche Anregungen und Förderung eine Dankbarkeit schulde, die der Lauf der Zeiten nicht abzuschwächen vermochte.«[51]

Der Gesandte arbeitete energisch darauf hin, die römische Botschaft zu erlangen.[52] Seine Auspizien waren an sich nicht günstig: Wilhelm II. war entschlossen, Bülow nach Paris zu schicken, in Rom hingegen den Militärattaché Karl von Engelbrecht[53] zum Botschafter zu machen. Caprivi und Marschall waren weiterhin gegen die Ernennung Bülows.

Holstein aber wollte unbedingt verhindern, dass Engelbrecht berufen würde. Zum einen war Engelbrecht völlig ungeeignet. Zum anderen hätte seine Ernennung etliche weitere Militärs, die begehrlich nach den reich dotierten diplomatischen Pfründen ausschauten, auf den Plan gerufen. Holstein akzeptierte deshalb Bülow als das kleinere Übel. Er informierte erst einmal den Reichskanzler darüber, dass Engelbrecht beim Kaiser gegen das Auswärtige Amt intrigierte. Nun war Caprivi für Bülow gewonnen, meinte jedoch, der Kaiser werde nicht mitmachen. Eulenburg schrieb am 4. Dezember 1893 an Wilhelm: Caprivi sei über einen Bericht Engelbrechts und über Marginalien des Kaisers so verärgert, dass er offenbar sein Amt niederlegen wolle. Wilhelm könne dem vorbeugen, indem er für Rom einen neuen Botschafter ernenne, am besten Bülow. [54] Holstein und Eulenburg redeten nun dem Kanzler wie dem Kaiser ein, bei ihrer bevorstehenden Unterredung werde es zu einem heftigen Auftritt kommen. Caprivi brachte deshalb am 6. Dezember 1893 bei seiner Unterredung mit Wilhelm II. erst ganz zum Schluss die Neubesetzung des römischen Postens zur Sprache. Er schlug Bülow vor und war sehr erstaunt, als Wilhelm sofort zustimmte. Selbst dem arglosen General ging nun ein Licht auf. Als er Holstein von der Unterredung berichtete, sagte er: »Eulenburg wird da wohl vorgearbeitet haben!« [55] Holstein aber schwieg dazu wohlweislich.

Bülow war fürs erste am Ziel seiner Wünsche. Er wirkte nun wieder in einem der großen europäischen Staaten, obendrein dem Heimatland seiner Frau, und war unmittelbar am Spiel der Großen Politik beteiligt. Und er hatte eine der höchstbezahlten Positionen im Staatsdienst erlangt. Der deutsche Botschafter in Rom erhielt ein Jahresgehalt von 100 000 Mark (während die deutschen Arbeiter und Angestellten im Jahre 1894 durchschnittlich 761 Mark verdienten).

Bevor Bülow seinen neuen Posten antrat, revanchierte er sich noch bei seinem Freund und Förderer Eulenburg. Er arrangierte eine Begegnung zwischen »Phili« und dem österreichisch-ungarischen Außenminister Gustav Graf Kálnoky. [56] So erhielt der Liebenberger – von Holstein zuvor sorgsam instruiert – die Gelegenheit, sein Licht als Diplomat kräftig leuchten zu lassen. Sodann überredete Bülow den deutschen Botschafter in Wien, Heinrich VII. Prinz Reuß, seinen Abschied einzureichen und so für Eulenburg Platz zu schaffen.

Im Palazzo Caffarelli, dem Domizil der deutschen Botschaft in Rom, fand Bülow böse Zustände vor. [57] Seine beiden Vorgänger hatten sich dem Machtstreben Engelbrechts gebeugt. Die Mitarbeiter zitterten seitdem vor dem Militärattaché und gingen lustlos ihrer Arbeit nach. In den Akten herrschte das Chaos. Der neue Botschafter stellte unverzüglich klar, wer im Palazzo Caffarelli das Sagen hatte. Dank seiner Frau und seiner höchst einflussreichen Schwiegermutter Laura Minghetti [58] fasste er schnell in der römischen Gesellschaft Fuß. Schon am 17. März 1894 konnte er Eulenburg voller Genugtuung berichten: »Dank einer gewissen Befähigung, vor allem durch Donna Laura und meine hiesigen Verbindungen, habe ich nach 3 Wochen in Rom mehr Quellen, Attachen, Einfluss als Engelbrecht nach 14 Jahren. Wo er antichambrieren musste, werde ich d'embleé eingeladen; höre direkt, was er auf Umwegen erfährt; sitze im Salon, wo er mühsam die Hintertreppe und das Vorzimmer erreicht hatte.« [59] Engelbrecht resignierte schließlich und ließ sich im folgenden Jahre versetzen.

Bülow führte fortan ein großes Haus und machte den Palazzo Caffarelli wieder zum Anziehungspunkt für führende italienische Politiker aller Richtungen, aber auch für namhafte Wissenschaftler und Künstler. Zum vertrauten Umgang des Botschafterpaares gehörte auch die greise Schriftstellerin Malwida von Meysenbug, ein Enfant terrible der deutschen Literaturszene. [60]

Zwischen dem italienischen Staat und dem Papst bestand ein gespanntes Verhältnis. Die Tätigkeitsfelder des Botschafters bei der Regierung und des Gesandten beim Vatikan waren deshalb streng getrennt. Bülow hat aus diesem Grund während seiner dreieinhalbjährigen Amtszeit nie den Papst gesprochen. Der Botschafter wurde bald allgemein als der »weiße Bülow«, der Gesandte beim Vatikan, Otto von Bülow, hingegen als der »schwarze Bülow« bezeichnet. [61]

Seit 1893 wurde Italien von Ministerpräsident Francesco Crispi regiert. Crispi bekämpfte die Arbeiterbewegung mit rabiaten Methoden. Außenpolitisch verfolgte er mit der Rückendeckung seiner Dreibundpartner einen abenteuerlichen Expansionskurs, der die öko-nomischen und militärischen Potenzen des Landes überforderte. Bülow ermunterte Crispi hierbei, denn solange die italienische Außenpolitik sich gegenüber Frankreich auf Kollisionskurs befand, wurden die österreichisch-italienischen Gegensätze überlagert. Am 5. Juni 1894 formulierte der Botschafter in einem Bericht an Caprivi: »Die italienischen Aspirationen auf Afrika und speziell auf Tripolis sind eine der Ursachen, welche Italien in Gegensatz zu Frankreich bringen und an den Dreibund fesseln; wenn sich Italien in Afrika desinteressierte, läge die Gefahr vor, dass es versuchte, sich mit französischer Hilfe an der Küste des Adriatischen Meeres auszudehnen.« [62] Er, Bülow, betone gegenüber Crispi und Außenminister Alberto Baron di Blanc, das Deutsche Reich gönne »Italien aufrichtig jede Erwerbung, welche sich mit seiner eigenen Wohlfahrt und der Erhaltung des Friedens vertrüge.«[63] Gemeint war »selbstverständlich« nur der Frieden in Europa. Ende 1894 überfiel eine italienische Kolonialarmee von Eritrea aus das Kaiserreich Äthiopien. Am 1. März 1896 erlitten die italienischen Truppen bei Adua eine vernichtende Niederlage. Vier Tage später musste Crispi seinen Hut nehmen.

Unterdessen war Reichskanzler Caprivi durch Intrigen junkerlicher Kreise zu Fall gebracht worden. Die Großagrarier hatten ihn in erster Linie wegen seiner Handelsvertragspolitik bekämpft. Da das gesamte Bürgertum hinter dieser Politik stand, war das nicht das geeignete Feld, den »Kanzler ohne Ar und Halm« zu stürzen. So hatten die Exponenten der Großagrarier schließlich den Hauptstoß gegen Caprivi auf dem Felde des Kampfes gegen die Arbeiterbewegung geführt. Sie hatten neue Ausnahmegesetze gegen die Sozialdemokratie gefordert, und Caprivi hatte dies abgelehnt.[64] Am 26. Oktober 1894 wurde er daraufhin entlassen.

Neuer Reichskanzler wurde Hohenlohe-Schillingsfürst[65], Bülows ehemaliger Vorgesetzter an der Pariser Botschaft. Hohenlohe war der erste Süddeutsche und der erste Katholik in diesem Amt. Er war mittlerweile 76 Jahre alt. Wilhelm II. und seine Ratgeber hatten dem anpassungswilligen und bereits sehr hinfälligen Mann eine wenig dankbare Funktion zugedacht: Er sollte als Aushängeschild dienen, hinter dem das »persönliche Regiment« des Kaisers nun endlich durchgesetzt würde.[66]

Die konservativen Kräfte suchten im Inneren eine neuerliche Wende, hin zu einer scharfen Unterdrückungspolitik gegenüber der Sozialdemokratie, durchzusetzen. Der Scharfmacher Ernst Matthias von Koeller wurde preußischer Innenminister. Doch die Bestrebungen dieser Kräfte schlugen fehl. Sowohl die »Umsturz-Vorlage« (1894) als auch das »Kleine Sozialisten-Gesetz« (1897) scheiterten in den Parlamenten. Das Schicksal der beiden Vorlagen war symptomatisch für die Ära Hohenlohe: Die Serie der Regierungskrisen und politischen Fehlschläge riss nicht ab. Die Autorität des Reichskanzleramts verfiel, und auch das Prestige Wilhelm II. nahm weiter ab.

Von Anfang an hatte sich der unruhige Tatendrang des jungen Kaisers vor allem durch Reisefieber und rednerische Entgleisungen kundgetan. Schon Ende 1890 schrieb Marie Fürstin Radziwill über Wilhelm II.: »Weil er ewig reist und dauernd unterwegs ist, behauptet man, sängen die Preußen jetzt nicht mehr: ›Heil dir in Siegerkranz‹, sondern: ›Heil Dir im Sonderzug …‹«[67] Im August 1894 rechnete die »Vossische Zeitung« dem Monarchen vor, dass er im Jahre 1893 nicht weniger als 199 Tage lang auf Reisen gewesen war.[68] In der Amtszeit Hohenlohes trat das Dilemma Wilhelms vollends zu Tage: Der Kaiser wollte sein eigener Kanzler sein, war aber nicht gewillt, die dazu erforderliche Regierungsarbeit zu leisten. Er wollte immerzu schnelle Entscheidungen fällen, ohne sich zuvor durch zielstrebige Arbeit über den jeweiligen Gegenstand unterrichtet zu haben. So folgte er heute den Einflüsterungen dieses berufenen oder unberufenen Ratgebers, morgen denen eines ganz anderen.

Am 27. November 1895 bezeichnete Holstein die Regierungsweise Wilhelms II. in einem Brief an Philipp Eulenburg schlicht als »Operettenregiment«.[69] Die Reaktion Eulenburgs zeigte, dass die Matadore des »persönlichen Regiments« arg realitätsfernen Vorstellungen nachhingen. Eulenburg behauptete nämlich, der Kaiser habe nach der Verfassung das Recht, selbst zu regieren. Obendrein beklagte er, dass die Vereinigung Preußens mit dem liberalen Süddeutschland und die Regierungszeit Bismarcks das »alte preußische Königtum ruiniert« hätten.[70] Unter Bismarck sei der Parlamentarismus erstarkt, und das müsse wieder rückgängig gemacht werden.

Realistischer eingestellte Regierungsvertreter hatten jedoch begriffen: Es war einfach nicht möglich, die bestehende Regierungsform hin zu einem autokratischen Regime umzugestalten. Möglich war es hingegen, die Regierungsmacht zu stabilisieren und ihre Basis durch eine »Sammlung« der herrschenden Kreise zu verbreitern. Die Sammlungspolitik[71] war darauf gerichtet, die vielfältigen Differenzen, die es zwischen Agrariern und Großbürgertum, aber auch innerhalb des Bürgertums gab, zu überbrücken. Der junkerlich-bürgerliche Kompromiss und insbesondere sein Kernstück, das Bündnis zwischen Junkertum und Schwerindustriellen, sollte durch eine Konzentrierung auf die gemeinsamen Interessen und durch Kompromisse (vor allem auf wirtschaftlichem Gebiet) wieder gefestigt werden. Hauptwortführer der Sammlungspolitik war der preußische Finanzminister Johannes Miquel[72], ein Vertrauensmann der Junker und Schwerindustriellen. Miquel verfocht eine »kleine Lösung« der Sammlungspolitik. Sein Konzept stellte im Grunde einen Rückgriff auf das Bismarcksche »Kartell« der 1880er Jahre[73] dar. Es war wirtschaftspolitisch auf die Interessen von Montanindustriellen und Agrariern, parteipolitisch auf die Deutschkonservative Partei, die Freikonservative und die Nationalliberale Partei ausgerichtet.

Johannes (von) Miquel, 1890–1901 preußischer Finanzminister

Bülow hingegen trat für eine »große Lösung« ein. In einem Brief an Eulenburg schrieb er bereits am 6. Februar 1895: »Die Basis der Kaiserlichen innern Politik muß eine möglichst breite sein, damit Konservative, Nationalliberale, gemäßigte Klerikale und maßvollere Linksliberale auf ihr Platz finden: Einerseits wegen der Aufrechterhaltung der Reichseinheit, andererseits, weil wir im Kampfe gegen die soziale Revolution eine lange und tiefe Phalanx brauchen.«[74]

Bülows umfangreiche Korrespondenz, namentlich mit Eulenburg, lässt erkennen, dass dessen Variante der Sammlungspolitik Teil eines eigenständigen innenpolitischen Konzepts war. Für die herrschenden Kreise des Kaiserreiches war der Kampf gegen die Arbeiterbewegung das Kernstück der Innenpolitik. Die deutsche Sozialdemokratie hatte sich im Kampf gegen das Bismarcksche Sozialistengesetz zu einer Massenpartei entwickelt. Im Regierungslager war man tief beunruhigt und griff ratlos bald nach diesem, bald nach jenem Kampfmittel. In einem Brief an den Diplomaten Anton Graf von Monts erklärte Bülow am 13. Oktober 1895 allgemein: »M. E. gibt es zwei Arten, die Revolution zu bekämpfen: die diktatorische, bonapartistisch-bismarcksche, mit Knebelung der Presse und Vereine, eventuell Repression, eventuell Coup d'état, und die liberale, englisch-amerikanisch-schweizerische, welche mehr auf die Heilkraft der Natur wie die im Falle der Nichtverfolgung meist eintretende innere Spaltung zwischen den Revolutionären vertraut und von (nicht unbedingt gebotenen) operativen Eingriffen absieht.«[75] Bülow gab fortan der flexiblen Kampfmethode den Vorzug.

Die geradezu alberne Aversion, die etwa Wilhelm II. und Eulenburg gegen den Katholizismus und die Zentrumspartei hegten[76] war Bülow völlig fremd. Er betonte vielmehr, dass »ein neuer Kulturkampf ungefähr der größte Fehler [wäre], den wir in der innern

Politik begehen könnten.«[77] Der Botschafter sprach von einer »maß- und direktionslosen agrarischen Agitation« des militanten Bundes der Landwirte, gleichzeitig aber von »berechtigten Interessen der Landwirtschaft.«[78] Gegenüber preußisch-partikularistischen Auffassungen Eulenburgs warnte er: »Jede Abwendung Preußens von der nationalen Idee ist ein Schritt auf dem Wege, der in den Abgrund führt.«[79] Und er formulierte 1895 auch bereits eine der Leitideen, denen er in den beiden kommenden Jahrzehnten folgen sollte: in der Innenpolitik müsse die »national-deutsche [...] Note angeschlagen« werden.[80]

Während Bülow so Bausteine für ein Regierungsprogramm zusammentrug, ließen die mannigfachen Querelen unter der Kanzlerschaft Hohenlohes den Kaiser und Eulenburg erkennen: Ein so fügsamer Kanzler war auch nicht das Optimum. Ein solcher Kanzler war einfach zu schwach dazu, die Differenzen innerhalb der herrschenden Kreise einzudämmen und das Funktionieren der Regierungsmaschinerie zu gewährleisten. Wilhelm II. und sein engster Ratgeber wünschten sich nun einen ganz anderen Reichskanzler. Er sollte dem Kaiser bedingungslos ergeben sein, dessen Intentionen genau erfassen und sie selbständig durchsetzen, ohne dass Wilhelm II. und Eulenburg ständig in die Regierungsgeschäfte eingreifen müssten. Beide richteten den Blick auf Bülow.

Bereits am 14. Februar 1895 schrieb »Phili« an seinen kaiserlichen Freund: »Bernhard ist der wertvollste Beamte, den Ew. Majestät haben, der prädestinierte Reichskanzler der Zukunft.«[81] Der Kaiser nannte Bülow am 25. Dezember 1895 seinen »treu ergebenen Freund« und rief aus: »Bülow soll mein Bismarck werden, und wie der mit Großpapa nach außen Deutschland zusammenschmetterte, so wollen wir beide im Innern den Wust von Parlamentarismus und Parteischablone reinigen!«[82]

Bülow bestärkte Wilhelm und Eulenburg geschickt in ihren Erwartungen. Er hatte die Psyche des Kaisers sorgsam studiert. Ihm war klar, dass dieser nach Schmeichelein lechzte und man dabei getrost sehr dick auftragen konnte. Eulenburg liebte Wilhelm regelrecht. Bülow hingegen fand den Kaiser zwar nicht unsympathisch, war aber frei von einer emotionalen Bindung. Deshalb konnte er kunstvolle groteske Schmeicheleien zu Papier bringen, die Eulenburg und Wilhelm in gleicher Weise begeisterten.[83]

Am 23. Juli 1896 verkündete Bülow genau jenes Regierungsprogramm, das Kaiser und Kaiserfreund von ihm hören wollten: »Ich wäre ein anderer Reichskanzler wie die bisherigen. Bismarck war eine Macht für sich, Pippin, Richelieu. Caprivi und Hohenlohe fühlten und fühlen sich doch als Vertreter des ›Gouvernements‹ und bis zu einem gewissen Grade des Parlaments Sr. Majestät gegenüber. Ich würde mich als ausführendes Werkzeug Sr. Majestät betrachten, gewissermaßen als sein politischer Chef des Stabes. Mit mir würde im guten Sinne, aber tatsächlich ein persönliches Regiment beginnen.« [84]

Am liebsten hätte Bülow noch eine Reihe von Jahren im Palazzo Caffarelli residiert, um dann als Senkrechtstarter direkt auf jenem Sessel Platz zu nehmen, den einst Bismarck innegehabt hatte. Dem Botschafter und seiner Frau behagte es in Rom außerordentlich. Das heitere Naturell der Italiener lag Bülow wesentlich mehr als der tierische Ernst, der so viele seiner norddeutschen Landsleute kennzeichnete. Der aufreibende Posten eines Staatssekretärs des Auswärtigen Amtes, der zudem mit 50 000 Mark nur halb so hoch wie die römische Botschaft dotiert war, reizte ihn absolut nicht.

Doch im Jahre 1897 geriet das wilhelminische Kaiserreich an den Rand einer Staatskrise [85], und auch der so fein ausgetüftelte Lebensplan Bülows drohte durcheinander zu geraten. Es kam vieles zusammen. Prozesse gegen die Polizeiagenten Heinrich Leckert und Karl von Lützow sowie gegen den Kriminalkommissar Eugen von Tausch, Abteilungsleiter im Berliner Polizeipräsidium, wirbelten jede Menge Staub auf. Es kam ans Licht, dass die Berliner politische Polizei im Auftrage äußerst konservativer Kreise insgeheim gegen Marschall und weitere Regierungsmitglieder gewühlt hatte. Wilhelm II. verprellte führende Politiker der Zentrumspartei, und die stellten sich im Reichstag gegen des Kaisers Lieblingsprojekt, die Flottenrüstung. Waldersee, der 1890 vergeblich darauf gehofft hatte, Reichskanzler zu werden und bald darauf in Ungnade gefallen war, witterte Morgenluft. Er nahm den großen Streik der Hamburger Hafenarbeiter (November 1896 bis Februar 1897) zum Anlass, an Wilhelm II. eine Denkschrift [86] zu richten. Darin drängte er den Kaiser, mit Waffengewalt gegen die Sozialdemokratie vorzugehen. Sein Weizen schien zu blühen, denn Wilhelm sagte am 30. Januar 1897 zu ihm: »Ich sehe die nächste Zukunft als recht ernst an; sollte es mir zu bunt werden, so müssen Sie heran« (als Reichskanzler). »Ich weiß«, so fügte Wilhelm hinzu, »wenn es zum Schießen kommen muß, so werden Sie es gründlich tun.« [87]

Am 26. Februar ließ Wilhelm sich vom Schwung seiner Beredsamkeit zu seiner bislang ärgsten Entgleisung hinreißen. Seine Majestät verkündete, die Ratgeber Kaiser Wilhelms I. – gemeint waren Bismarck, Moltke und Albrecht von Roon – seien bloße »Handlanger« dieses Monarchen gewesen. Offenbar hat er sogar von »Pygmäen« gesprochen. Wilhelm bezeichnete die Sozialdemokratie als eine »Pest«, die »bis auf den letzten Stumpf« ausgerottet werden müsse.[88] Kanzler Hohenlohe brachte die Lage am 30. März auf die Formel: »Es ist evident, daß der Kaiser unter dem Einfluß von Leuten steht, die ihm weismachen, er könne eine große Konfliktsära in Szene setzen, die Reichsverfassung ändern, das allgemeine Wahlrecht abschaffen und ungezählte Kreuzer bauen lassen.«[89]

Bülow sprach sich, schon seiner eigenen Ambitionen wegen, energisch gegen die Staatsstreichspläne aus.[90] Er sah ein, dass er aktiv zur Überwindung der Krisensituation beitragen musste. Und das hieß, er musste in den sauren Apfel beißen und den Palazzo Caffarelli mit dem Auswärtigen Amt in der Wilhelmstraße 76 vertauschen.

Im Juni und Juli 1897 wurden die Reichsregierung und die preußische Regierung umgebildet. Konteradmiral Alfred Tirpitz wurde neuer Staatssekretär des Reichsmarineamtes. Karl Heinrich von Boetticher, der gleichzeitig Staatssekretär des Reichsamtes des Innern, Vizekanzler und Vizepräsident des Staatsministeriums gewesen war, erhielt seine Entlassung. An seine Stelle traten Arthur Graf von Posadowsky-Wehner als Staatssekretär des Reichsamtes des Innern und Miquel als Vizepräsident des Staatsministeriums. Bülow trat in Raten die Nachfolge Marschalls an. Am 26. Juni 1897 wurde er zum stellvertretenden Staatssekretär des Auswärtigen Amtes und am 20. Oktober zum Staatssekretär und Preußischen Staatsminister ernannt.

UM DEN »PLATZ AN DER SONNE« 1897–1900

Am 6. Dezember 1897 sprach Bülow zum ersten Male vor dem Reichstag. In den regierenden Kreisen wusste man, dass er das besondere Vertrauen des Kaisers besaß und deshalb schon jetzt zu den einflussreichsten Mitgliedern der Reichsregierung gehörte. Für die Öffentlichkeit und auch für das Gros der Reichstagsabgeordneten war er hingegen ein unbeschriebenes Blatt. Das änderte sich an diesem Tage. Die Ansprache des Staatssekretärs erregte im In- und Ausland enormes Aufsehen. Zwei ihrer Kernsätze lauteten:

»Die Zeiten, wo der Deutsche dem einen seiner Nachbarn die Erde überließ, dem anderen das Meer und sich selbst den Himmel reservierte, wo die reine Doktrin thront – diese Zeiten sind vorüber [...]. Wir wollen niemand in den Schatten stellen, aber wir verlangen auch unseren Platz an der Sonne.«[1]

Bülow hatte noch nie vor einem so großen Personenkreis gesprochen. Und doch zeigte bereits diese erste Rede den charakteristischen Zug, den auch alle seine späteren Ansprachen aufwiesen: Dieser erfolgreiche Redner setzte nicht primär auf sachliche Argumente, sondern auf Andeutungen, er spielte mit den Assoziationen seiner Zuhörer.

Bernhard von Bülow als Staatssekretär des Auswärtigen Amtes

Drei Wochen zuvor, am 14. November 1897, hatten deutsche Marineeinheiten in China das Gebiet von Kiautschou (Jiaozhou) besetzt.[2] Die Zusammenhänge und Perspektiven dieser Okkupation bildeten den Schwerpunkt von Bülows Rede. Jeder, der die Rede hörte oder dann den Text in der Zeitung las, wusste, was Bülow meinte, wenn er von einem »Platz an der Sonne« sprach: Kolonien und Einflusszonen. Die Umbildung der Reichsregierung und der preußischen Regierung im Juni 1897 zielte auf einen einschneidenden politischen Kurswechsel ab. Nach dem Willen ihrer Akteure – unter denen Bülows Freund Eulenburg eine maßgebende Rolle spielte – sollte der Übergang zur »Weltpolitik« und Flottenrüstung vollzogen, die Sammlungspolitik durchgesetzt und eine Revision der Zolltarife vorbereitet werden.

Etliche Jahre später hat Bülow dann die Aufgabe, die ihm 1897 übertragen worden war, wie folgt umrissen: »Entwicklung unseres Handels, Übergang zur Weltpolitik und insbesondere Schaffung einer deutschen Flotte ohne Zusammenstoß mit England, dem wir noch in keiner Weise gewachsen waren.« [3] Die Stichworte »Handel, Weltpolitik, Flotte« deuten vage auf tiefgreifende Wandlungen innerhalb der entwickelten Staaten und in den internationalen Beziehungen hin, die sich um die Jahrhundertwende vollzogen und für das Zeitalter des Imperialismus kennzeichnend waren.

Die territoriale Aufteilung der Welt unter die Kolonialmächte war um 1900 bereits nahezu abgeschlossen. Es setzte deshalb ein heftiges Ringen dieser Staaten um die letzten überseeischen Gebiete ein, die noch nicht zu einem der Kolonialreiche gehörten. Das waren vor allem China, die Türkei, Marokko und Persien. In Deutschland forderten nun Publizisten, Professoren, Wirtschaftsführer und Stammtischpolitiker den Griff nach Übersee. [4] Den Startschuss hatte ein so brillanter Geist wie Max Weber gegeben, der im Jahre 1895 in seiner Antrittsvorlesung sagte: »Wir müssen begreifen, dass die Einigung Deutschlands ein Jugendstreich war, den die Nation auf ihre alten Tage beging und der Kostspieligkeit halber besser unterlassen hätte, wenn sie der Abschluss und nicht der Ausgangspunkt einer deutschen Weltmachtpolitik sein sollte.« [5]

Die Rede Bülows vom 6. Dezember signalisierte dann bereits, dass das kaiserliche Deutschland eine ausgreifende Expansionspolitik eingeleitet hatte, deren Stoßrichtung sich objektiv vor allem gegen das britische Weltreich richtete. Die Antriebe für die deutsche »Weltpolitik« [6] waren vielfältig. Wie auch in anderen Ländern verbreitete sich in der deutschen Öffentlichkeit mehr und mehr die Überzeugung, Ansehen und Zukunftsaussichten eines Staates hingen vom Besitz überseeischer Gebiete ab. [7] Das deutsche Kolonialreich brachte jedoch nichts ein, es erforderte vielmehr Zuschüsse. [8] Somit lag der Gedanke, auf den Bülow zwei Jahre später in seiner Rede vom 11. Dezember 1899 [9] anspielte, nicht fern: Die bestehenden Kolonialreiche sollten neu verteilt werden.

Wirtschaftskreise hegten ein handfestes Interesse an neuen Absatzgebieten, Rohstoffquellen und Kapitalanlagemöglichkeiten. Man setzte große, häufig stark überzogene Erwartungen in eine verstärkte wirtschaftliche und koloniale Expansion.[10] Dieses Expansionsstreben resultierte aus einem dynamischen Wirtschaftswachstum. Das ökonomische Kräfteverhältnis zwischen dem Deutschen Reich und der führenden Weltmacht Großbritannien verschob sich dramatisch. So stieg die britische Stahlproduktion zwischen 1886 und 1910 von 2,4 Millionen Tonnen auf 6,1 Millionen (um 154 Prozent). Die deutsche Stahlerzeugung aber wuchs im gleichen Zeitraum von knapp einer Million Tonnen auf 13,7 Millionen (um 1335 Prozent).

Die Akteure der »Weltpolitik« wollten durch eine erfolgreiche Expansion einerseits die »Sammlung« von Großbürgertum und Großagrariern vertiefen und festigen. Andererseits waren sie bestrebt, einen möglichst großen Teil des Volkes, insbesondere die Mittelschichten, unter Ausnutzung »nationaler« Parolen für ihre Politik zu gewinnen. In diesem Sinne schrieb Bülow am 26. Dezember 1897 an Eulenburg: »Ich lege den Hauptakzent auf die auswärtige Politik [...] Nur eine erfolgreiche äußere Politik kann helfen, versöhnen, beruhigen, sammeln, einigen [...] Die Summa summarum bleibt nach außen: Ruhe; Taten und nicht Worte [...] Im Innern: Keine konfessionelle Politik, keine Schläge ins Wasser mit totgeborenen Umsturz- und ähnlichen Gesetzen, Kontinuität.«[11]

Welchen konkreten Zielen galt die »erfolgreiche äußere Politik«, die Bülow betreiben wollte? In den ersten Jahren seiner Amtszeit nannte er in seinen Reichstagsreden immer neue Expansionsobjekte und strich dabei deren wirtschaftliche, machtpolitische und militärstrategische Bedeutung kräftig heraus. Mitunter lassen diese Reden jedoch erkennen, dass die Bülowsche »Weltpolitik« eine recht ambivalente Angelegenheit war. So erklärte Bülow am 12. Februar 1900 zur Erwerbung Samoas: »Am höchsten stelle ich den Wert, welchen Samoa für das deutsche Empfinden hat und für das deutsche Selbstgefühl. Es ist ja möglich, dass der Affektionswert, den wir Deutsche Samoa beimessen, größer ist als der übrigens recht erhebliche materielle Wert dieser Insel. Aber es ist viel deutsches Blut auf Samoa geflossen, und dann war die Erwerbung von Samoa für uns zu einer Frage des Ansehens geworden und zu einer Frage der nationalen Würde.«[12] Hier deutet sich an: es ging Bülow in erster Linie gar nicht darum, tatsächlich überseeische Gebiete zu erwerben.

Wichtiger waren ihm politische Gesten und das Prestige. Die »Weltpolitik« sollte in Deutschland Eindruck machen und in breiten Kreisen die »patriotischen« Gefühle kräftigen. Nicht zuletzt sollte sie Wilhelm II. imponieren und so Bülows Position stärken. Bülows Politik war in der Tat »in weiten Teilen nur propagandistischer Theaterdonner.«[13] Die »weltpolitische« Botschaft Bülows wurde von einem Heer von Journalisten unters Volk getragen[14] und fiel in breiten Bevölkerungskreisen auf fruchtbaren Boden.

Die stärkste Belastung für das agrarisch-industrielle Kartell stellten die Handelsverträge dar, die in der Amtszeit des Reichskanzlers Caprivi abgeschlossen worden waren. Boetticher und Marschall waren den Großgrundbesitzern als Anhänger der Caprivischen Handelsverträge verhasst gewesen. Miquel und Posadowsky hingegen genossen das Vertrauen der Agrarier. Innenpolitisch verfolgten die Initiatoren der Sammlungspolitik das Ziel, gegen die weiter erstarkende Arbeiterbewegung eine einheitliche Front zu bilden. Die 1894 eingeleitete verschärfte Unterdrückungspolitik gegen die Sozialdemokratie wurde fortgesetzt, doch wurden die Staatsstreichspläne fallengelassen.

Ein entscheidendes Instrument für die deutsche Expansionspolitik nach Übersee sollte durch eine forcierte Flottenrüstung geschaffen werden. Es kann keinen Zweifel daran geben, dass Wilhelm II. und niemand sonst der Initiator der deutschen Flottenrüstung war. Wilhelm strebte den Bau einer großen Kriegsflotte an, seitdem er den Thron bestiegen hatte – lange, ehe ehrgeizige Admirale, verstiegene alldeutsche Propagandisten und geschäftstüchtige Panzerplattenproduzenten die Forderung nach »mehr Marine« erhoben. Bereits am 21. Juni 1894 schrieb Wilhelms Mutter an die Queen: »Wilhelms einziger Wunsch ist, eine Flotte zu haben, die größer und stärker als die britische ist, aber mir scheint dies der reine Wahnsinn zu sein, und er wird sehen, wie unmöglich und nutzlos sein Vorhaben ist.«[15] Am 5. Februar 1895 notierte der damalige Staatssekretär des Auswärtigen Amtes, Adolf Frhr. Marschall von Bieberstein, nach einer Unterredung mit dem Kaiser in sein Tagebuch: »Er hat nichts wie Marine im Kopf.«[16] Wilhelm II. war es auch, der in den folgenden Jahren all die griffigen Parolen prägte wie »Der Dreizack gehört in unsere Faust«, »Reichsgewalt bedeutet Seegewalt«, »Unsere Zukunft liegt auf dem Wasser« oder »Bitter not ist uns eine starke deutsche Flotte.«[17]

Bis zum Jahre 1897 erlebte Wilhelm bei seiner Flottenpolitik jedoch mehr Fehlschläge als Erfolge.[18] Der Reichstag besaß innerhalb

Kaiser Wilhelm II. in Admiralsuniform, 1898

der von Bismarck geprägten Verfassungskonstruktion nicht sehr viel Macht. Aber er entschied immerhin über den Staatshaushalt. Nicht nur die Sozialdemokraten, sondern auch viele Abgeordnete des Zentrums, der linksliberalen Parteien, ja, selbst etliche Konservative sahen in den Flottenplänen des Kaisers lediglich eine kostspielige Marotte. Sie meinten, das Reich solle sein Geld für wichtigere Dinge ausgeben. Also strich das Hohe Haus immer wieder die Flottenvorlagen der Reichsregierung zusammen.

Der Kaiser schäumte vor Zorn und sann gemeinsam mit seinen Getreuen gar über Staatsstreichspläne nach. [19] Am 18. Juni 1897 entließ Wilhelm II. den glücklosen Staatssekretär des Reichsmarineamtes, Friedrich von Hollmann, und ernannte Alfred Tirpitz zu dessen Nachfolger. Mit diesem Admiral trat eine Schicksalsfigur des Kaiserreiches ins Rampenlicht. [20] Der Historiker Michael Freund sollte später über Tirpitz schreiben: »Es war das Unglück des Deutschen Reiches, dass der Admiral von Tirpitz unter den schwachen und schwankenden Figuren des Deutschen Kaiserreiches, […] unter Höflingen und Larven der einzige wirkliche Mann war.« [21] Tirpitz besaß einen eisernen Willen, großen technischen Sachverstand und viel organisatorisches Geschick. Im persönlichen Umgang wie in der politischen Taktik war er überaus flexibel. Und als der zielstrebigste Verfechter einer beschleunigten Flottenrüstung innerhalb der deutschen Marineführung trat er seit 1894 dafür ein, sich auf den Bau von Linienschiffen (Schlachtschiffen) zu konzentrieren.

Vor 1897 lässt sich bei Bülow nicht die Spur von Interesse oder gar Begeisterung für eine Aufrüstung zur See erkennen. Spätestens bei einer Unterredung mit Wilhelm II. in Kiel am 26. Juni 1897 [22] wurde Bülow aber klar: Wenn er die Gunst des Kaisers behalten und schließlich Reichskanzler werden wollte, dann musste er die Flottenrüstung auf seine Fahne schreiben und den Reichstag dazu bringen, die erforderlichen Geldmittel zu bewilligen. Nachdem Bülow erkannt hatte, welch immensen Stellenwert die Flotte in der Vorstellungswelt Wilhelms einnahm, engagierte er sich voll zugunsten der Flottenrüstung.

Tirpitz hatte Bülow, der damals noch Botschafter in Italien war, bereits im Mai 1897 in Rom besucht und ihm sein flottenpolitisches Programm dargelegt. [23] Sein Ziel war klar: Er hoffte, der Weltmann und gewiegte Taktiker werde im Reichstag die geplante Flottenvorlage durchpauken. Im Juli des Jahres 1897 machte Bülow dann im Kurort Semmering Urlaub.

Admiral Alfred (von) Tirpitz, 1897–1916 Staatssekretär des Reichsmarineamts

Als er am 3. August vom Urlaub wieder nach Kiel kam, überfiel der Kaiser ihn sogleich mit der Frage: »Nun, wie wird's mit meinen Schiffen? Was haben Sie sich in den österreichischen Bergen ausgedacht?« [24] Bülow hatte sich in der Tat etwas ausgedacht: Man müsse, erklärte er dem Monarchen, die »nationale Trommel« rühren und die Widerstände im Reichstag durch eine Woge des Patriotismus hinwegfegen. [25] Vom 18. bis 21. August gingen Kaiser Wilhelm, Bülow und Tirpitz auf Schloss Wilhelmshöhe bei Kassel in Klausur und verständigten sich über die künftige Flottenpolitik. [26]

Bülow und Tirpitz arbeiteten fortan etliche Jahre lang eng zusammen. Die beiden Pragmatiker hatten erkannt: Es war ganz falsch, die Flotte in Konfrontation zum Reichstag bauen zu wollen. Vielmehr musste man versuchen, den Reichstag und die Öffentlichkeit für die Flottenrüstung zu gewinnen. Der Begriff »Flotte« war in breiten Bevölkerungskreisen und besonders im liberalen Bürgertum positiv besetzt. Insbesondere dachte man dabei an die glanzvollen Zeiten der Hanse und an die deutsche Flotte der Jahre 1848/49. Es galt nun zu propagieren, dass die Flottenrüstung zutiefst im nationalen Interesse liege. Tirpitz baute im Reichsmarineamt ganz schnell die »Abteilung für Nachrichtenwesen und allgemeine Parlamentsangelegenheiten« auf. [27] Die Mitarbeiter dieser Abteilung lancierten fortan »flottenfreundliche« Artikel in zahlreiche Zeitungen und Zeitschriften, gaben Bücher und Broschüren zur »Flottenfrage« in Auftrag, organisierten für Parlamentarier und Journalisten Besichtigungen von Kriegsschiffen usw.

An der ersten Aktion der deutschen »Weltpolitik«, der Okkupation von Kiautschou[28], war Bülow dann zunächst nur am Rande beteiligt. Schon seit Mitte der 90er Jahre hatten die Marineführung sowie Finanz-, Industrie- und Handelskreise die Reichsregierung gedrängt, an der chinesischen Küste einen Stützpunkt zu errichten. Die Marineführung wollte einen Flottenstützpunkt für den pazifischen Raum. Der Deutschen Bank, der Disconto-Gesellschaft, der Berliner Handels-Gesellschaft, dem »Kanonenkönig« Krupp und weiteren Interessenten ging es darum, sich eine Ausgangsbasis zu schaffen, von der aus sie den einträglichen Export nach China weiter ankurbeln, sich Zugang zu den reichen Bodenschätzen dieses Landes verschaffen sowie die eigene Handelsflotte versorgen konnten. Ende 1896 entschied Wilhelm II. sich dafür, bei passender Gelegenheit die am Gelben Meer gelegene strategisch wichtige Bucht von Kiautschou zu annektieren.[29] Es fehlte nur an einem geeigneten Vorwand für eine Intervention.

Am 1. November 1897 erfuhr Bülow, der sich gerade in Rom aufhielt, dass sein Bruder Adolf durch einen Reitunfall ums Leben gekommen war. Drei Tage später fand die Beerdigung statt, und am Rande der Trauerfeier sprach der Staatssekretär mit Wilhelm II. über Kiautschou.[30] Wilhelm erregte sich darüber, dass infolge der »schlappen« Politik des Auswärtigen Amtes noch immer nichts geschehen war. Bülow beeilte sich zu versichern, dass es »höchste Zeit sei, unsere schwankende und laue Politik in Ostasien energisch zu gestalten.«[31] Er mag dabei gedacht haben, Wilhelm »der Plötzliche« werde sich bald beruhigen und sich dann wieder für ganz andere Dinge interessieren.

Gleich darauf reiste Bülow wieder nach Rom. Am 6. November aber erhielt Kaiser Wilhelm die hochwillkommene Meldung, dass am 1. November in der Provinz Schantung (Shandong) zwei deutsche Missionare von Chinesen ermordet worden waren. Wilhelm erteilte daraufhin Konteradmiral Otto von Diederichs, dem Chef des im Fernen Osten stationierten Kreuzergeschwaders, telegraphisch den Befehl, Kiautschou zu besetzen. An Bülow kabelte er am 7. November: »Also endlich haben uns die Chinesen den schon von Marschall, Ihrem Vorgänger, so lang ersehnten Grund und ›Zwischenfall‹ geboten. Ich beschloß, sofort zuzugreifen.«[32] Am 14. November führte Diederichs seinen Auftrag aus.

Die russische Regierung war allerdings der Ansicht, Kiautschou gehöre zu ihrer Einflusssphäre. Sie kündigte an, dass sie gleichfalls Kriegsschiffe dorthin entsenden werde. Es entstand eine Spannungssituation, in der Tirpitz wie Holstein es sogar für möglich hielten, dass es zum Krieg mit Russland kommen werde. Bülow befand sich in einer Zwickmühle. Einerseits war er gar nicht von der Aussicht erbaut, seine Amtstätigkeit mit einem schweren deutsch-russischen Konflikt zu beginnen. Andererseits wollte er aber auch nicht offen gegen das Kiautschou-Abenteuer opponieren und sich so die Ungnade Wilhelms zuziehen. So zog er denn in Rom seine Abschiedsformalitäten in die Länge. Er ging gewissermaßen auf Tauchstation und schwieg sich hartnäckig aus. Erst am 26. November nahm er in Berlin seine Amtsgeschäfte wieder auf.

Zu diesem Zeitpunkt begannen sich die drohenden Wolken am Horizont bereits zu verziehen. Just am gleichen Tage beschloss die russische Regierung nämlich, fortan keine Einwände mehr gegen die Okkupation von Kiautschou zu erheben – und selbst eine chinesische Hafenstadt, Port Arthur (Lüshun), zu besetzen. Am 30. November empfing Bülow den russischen Botschafter Nikolaus Dimitrijewitsch Graf von der Osten-Sacken, der ihm im Auftrage von Außenminister Michael Nikolajewitsch Murawjew versicherte, bei der ganzen russisch-deutschen Auseinandersetzung habe es sich um ein »Missverständnis« gehandelt.[33]

Am 6. März 1898 zwang die deutsche Reichsregierung der chinesischen Regierung den Kiautschou-Vertrag auf.[34] Dieses Abkommen sah vor, dass China die Bucht von Kiautschou samt einem umliegenden Gebiet von 515 km^2 (nicht die Stadt Kiautschou selbst) für 99 Jahre an das Deutsche Reich »verpachtete«. Obendrein erhielt Deutschland in der Provinz Schantung Eisenbahnkonzessionen, Bergbaukonzessionen sowie das Meistbegünstigungsrecht für deutsche Waren. Damit war ein Territorium von 150 000 km^2 mit mehr als 33 Millionen Einwohnern in eine deutsche Einflusszone umgewandelt worden. Und so stachelte der erfolgreiche Ausgang des Kiautschou-Abenteuers den Unternehmungsgeist der deutschen »Weltpolitiker« mächtig an.

Mittlerweile hatte Bülow, obgleich er formell an die Weisungen des Reichskanzlers gebunden war, tatsächlich die Leitung der deutschen Außenpolitik übernommen. Insbesondere durch seine Reichstagsreden profilierte er sich zum maßgeblichen Repräsentanten der »Weltpolitik«. So erklärte er am 8. Februar 1898: »In wirtschaftlicher Hinsicht brauchen wir eine Eingangstür zu dem chinesischen Absatzgebiet [...] Das chinesische Reich mit seiner riesenhaften Bevölkerung von nahezu an 400 Millionen Menschen bildet einen der zukunftsreichsten Märkte in der Welt; von diesem Markt durften wir uns nicht ausschließen, wenn wir wirtschaftlich und damit politisch, materiell und damit moralisch voran wollten.«[35]

Briefmarke der deutschen Kolonialpost für Kiautschou

Nach Bülows Rede vom 8. Februar 1898 notierte die Baronin Spitzemberg in ihrem Tagebuch: Der Staatssekretär habe einen »abermaligen großen Triumph« gefeiert. Er sei nicht nur der Liebling des Kaisers, sondern auch der des Reichstags.[36] Bülows Auftreten im Parlament unterschied sich in extremer Weise von dem Hohenlohes. Der greise Kanzler war lediglich imstande, vom Blatt ein paar Sätze stockend vorzulesen. Zwischenrufe brachten ihn meist völlig aus dem Takt. Bülow hingegen sprach grundsätzlich frei, wobei er seine Reden zuvor sorgfältig einübte. Er reagierte auf Zwischenrufe sehr schlagfertig und hatte dabei oft die Lacher auf seiner Seite. Natürlich ist die Wirkung der Bülowschen Reden nicht nur aus rhetorischen Effekten zu erklären. Bülow appellierte auch virtuos an die Interessen und Empfindungen der Abgeordneten und der gesellschaftlichen Kräfte, die hinter ihnen standen. Wie unbefangen er dabei mitunter vorging, zeigt beispielsweise seine Ansprache bei der Taufe des Schnelldampfers »Deutschland« am 10. Januar 1900, in der er gar die Erinnerung an das Wartburgfest von 1817 und die Revolution von 1848 in den Dienst der Flottenrüstung zu stellen suchte.[37]

Bülow agierte jedoch nicht nur eindrucksvoll auf der Parlamentstribüne, sondern wirkte auch geschickt auf einzelne Abgeordnete ein. Hohe deutsche Beamte der Kaiserzeit, zumal preußische, waren im persönlichen Umgang vielfach steif und zugeknöpft, nicht selten auch voller Dünkel. Reichstagsabgeordnete und Journalisten, die mit Bülow in Kontakt kamen, erlebten voller Staunen einen Weltmann, der seinen gesellschaftlichen Schliff in den Salons von Paris, Petersburg und Rom erhalten hatte. Bülow wusste sich meisterhaft auf den jeweiligen Gesprächspartner einzustellen und die Unterhaltung ganz unauffällig zu dirigieren. Er gab sich stets gut gelaunt und verteilte reichlich Komplimente. Im Gespräch vermied er Monologe, zu denen geistreiche Menschen ja häufig neigen, und ließ den jeweiligen Partner ausführlich zu Wort kommen. Dass all dies wohlberechnet war, wurde erst nach und nach dem einen oder anderen Zeitgenossen klar.

Seit dem 30. November 1897 lag dem Reichstag der Entwurf eines Flottengesetzes vor. Die deutsche Flotte zählte zu dieser Zeit lediglich 7 Linienschiffe (Schlachtschiffe), die britische hingegen 38. Der Entwurf sah vor, die deutsche Flotte bis 1904 auf einen Stand von 19 Linienschiffen sowie acht Küstenpanzerschiffen und 42 Kreuzern zu bringen.

Dass die Nationalliberale Partei und die Reichs- und freikonservative Partei für die Vorlage votieren würden, stand zu erwarten. In den Reichstagsfraktionen dieser Parteien saßen etliche Parlamentarier, welche die Interessen von Rüstungsindustrie, Schiffbau und Exportindustrie wahrnahmen.[38] Diese Wirtschaftskreise erhofften sich von der Flottenrüstung große Staatsaufträge sowie die Absicherung ihrer Expansionsbestrebungen. In diesem Sinne erklärte etwa Emil Rathenau, der Generaldirektor der AEG: »Eine starke deutsche Flotte erhöht nicht nur die politische Stellung Deutschlands, sondern auch die auf dem Weltmarkt.«[39]

Die Deutschkonservativen und namentlich die Agrarier in ihren Reihen murrten hingegen über die »grässliche Flotte«. Schon Mitte der 90er Jahre hatten sie die Parole »Ohne Kanitz keine Kähne!« aufgestellt.[40] Gegen die Vorlage zu stimmen, konnten sie sich freilich nicht leisten. Die Reichsregierung sicherte sich die Zustimmung der Agrarkonservativen, indem sie ihnen eine kräftige Erhöhung der Getreidezölle versprach.[41]

Schwieriger war es, wenigstens Teile der Zentrumspartei[42] zu gewinnen. Diese Partei strebte vor allem danach, verschiedene Restriktionen zu beseitigen, die noch vom »Kulturkampf« der 1870er Jahre her bestanden. Angesichts der Schlüsselposition, die das Zentrum im Reichstag einnahm, war klar: Wer die Flottenrüstung wollte, musste sich mit dem Zentrum arrangieren. Als besonders wichtig erwies sich daher Bülows guter Draht zur Zentrumspartei. Bülow war seit seiner Militärdienstzeit mit Franz von Arenberg befreundet, der zu den führenden Politikern des Zentrums zählte. Er war als Diplomat viele Jahre lang in Italien und Frankreich, also in fast rein katholischen Ländern, tätig gewesen. Und schließlich war er mit einer Katholikin verheiratet. Geschickt wirkte der Staatssekretär auf etliche Parlamentarier des Zentrums ein. So schrieb er etwa am 19. März 1898 an Eulenburg: »Heute bearbeite ich fünf Zentrumsabgeordnete für die [Flotten-] Vorlage! Es ist eine Art geistige Massage«.[43] In der Marineführung war man natürlich sehr erfreut darüber, dass Bülow sich so energisch und effektvoll für die Flottenrüstung einsetzte. Man nannte ihn bald »Ersatz Bismarck«.[44] Im Sprachgebrauch der Marine bedeutete »Ersatz XY«: ein neues, moderneres, kampfstärkeres Schiff, das an die Stelle des alten Schiffs X oder Y trat.

Am 28. März 1898 konnten Bülow und Tirpitz, die monatelang unermüdlich auf die Öffentlichkeit und den Reichstag eingetrommelt hatten, triumphieren: Mit 212 gegen 139 Stimmen nahm der Reichstag die Vorlage an. 61 Zentrumsabgeordnete hatten für, 34 gegen das Flottengesetz votiert. Sechs Wochen später diskutierte man im preußischen Staatsministerium darüber, ob vielleicht zwei katholische Orden, denen es während des »Kulturkampfes« verboten worden war, sich im Deutschen Reich zu betätigen – es handelte sich um die Lazaristen und die Schwestern vom Heiligen Herzen Jesu – wieder zugelassen werden sollten. Innenminister Eberhard Freiherr von der Recke machte dabei »ernste Bedenken« geltend.[45] Bülow und Tirpitz hingegen traten energisch für die Zulassung beider Orden ein. Tirpitz erklärte dabei ausdrücklich, eine Zulassung beider Orden sei »gegenüber dem Flottengesetz doch nur [...] eine geringe Konzession.«[46] Die Mehrzahl der Minister schloss sich Bülow und Tirpitz an.

Mit dem Flottengesetz gab die Reichsregierung eine indirekte Antwort auf die Frage, mit welchen Mitteln Deutschland einen »Platz an der Sonne« erringen könne. Bismarck hatte sich seinerzeit große Mühe gegeben, ein gutes Verhältnis zu England zu wahren. Aus diesem Grunde hatte er die deutsche Kriegsflotte klein gehalten und die Kolonialexpansion begrenzt.[47] Bülow, der doch aus Bismarcks Schule kam, hatte 1897/98 entscheidenden Anteil daran, dass die offizielle deutsche Politik sich von diesen Maximen abwandte. Ja, Bülow bekannte sich zu den Lehren des US-amerikanischen Admirals und Marineschriftstellers Alfred Thayer Mahan.[48] Am 22. Mai 1898 schrieb er an Friedrich Alfred Krupp, den größten Nutznießer der Flottenrüstung: »Niemals habe ich so sehr wie jetzt [...] es empfunden, wie richtig auch heute und gerade für unser Vaterland die Darlegungen jenes bekannten amerikanischen Schriftstellers Mahan sind, wonach zu allen Zeiten Blüte und Gedeihen großer Staatswesen im engsten Kausalzusammenhang mit der Entwicklung ihrer Seestreitkräfte stehen. Nur wenn die Lücken, welche Deutschlands Kriegsrüstung zur See leider heute noch aufzuweisen hat, recht bald und recht vollständig ausgefüllt werden, vermag ich auch meinerseits nach den Allerhöchsten Direktiven gute und erfolgreiche Politik zu machen. Die Voraussetzung zu schaffen, liegt nunmehr, verehrter Herr Geheimrat, wesentlich bei Ihnen.«[49]

Durch die Annahme der Flottenvorlage wurde die Position Bülows bei Wilhelm II. weiter gefestigt. Angesichts der Machtfülle des Kaisers, seines Strebens nach einem »persönlichen Regiment« sowie seines komplizierten Naturells war es für einen leitenden Politiker des Deutschen Reiches eine Existenzfrage, mit dem Monarchen gut zurechtzukommen und unaufhörlich auf ihn einzuwirken. Bülow hatte am 20. Oktober 1897 aus Rom an Lindenau geschrieben: »Wenn ich nicht ständig (mündliche und schriftliche) Fühlung mit S. M. [Seiner Majestät] aufrechterhalte, geht der mühsam zusammengeleimte Status quo aus den Fugen [...] Ich werde mich so einrichten müssen, dass ich mir die Morgenstunden für S. M. (beziehungsweise die Vorbereitung und Vorarbeit für S. M.) frei halte [...]«[50] Dieses Vorhaben hat Bülow konsequent durchgehalten. Der wohlinformierte österreichisch-ungarische Botschafter, László Graf Szögyényi-Marich, wusste am 2. Februar 1898 zu berichten: »Das vertrauensvolle Verhältnis zwischen Kaiser Wilhelm und Staatssekretär von Bülow ist fortwährend vollkommen ungetrübt, es vergeht kein Tag, ohne dass Kaiser Wilhelm den Staatssekretär, sei es im königlichen Schlosse, sei es in des letzteren Wohnung sieht. Der Reichskanzler ist hierbei ganz in den Hintergrund getreten und dient nur als ehrwürdige Dekoration [...]«[51]

Bülow fuhr fort, dem Kaiser via Eulenburg faustdicke Schmeicheleien wie etwa die folgende aufzutischen: »Ich hänge mein Herz immer mehr an den Kaiser. Er ist so bedeutend!! Er ist mit dem großen König und dem großen Kurfürsten weitaus der bedeutendste Hohenzoller, der je gelebt hat. Er verbindet in einer Weise, wie ich es nie gesehen habe, Genialität, echteste und ursprünglichste Genialität, mit dem klarsten bon sens [...] Gott erhalte uns den großen Monarchen und edelsten Menschen.«[52] Volker Ullrich bemerkt hierzu in seiner Darstellung der Kaiserzeit treffend: »Solche Elogen mögen uns heute nur noch lächerlich erscheinen; sie gehörten aber zum unentbehrlichen Inventar eines Systems, in dem alles auf das Allerhöchste Vertrauen eines für Schmeicheleien extrem anfälligen Monarchen gestellt war.«[53]

In den ersten Jahren vermied Bülow es grundsätzlich, sich frontal gegen Einfälle Wilhelms zu wenden. Am 24. November 1899 schrieb er in einem Brief an Holstein: »Seiner Majestät Vorschläge zu machen, die ohne Aussicht auf sachlichen Erfolg Allerhöchstdenselben nur an mir irre machen, kann ich nicht für nützlich halten.« [54] Kam der Kaiser ihm mit einer besonders ausgefallenen Idee, dann verfuhr Bülow nach folgendem Rezept: Er lobte zunächst einmal die »Kühnheit«, den »Weitblick« usw., von denen diese Idee zeuge. Sodann legte er dar, dass die Umstände »leider«, »zurzeit« einer Realisierung dieser Idee entgegenständen. Auf diese Weise brachte er den Kaiser zumeist von seinen Einfällen ab. Es gelang Bülow immer mehr, Wilhelm durch solche Kombination von Schmeichelei und vorsichtiger Beharrlichkeit unauffällig zu lenken. Die Schmeicheleien, mit denen Bülow den Kaiser fütterte, hatten aber eine fatale Auswirkung: Sie steigerten »dessen Selbstgefühl auf neue Höhen«.[55]

Wilhelm schrieb seinerseits bereits am 20. August 1897 an Eulenburg, Bülow sei ein »Prachtkerl«. »Bernhard hat sich vorzüglich gemacht, und adoriere [bewundere] ich ihn!« [56] Elf Monate später: »Von dem Augenblick, da Bernhard kam, ist alles in Ordnung gekommen; er allein hat alles gemacht. Nicht nur seine Stellung nach außen, sondern auch nach innen ist großartig. Im Staatsministerium spielt er die erste Flöte und setzt alle alten Knöpfe in Rechtsum; ihm verdanke ich allein, daß auch in dieser Hinsicht Ruhe ist.« [57]

Das Einvernehmen mit Wilhelm II. sowie mit Tirpitz und Eulenburg und der weitgehende Konsens innerhalb der herrschenden Kreise verschafften Bülow in der Außenpolitik freie Hand. Die außenpolitische Leitidee hatten Holstein und Bülow im Jahre 1895 entwickelt: Das Deutsche Reich solle den Gegensatz zwischen Russland und England ausnutzen und auf dieser Basis eine »Politik der freien Hand« betreiben. [58] Die russisch-englischen Spannungen resultierten vorab aus dem gleichzeitigen Bestreben beider Großmächte, die Vorherrschaft über das Osmanische Reich und über China zu erringen. Bereits 1895 war der britische Premierminister Robert Marquess of Salisbury an die deutsche Reichsregierung mit dem Vorschlag herangetreten, die Türkei aufzuteilen. [59] Bülow hatte damals, am 25. August 1895, an Eulenburg geschrieben: »Ich riet (im Einklang mit Dir), freie Hand gegenüber England wie gegenüber Rußland sich zu bewahren, aber Bruch weder mit dem einen noch mit dem anderen. Die Hauptsache sei ruhig abzuwarten, die Dinge reifen zu lassen, eventuell zu lavieren, nicht sein letztes Wort zu sagen.« [60]

An dieser Orientierung hielt Bülow etliche Jahre lang fest. So schrieb er am 19. August 1898 an Wilhelm II.: »Das Ideal für uns bleibt stets die von Eurer Majestät vorgezeichnete feste und independente Stellung zwischen England und Rußland, unabhängig nach beiden Seiten hin, aber mit der Möglichkeit, sobald es Euerer Majestät paßt, mit diesem oder jenem zu gehen.« [61]

Schon 1895 hatte Bülow den geheimen Wunsch zu erkennen gegeben, Deutschland könne in einem englisch-russischen Krieg den lachenden Dritten spielen: »Quoad internationale Lage halte ich einen russisch-englischen Zusammenstoß nicht nur für kein Malheur, sondern für ›ein Ziel auf innigste zu wünschen‹!« [62] Die Idee, von einem Krieg zwischen England und Russland zu profitieren, war Bülow seit den achtziger Jahren vertraut. Herbert von Bismarck hatte sie damals mit undiplomatischer Offenheit ausgesprochen. [63] Verklausuliert findet sie sich aber auch beim »Eisernen Kanzler« selbst. [64]

Bülows Konzept einer »Politik der freien Hand« war – im Unterschied zur Position Holsteins [65] – nur nach außen hin neutral, tatsächlich aber vom Ansatz her antibritisch und prorussisch ausgerichtet. Die wirtschaftliche und politische Expansion Deutschlands stieß überall in der Welt auf die Rivalität der Briten, und der deutsch-englische Gegensatz begann sich zum internationalen Hauptgegensatz zu entwickeln. Ein Bündnis mit Russland erschien Bülow deshalb möglich und wünschenswert. Ein Bündnis mit England hingegen schloss er von vornherein strikt aus.

Im April 1898 begannen die USA den ersten Krieg um die Neuaufteilung der Welt. Wie der Krieg zwischen dem rückständigen Spanien und dem Wirtschaftsgiganten USA ausgehen würde, konnte nicht zweifellos er sein: In zwei kurzen Seeschlachten vernichteten die hochmodernen amerikanischen Panzerschiffe und Kreuzer fast die gesamte spanische Flotte. Die Berliner Regierenden waren bestrebt, dem Deutschen Reich einen möglichst großen Anteil an der Konkursmasse des einstigen spanischen Weltreiches zu sichern. Noch vor Beginn der Kampfhandlungen, am 18. März 1898, schrieb Wilhelm II.: »Manila müssen wir einmal haben.« [66] Im Mai und Juni wurden dann die Kreuzer des Vizeadmirals von Diederichs Richtung Philippinen in Marsch gesetzt. Dabei wäre es um ein Haar zu einem Zusammenstoß mit der US-Marine gekommen. [67] Bülow musste dem tatendurstigen Kaiser sozusagen Wasser in den Wein gießen und ihn darauf hinweisen, dass Diederichs die Yankees nicht daran hindern könne, die Philippinen zu okkupieren. Er schrieb: »Jedenfalls wird meines alleruntertänigsten Erachtens die Beherrschung des Meeres letzten Endes maßgebend sein für die Frage, wer die Philippinen direkt oder indirekt beherrscht.« [68]

Hingen auf den Philippinen die Trauben für sie zu hoch, dann wollten Wilhelm und die Seinen doch zumindest anderswo einige kleinere Beutestücke an sich bringen. In solchem Sinne telegraphierte Bülow am 1. Juli 1898 an den deutschen Botschafter in Washington, Theodor von Holleben: »Seine Majestät der Kaiser erachtet es für eine Hauptaufgabe der deutschen Politik, keine infolge des spanisch-amerikanischen Konflikts sich etwa bietende Gelegenheit zur Erwerbung maritimer Stützpunkte in Ostasien unbenutzt zu lassen.« [69] Es gelang schließlich auch, die spanische Regierung dazu zu bringen, dem Deutschen Reich für 17 Millionen Mark drei pazifische Inselgruppen – die Karolinen, die Marianen und Palau – zu verkaufen. Wilhelm II. war über die Erwerbung der korallenumkränzten Eilande so begeistert, dass er Bülow in den Grafenstand erhob. Botschafter Szögyényi berichtete seinem Außenminister nach Wien: »Die hiesigen Blätter nehmen die Nachricht von der Erwerbung der fraglichen spanischen Inseln durchweg sehr günstig auf und registrieren dieselbe als einen neuen Erfolg der äußeren Politik Kaiser Wilhelms und Herrn von Bülows [...]. Es fehlt auch nicht an einzelnen Pressestimmen, die sogar so weit gehen zu behaupten, dass Herr von Bülow sich als geschickterer und glücklicherer Diplomat erwiesen habe als Bismarck, dem es seinerzeit nicht gelungen ist, die Karolinen für Deutschland zu erwerben.«[70]

Um ganz andere Dimensionen und Perspektiven als bei der Angliederung einiger Südseeinseln ging es bei der spektakulären Orientreise Wilhelms II. im Oktober und November 1898. [71] Dieses Unternehmen war offiziell als eine Pilgerfahrt deklariert worden. Dass es dem Kaiser wirklich primär darum ging, die Heiligen Stätten in Jerusalem aufzusuchen, glaubten viele Leute nicht. Der »Simplicissimus« verulkte in seiner berühmten »Palästina-Nummer« 31 die Kaiserreise als getarnten Touristenausflug. In der Tat zog es Wilhelm gewaltig in die farbenfrohe Welt des Orients.

Zwei Faktoren lassen aber erkennen, worum es bei dieser Reise zumindest nebenher ging. Zum einen nahm der Kaiser den vielbeschäftigten Staatssekretär des Auswärtigen Amtes mit. Zum anderen trafen mit ihm in Konstantinopel zwei Männer ein, die sich wohl kaum für die Heiligen Stätten interessierten, dafür aber hauptberuflich mit Kapitalexport befasst waren: der Direktor der Deutschen Bank, Georg Siemens, und der Generaldirektor der Anatolischen Eisenbahngesellschaft, Karl Zander.

Die Türkei befand sich Ende des 19. Jh. in halbkolonialer Abhängigkeit von den europäischen Großmächten und stand vor dem Zerfall. Den stärksten ökonomischen und politischen Einfluss auf die Türkei besaßen Ende der 80er Jahre England und Frankreich. Seit den achtziger Jahren beteiligte sich auch Deutschland am Kapitalexport in die Türkei. [72] In den Jahren 1882 bis 1895 hatte eine deutsche Militärmission die türkische Armee reorganisiert und es dabei verstanden, der deutschen Rüstungsindustrie Aufträge in der Größenordnung von 100 Millionen Mark zu verschaffen. Seitdem gab es in der türkischen Armee einen starken deutschen Einfluss, und die deutsche Rüstungsindustrie besaß de facto ein Monopol für Lieferungen an die türkische Armee. 1889 hatte die Deutsche Bank die Anatolische Eisenbahngesellschaft gegründet, von der in den 90er Jahren die Bahnlinien Ismid – Ankara und Eskischehir – Konya gebaut wurden.

Der türkische Sultan Abd-ül Hamid II., ein als grausam und verschlagen beschriebener Despot, war brennend daran interessiert, dass die Anatolische Eisenbahn über Bagdad bis zum Persischen Golf weitergeführt würde. Eine solche durchgehende Bahnverbindung hätte es nämlich ermöglicht, die türkische Armee weitaus schneller an die Grenzen zu verlegen oder zur Unterdrückung der arabischen und kurdischen Unabhängigkeitsbewegungen einzusetzen. Die deutsche Reichsregierung und die Deutsche Bank ließen sich vom Sultan gern drängen. Sie hatten das Projekt einer Bagdadbahn [73] bereits selbst ins Auge gefasst, verfolgten damit aber ihre eigenen Ziele.

Wilhelm II., Bülow und Siemens verhandelten mit dem Sultan direkt über das große Eisenbahnprojekt. Viereinhalb Monate nach Beendigung der Orientreise, am 17. März 1899, berichtete Bülow dem Kaiser, es habe seitdem »fortdauernd« Verhandlungen zwischen dem Auswärtigen Amt und Siemens gegeben. Das Auswärtige Amt sei »vollständig bereit [...] den Eisenbahnplan nach allen Richtungen hin zu fördern und bei der Pforte nachdrücklich zu unterstützen.« [74]

Vor dem Reichstag hatte Bülow am 12. Dezember 1898 versichert, Deutschland habe »im Orient keine direkten politischen Interessen« und strebe »in Konstantinopel gar keinen besonderen Einfluss an.« [75] Der österreichisch-ungarische Botschafter Szögyényi

Karikatur der Prager Zeitschrift »Humoristické Listy« auf den Einzug Wilhelms II. in Jerusalem

etwa ahnte aber sehr wohl, dass hinter dem Projekt der Bagdadbahn mehr steckte, als Bülow zugeben wollte. Er schrieb am 6. Dezember 1899 an seinen Außenminister, es sei vorauszusehen, »daß sich nach und längs der neuen Bahnlinie zahlreiche hiesige Handelshäuser etablieren werden, was wiederum eine allmähliche Besiedelung durch Angehörige des deutschen Reiches zur Folge haben dürfte. Ob nun mit dem Prozess einer Art von kommerzieller Kolonisation auch das Wachstum politischen Einflusses Deutschlands in Kleinasien und damit auch am Goldenen Horn Hand in Hand gehen wird, scheint mir mehr als wahrscheinlich.«[76]

Die Vermutungen Szögyényis gingen in die richtige Richtung. Die herrschenden Kreise des Deutschen Reiches wollen den Bau der Bagdadbahn als Vehikel benutzen, um das riesige Osmanische Reich auf dem Wege einer »pénetration pacifique« allmählich in eine deutsche Halbkolonie zu verwandeln. Bei diesem Vorstoß in den Nahen Osten arbeiteten Reichsregierung, Militärs, die Deutsche Bank und weitere deutsche Finanzkreise sowie Schwerindustrielle (besonders Krupp) eng zusammen. Sie strebten danach, die Ausbeutung der reichen Bodenschätze der Türkei, vor allem an Erdöl, und den industriellen Export in diese Region für sich zu monopolisieren. Dabei agierte die Reichsregierung häufig als treibende Kraft, während die Finanzkreise der großen geschäftlichen Risiken wegen eher zögerten. So rief Siemens, als er von der bevorstehenden Erteilung der Konzession für den Bau der Bagdadbahn erfuhr, aus: »Ich pfeife auf diese Konzession und auf die ganze Bagdadbahn!« [77]

Der Vorstoß des kaiserlichen Deutschland in den Orient tangierte vitale Interessen der Weltmächte Großbritannien und Russland. In Großbritannien sah man die Verbindungslinie nach Indien bedroht, und in Russland befürchtete man, die türkischen Meerengen, das alte Expansionsziel der Zaren, könnten unter die Vorherrschaft Deutschlands geraten.

Der deutsche Griff nach dem Orient trug maßgeblich dazu bei, dass führende britische Politiker um die Jahrhundertwende erkannten: Ihre traditionelle Politik der »splendid isolation« war an ihre Grenze gestoßen. Großbritannien musste sich entweder mit Frankreich und Russland oder aber mit Deutschland arrangieren. [78] Am 29. März 1898 berichtete der deutsche Botschafter in London, Paul Graf von Hatzfeld-Wildenburg, über ein Gespräch, das er am selben Tage mit dem englischen Kolonialminister Joseph Chamberlain geführt hatte. [79] Der Minister hatte dabei klipp und klar den Abschluss eines englisch-deutschen Bündnisses vorgeschlagen.

In den folgenden Monaten bewegte sich zwischen der deutschen Botschaft in London und dem Auswärtigen Amt in Berlin eine wahre Flut von Telegrammen und Schriftstücken hin und her. Bülow nahm die ganze Angelegenheit fest in die Hand. Bezeichnenderweise beantwortete er nicht nur die Berichte, die Hatzfeld an das Auswärtige Amt richtete, sondern mit großer Selbstverständlichkeit auch diejenigen, die an Reichskanzler Hohenlohe adressiert waren.

Bereits am 30. März wies Bülow in einem Telegramm an Hatzfeld die Bündnissondierung Chamberlains strikt ab – übrigens ohne den Kaiser und den Reichskanzler in dieser hochwichtigen Angelegenheit auch nur nach ihrer Meinung gefragt zu haben. In einem Privatbrief an Hatzfeld begründete er dann am 9. April 1898 seine Haltung. Er wies auf den berüchtigten »Germania est delenda«-Artikel der »Saturday Review« vom 11. September 1897 [80] hin und zog Chamberlains Behauptung, die Annahme eines englisch-deutschen Bündnisvertrages durch das britische Parlament sei gesichert, in Zweifel. Sodann malte er ein düsteres Bild der Wirkungen, die das parlamentarische Scheitern eines englisch-deutschen Bündnisvertrages haben würde: »Deutschland, welches in der Gegenwart an keinem Punkt inner- und außerhalb Europas von Rußland bedrängt oder bedroht wird, hätte den Versuch gemacht, sich, und zwar ohne eine sichtbare Notwendigkeit, in der denkbar festesten Form mit Rußlands Hauptfeind zu verbinden.« [81] Deutschland werde dann »zum ersten Kampfobjekt des Zweibundes«, und ihm drohe ein gemeinsamer Überfall durch Russland und Frankreich. [82]

Bülow wies den Botschafter aber an, den Vorschlag Chamberlains nicht direkt abzulehnen, sondern ihn vielmehr dilatorisch zu behandeln. Hatzfeld solle Chamberlain begreiflich machen, »daß es sich im Interesse beider Teile, insbesondere aber im Interesse Englands empfiehlt, die zukünftige Annäherung nicht durch schroffes Verhalten in kleinen Dingen zu erschweren.« [83] Am 8. Juni 1898 übermittelte Bülow dem Botschafter eine Wunschliste, auf der »Kompensationsobjekte für eventuelle englische Gebietserweiterungen in Afrika« [84] verzeichnet waren.

Auf Bülows Wunschzettel standen auch die portugiesischen Kolonien Angola und Mozambique. In dieser Frage kam dann auch am 30. August 1898 eine Einigung zustande. Im Angola-Vertrag [85] vereinbarten die englische und die deutsche Regierung: Falls das finanzschwache Portugal seine beiden großen afrikanischen Kolonien verpfänden oder verkaufen müsse, dann sollten diese zwischen Deutschland und Großbritannien aufgeteilt werden. Als Gegenleistung verpflichtete die deutsche Seite sich, die Burenrepubliken Oranje und Transvaal nicht gegen England zu unterstützen. [86]

Es war nicht Bülow und auch nicht Hatzfeld, der die Engländer dazu gebracht hatte, den Angola-Vertrag zu unterschreiben. Das war vielmehr ein bis dahin völlig unbekannter Mann, der gar nicht am Verhandlungstisch saß: der französische Capitaine Thomas Marchand. Marchand besetzte am 10. Juli 1898 mit einer kleinen Kolonialtruppe den Handelsplatz Faschoda im südlichen Sudan. Sein Auftauchen drohte die Bestrebungen der Briten, eine durchgehende Verbindung zwischen Ägypten und ihren Kolonien im Osten und Süden Afrikas (»Kap-Kairo-Linie«) herzustellen, im letzten Augenblick zu durchkreuzen. Für einige Monate zog die Gefahr eines britisch-französischen Krieges herauf. [87] Erst im November 1898 gab die französische Regierung zähneknirschend nach und ließ Faschoda räumen.

Im folgenden Jahr rief wiederum ein Konflikt bei der englischen Regierung Kompromissbereitschaft hervor: Mitte Oktober 1899 begann der Burenkrieg. Die britischen Truppen erlitten zunächst eine ganze Serie von Niederlagen. Sie gingen daraufhin zu einer barbarischen Kampfführung über, brannten 30 000 burische Bauernhöfe nieder und errichteten Konzentrationslager, in denen 28 000 burische Frauen und Kinder umkamen. In der deutschen Öffentlichkeit – wie auch in Frankreich, Russland und weiteren Ländern – erhob sich ein Sturm der Empörung. Am heftigsten gebärdeten sich die Alldeutschen, die sich in ihren antibritischen Ressentiments bestätigt sahen. Bülow stand der allgemeinen Burenbegeisterung völlig kühl gegenüber, war aber nach Kräften bemüht, aus der Zwangslage Englands Vorteile zu ziehen. Insbesondere nutzt er die Gelegenheit, ein altes deutsch-britisches Streitobjekt, nämlich Samoa, in die Hand zu bekommen.

Strand von Apia, dem Hauptort der Samoa-Inseln

Die Samoa-Inseln standen seit 1889 unter der gemeinsamen Vorherrschaft Großbritanniens, der USA und Deutschlands. Bis Ende der 1870er Jahre hatte übrigens die Hanseatenfamilie Godeffroy, mit der Bülow verwandt war, in der Südsee ein regelrechtes Handelsimperium besessen, dessen Mittelpunkt die Samoa-Inseln bildeten. Die Reichsregierung war bereits mehrfach an die Briten mit dem Wunsch herangetreten, ihr die Inseln zu überlassen. Doch die englische Seite hatte sich stets abweisend verhalten. Seit Anfang 1899 kam es auf Samoa zu bewaffneten Auseinandersetzungen zwischen den Anhängern zweier Thronprätendenten. Im März 1899 beschossen englische und amerikanische Kriegsschiffe den Hauptort Apia und trafen dabei auch das deutsche Konsulat. Deutsche Kolonisten wurden verhaftet. Bülow telegraphierte daraufhin am 1. April 1899 an Wilhelm II.: »Der Vorfall auf Samoa ist ein neuer Beweis dafür, dass sich überseeische Politik nur mit einer ausreichenden Flottenmacht führen läßt.« [88]

Bülow wusste: Je näher der Krieg in Südafrika rückte, desto leichter würde es sein, die Engländer zu Zugeständnissen zu nötigen. Der Staatssekretär bediente sich nun eines Tricks, den schon Bismarck wiederholt angewendet hatte. Er spielte den Streit um Samoa künstlich zu einer nationalen Prestigefrage hoch und tat so, als sei es völlig ungewiss, wie die Auseinandersetzung ausgehen werde – alles in der Absicht, sich durch die Lösung der Samoa-Frage wiederum als erfolgreicher »Weltpolitiker« präsentieren zu können. Seine Rechnung ging auf. Am 8. November – drei Wochen nach Beginn des Burenkrieges – konnte er seinem kaiserlichen Herrn verkünden, dass er mit England einig geworden sei. Samoa war ihm wie eine reife Frucht zugefallen. Bülow stellte die Sache aber so dar, als habe nach einem dramatischen Ringen schließlich der Bessere gesiegt: »Upolu und Savaii gehören Euerer Majestät. Salisbury erhob, wie ich nur für Euere Majestät hinzufüge, bis zuletzt Einwände über Einwände und türmte Hindernisse über Hindernisse. Im letzten Augenblick suchte er noch die Amerikaner gegen uns aufzustacheln. Endlich haben wir ihn aber doch auf die Knie gebracht.« [89]

Im deutsch-englischen Samoa-Vertrag[90] vom 14. November 1899 wurden Deutschland Savaii, Upolu und weitere Inseln mit zusammen 2588 km^2, den USA lediglich einige kleinere Inseln mit insgesamt 199 km^2 zugesprochen. England erhielt als Entschädigung die Tonga-Inseln.

Nach der Unterzeichnung des Samoa-Abkommens reiste Wil-

Briefmarke der deutschen Post auf Samoa

helm II. am 20. November 1899 nach England.[91] Bülow war mit von der Partie; er hatte die englische Regierung sehr gedrängt, ihn einzuladen: Er wollte Wilhelm beaufsichtigen, um zu verhindern, dass der leicht beeinflussbare Monarch sich auf ein deutsch-englisches Bündnis festnageln ließ. Bereits am 6. August hatte der Staatssekretär dem Kaiser empfohlen, sich bei dem bevorstehenden Besuch in England wie Odysseus, der listige Held der griechischen Sage, zu verhalten:

»Ich denke aber wie Odysseus, als er von den Freiern gereizt wurde, bevor er alle Pfeile in seinem Köcher zusammen hatte. ›Nichts erwiderte ihm der kluge Odysseus, schweigend nur bewegt' er das Haupt voll argen Entwurfes.‹

Als Odysseus erst seine Pfeile beisammen hatte, und den Bogen dazu, streckte er die unverschämten Freier alle in den Sand und herrschte fortan zufrieden, glücklich und unbehelligt in Ithaka. Vorher ließ er seine Feinde nichts von seinen Absichten merken. Wenn es Euerer Majestät mit Allerhöchst Ihrer ungemeinen Geschicklichkeit in der Behandlung der Engländer gelingt, Salisbury zu gewinnen und zu ihm leidliche politische Beziehungen aufrecht zu erhalten, bis unsere Flotte (um mit Scharnhorst zu reden) aus dem Gröbsten heraus ist, wäre das ein politischer Meister-Coup.«[92]

Bülow machte bei dieser Gelegenheit die Verhandlungen der ersten Haager Friedenskonferenz[93] als »halb alberne, halb perfide Schäferspiele« verächtlich und behauptete, nur »konfuse Diplomaten, Zeitungsschreiber, Börsenjobber und alte Weiber« hätten auf einen erfolgreichen Verlauf dieser Konferenz gehofft.[94] Bei seinen Gesprächen mit Chamberlain und weiteren englischen Politikern gab Bülow sich sehr umgänglich, wich aber substantiellen Verhandlungen aus. Chamberlain ließ nicht locker und sprach sich, nachdem Bülow wieder abgereist war, am 30. November 1899 in einer öffentlichen Rede für eine Allianz zwischen Deutschland, England und den USA aus.[95]

Bülow und Tirpitz gaben ihm bereits am 11. Dezember 1899 eine unmissverständliche Antwort. An diesem Tage kündigte die deutsche Reichsregierung den Entwurf eines zweiten Flottengesetzes an.[96] Die Vorlage schrieb für die deutsche Kriegsflotte eine Sollstärke fest, welche nahe an die der Royal Navy heranreichte: 38 Linienschiffe und 52 Kreuzer. Die einseitige Orientierung auf die Linienschiffe mit ihrem begrenzten Aktionsradius machte deutlich, dass die deutsche Flottenrüstung sich vorab gegen England richtete.

An diesem 11. Dezember hielt Bülow vor dem Reichstag eine seiner markantesten Ansprachen, die »Amboss-oder-Hammer-Rede«. Das Bündnisangebot Chamberlains ignorierte er darin geflissentlich. Wichtige Aussagen seiner Rede waren bewusst so vage gehalten, dass sie dem Hörer und Leser jede Menge Spielraum ließen, das Ungesagte mit seiner Phantasie auszufüllen. Bülow verkündete eingangs: »Man hat gesagt, meine Herren, daß in jedem Jahrhundert eine Auseinandersetzung, eine große Liquidation stattfinde, um Einfluss, Macht und Besitz auf der Erde neu zu verteilen [...]«[97] Sodann legte er dar, wie im 16. Jahrhundert die Spanier und Portu-

Linienschiff (Schlachtschiff) »Deutschland«

giesen, im 18. und 19. Jahrhundert die Engländer ihre Weltreiche errichteten. Anschließend fragte er: »Stehen wir wieder vor einer neuen Teilung der Erde […]?« [98] Daran wiederum schloss sich die Erklärung: »Träumend beiseite stehen, während andere Leute sich in den Kuchen teilen, das können wir nicht und das wollen wir nicht.« [99] Schließlich sagte Bülow: »In dem kommenden Jahrhundert wird das deutsche Volk Hammer oder Amboß sein.« [100]

Knapp acht Monate später, am 6. August 1900, schrieb er an den Kaiser: »Wie wahr ist es, daß in Euerer Majestät Regierung die Briten dieselbe Rolle spielen wie unter dem Großen Kurfürsten die Franzosen und unter dem Großen König der Österreicher. Die Behandlung der Engländer ist unendlich mühsam, unendlich schwierig, erfordert unendlich viel Geduld und Geschicklichkeit. Aber wie der Hohenzollern-Aar den zweiköpfigen österreichischen Adler aus dem Felde geschlagen und dem gallischen Hahn die Flügel gestutzt hat, so soll er mit Gottes Hilfe und durch Euerer Majestät Kraft und Weisheit auch noch mit dem englischen Leoparden fertig werden. Seine Fittiche wachsen.« [101]

Stand hinter derlei Äußerungen vielleicht doch ein fest umrissenes Konzept imperialistischer Eroberungspolitik, ein geheimer »Bülow-Plan«? Peter Winzen hat diese Frage uneingeschränkt bejaht. Er vertritt die These, Bülow habe seit 1897 ein »Weltmachtkonzept« gehabt. Der Staatssekretär habe fest damit gerechnet, dass es über kurz oder lang zu einem großen Krieg zwischen England und Russland kommen werde. Sein Plan sei gewesen, in einem solchen Krieg zunächst neutral zu bleiben, dann aber das geschwächte England anzugreifen, um dessen Flotte vernichten und große Teile des britischen Weltreiches erobern zu können. Nur Tirpitz und Wilhelm II. seien in den Plan eingeweiht gewesen, Holstein hingegen nicht. [102]

Ähnliche Auffassungen hatten vor Winzen bereits Volker Berghahn und Barbara Vogel vertreten. [103] Mehrere Historiker haben sich der These Winzens angeschlossen, unter ihnen Andreas Hillgruber, Imanuel Geiss und Stig Förster. [104] Gregor Schöllgen hingegen bezweifelt, dass die These »eine Entsprechung in den tatsächlichen Geschehnissen« finde. [105] Und in Wolfgang J. Mommsens Buch »Großmachtstellung und Weltpolitik« wird die These vom »Weltmachtkonzept« gar nicht erwähnt.

Die These Winzens scheint letztlich nicht überzeugend. Winzen verweist selbst darauf, dass ein solches Weltmachtkonzept Bülows nirgends schriftlich überliefert sei. Er hat Indizien gesammelt und eine Hypothese aufgestellt, mehr nicht. In der Reichsregierung hat sich bis zum Jahre 1914 erst allmählich eine Kriegsdisposition entwickelt.[106] Dass aber Bülow ein militanter Außenseiter gewesen sein, dass er folglich außenpolitisch geradezu auf der Linie der Alldeutschen[107] gestanden haben soll, erscheint unwahrscheinlich. Noch wirkte bei ihm die Einsicht des alten Bismarck nach, dass ein großer europäischer Krieg für das Kaiserreich ein tödliches Risiko bedeutete. Äußerungen wie in Bülows Briefen an den Kaiser vom 6. August 1899 und 6. August 1900 waren auf die »forsche« Tonart Wilhelms II. eingestimmt – eines Mannes, der immer dann mit dem Säbel rasselte und vom Kriege schwadronierte, wenn in Wirklichkeit keinerlei Kriegsgefahr bestand.[108] Darüber hinaus scheint die Annahme Winzens, der schwatzhafte Wilhelm II. hätte es fertig gebracht, sein Leben lang über den »großen Plan« – wenn er denn existierte – zu schweigen, sehr fragwürdig.

Dass Bülow tatsächlich (und gar schon 1897) eine so zielstrebige politische und militärische Kriegsvorbereitung betrieben habe und dabei so weitreichenden Ambitionen nachgejagt sei, ist sehr zweifelhaft. Wahrscheinlicher ist, dass Bülows außenpolitisches Konzept so aussah wie oben dargelegt: eine Flotte bauen, die Expansionsziele im Osmanischen Reich und in China verfolgen, dabei die Spannungen zwischen Russland und England auszunutzen – im Übrigen die Herausbildung vorteilhafter politischer Konstellationen abwarten, um diese, improvisierend, rasch zu benutzen. Alles folgte der Maxime, die der Staatssekretär am 24. November 1899 in Windsor – gewissermaßen Auge in Auge mit dem britischen Löwen – in einer »ganz vertraulichen« Aufzeichnung fixiert hatte: »Die Zukunftsaufgabe der deutschen Regierung sehe ich darin, im Besitze einer starken Flotte und unter Wahrung guter Beziehungen nach der russischen wie nach der englischen Seite die weitere Entwicklung der elementaren Ereignisse mit Geduld und Sammlung abzuwarten.«[109]

Unterdessen war bereits ein »elementares Ereignis« in Gang gekommen, das den Matadoren der deutschen »Weltpolitik« trefflich in den Streifen passte: die Volkserhebung der Yihetuan – von europäischen Autoren zumeist »Boxer« genannt – in China.[110] Im Juni 1900 zogen die Yihetuan in Peking ein und begannen damit, die ausländischen Botschaften zu belagern. Dabei wurde am 20. Juni der deutsche Gesandte Klemens Frh. von Ketteler getötet. Bereits einige Tage zuvor war irrtümlich der Tod Kettelers gemeldet worden.

Kaiser Wilhelm II. geriet in eine Erregung ohnegleichen und erging sich in blutrünstigen Äußerungen. Am 19. Juni telegraphierte er an Bülow: »Peking muss regelrecht angegriffen und dem Erdboden gleichgemacht werden [...] Der deutsche Gesandte wird durch meine Truppen gerächt.«[111] Der Kaiser ließ ein Expeditionskorps zusammenstellen und hielt am 27. Juli in Bremerhaven vor dessen Abfahrt die berüchtigte »Hunnenrede«.[112] Darin forderte er die Soldaten auf, in China wie die Krieger des Hunnenkönigs Etzel zu wüten: »Pardon wird nicht gegeben! Gefangene werden nicht gemacht! Wer Euch in die Hände fällt, sei Euch verfallen!«[113]

Bülow redete im Juli dem Kaiser die Idee aus, ein ganzes reguläres Armeekorps nach China zu schicken. In Bremerhaven nötigte er die anwesenden Journalisten, die schlimmsten Stellen der »Hunnenrede« totzuschweigen. Das funktionierte allerdings nicht, weil, wie

Französische Karikatur auf die »Hunnenrede« Wilhelms II.

Bülow berichtet, der Reporter eines Lokalblattes, der auf einem Hausdach saß und die Rede mitsteonographierte, übersehen wurde.[114]

Im August verlangte Wilhelm II. in einem Telegramm an das Auswärtige Amt, den Bevollmächtigten des chinesischen Kaiserhofes Li Hongzhang, dem sein besonderer Argwohn galt, gefangen zu nehmen.[115] Als sich herausstellte, dass Li Hongzhang womöglich mit russischer Eskorte reiste, informierte Bülow den Kaiser darüber und brachte ihn dazu, seine Forderung zurückzunehmen.[116]

Wenn Bülow sich auch bemühte, den Kaiser vor allzu unvorsichtigen Worten und Taten zurückzuhalten, so war er doch in der Grundlinie mit ihm völlig einig: Die Niederwerfung des Yihetuan-Aufstandes sollte dazu benutzt werden, den deutschen Einfluss in China auf Kosten der anderen Großmächte kräftig auszubauen.

Bülow strebte dabei momentan keine neuen Annexionen an, sondern verfolgte in erster Linie Handelsinteressen. In einer Instruktion für Kettelers Nachfolger Alfons Mumm von Schwarzenstein schrieb er am 22. Juli 1900: »Eine Aufteilung Chinas oder selbst nur eine Aufteilung in Interessen- und Einflusszonen liegt gegenwärtig nicht in unserem Interesse. Man würde sonst versuchen, uns auf Shantung zu beschränken, und England würde bestrebt sein, uns vom Yangtsebecken auszuschließen, während der deutsche Handel am Yangtse von Jahr zu Jahr festeren Fuß fasst und mehr und mehr dort die englische Konkurrenz verdrängt, so daß wir, je später eine Aufteilung erfolgt, um so größere Chancen haben.«[117]

Auf das Drängen Wilhelms II. hin erhielt Waldersee den Oberbefehl über die Interventionsarmee, der Truppen von acht Staaten angehörten. Sehr zum Leidwesen des Kaisers wurde Peking jedoch bereits am 14. August 1900 ohne Beteiligung deutscher Truppen besetzt. Der »Weltmarschall« und das deutsche Expeditionskorps waren erst einige Wochen später zur Stelle.

Am 27. September übernahm Waldersee den Oberbefehl über die 87 700 Mann starke Interventionsarmee im Raum von Peking. Zu diesem Zeitpunkt waren die belagerten Gesandtschaften längst befreit, die Yihetuan und die reguläre chinesische Armee geschlagen und die Friedensverhandlungen mit der chinesischen Regierung bereits im Gange. Eine echte militärische Aufgabe hatte Waldersee somit nicht mehr. Dennoch entfaltete der »Weltmarschall« eine fieberhafte Aktivität. Von September 1900 bis Mai 1901 ordnete er 75 Strafexpeditionen an. An 48 solcher Aktionen waren ausschließlich deutsche Truppen beteiligt, bei vielen weiteren stellten sie jeweils das Hauptkontingent. Bei diesen Strafexpeditionen verübten die beteiligten Truppen regelrechte Massaker an der chinesischen Zivilbevölkerung.[118]

Schon mehrere Monate vor der Intervention gegen China, am 6. Dezember 1899, schrieb Bülow an Eulenburg, er werde durch seine Amtsgeschäfte »namenlos gehetzt« und zählte auf: »Diplomaten-Empfang, Reichstag, Berge von Mappen und Akten.«[119] Dieser Brief enthielt das Diktum: »Unsere äußere Lage ist glänzend, die innere aber höchst verworren.«[120]

Zwei der innenpolitischen Zankäpfel nannte Bülow beim Namen: die Kanalvorlage und die Zuchthausvorlage. Der Mittellandkanal war ein Lieblingsprojekt Wilhelms II. Eine solche Wasserstraße hätte den Güterverkehr in westöstlicher Richtung erheblich verbilligt, und eben deshalb wurde sie von den Industriellen von Rhein und Ruhr gefordert. Die Agrarier hingegen fürchteten das Einströmen preiswerten Getreides aus dem Ausland. Zur grenzenlosen Erbitterung des Kaisers liefen sie gegen das Vorhaben Sturm.

Auch in der Frage, wie die Sozialdemokratie am wirksamsten bekämpft werden könne, waren die herrschenden Kreise arg zerstritten. Die Montanindustriellen und konservative Kräfte am Hofe, im preußischen Staatsministerium sowie in der Armeeführung setzten die Reichsregierung immer wieder unter Druck und suchten sie zu einer sterilen Unterdrückungspolitik gegenüber der Arbeiterbewegung hinzudrängen. Doch das Kernstück der geplanten Repressionspolitik, die Zuchthausvorlage, wurde am 20. November 1899 vom Reichstag abgelehnt. Seitdem herrschte in den Regierungskreisen und in den bürgerlichen Parteien tiefe Ratlosigkeit, wie es denn im Kampf gegen die Arbeiterbewegung weitergehen solle. Und im Hintergrund zeichnete sich bereits ein weiterer Konfliktherd allerersten Ranges ab: die Revision der Zolltarife.

Bülow hielt sich aus allen diesen innenpolitischen Querelen geschickt heraus. Er dachte nicht daran, sich bei diesen Auseinandersetzungen vereinnahmen zu lassen und dadurch womöglich auf seinem Weg an die Spitze ins Stolpern zu kommen. So hat er von den zehn Sitzungen des preußischen Staatsministerium, die zwischen dem 1. August und dem 9. November 1898 stattfanden, nur eine – die am 6. Oktober – besucht. Der österreichisch-ungarische Botschafter Szögyényi wusste aber zu berichten, dass der Staatssekretär »großes Gewicht« darauf lege, »[...] von allen inneren Vorgängen genau informiert zu sein.«[121] Bülows langjähriger Pressechef Otto Hammann schrieb später, dieser habe seit 1897 sehr zielstrebig darauf hingearbeitet, drei Dinge in die Hand zu bekommen: die Personalentscheidungen im Auswärtigen Amt sowie die Steuerung der Presse und der politischen Polizei.[122] Dieses Vorgehen zeugt von viel Machtinstinkt.

Dass Bülow *der* Kanzlerkandidat war, wussten die Eingeweihten schon lange. Marschall hatte bereits am 13. Februar 1898 an Eulenburg geschrieben, zweifellos sei »nach dem Gefühl der überwiegenden öffentlichen Meinung in Deutschland Bülow allein der kommende Mann, der alle anderen, die etwa als solche in Betracht kommen könnten, distanziert hat.«[123]

Am 16. Oktober 1900 war es dann so weit. Bülow wurde im Auswärtigen Amt ans Telefon gerufen und vernahm die vertraute, deutlich vom Berliner Dialekt geprägte Stimme des Kaisers. Wilhelm schnarrte: »Hier Kaiser Wilhelm. Hohenlohe hat mir erklärt, dass er es nicht länger machen kann und will. Kommen Sie nach Homburg.«[124] In dem bekannten Kurort Bad Homburg vor der Höhe, am Fuße des Taunusgebirges, erhob sich eines der zahlreichen Hohenzollernschlösser. Bülow machte sich in der Nacht per Bahn auf den Weg. Am folgenden Tag ernannte Wilhelm II. ihn zum Reichskanzler, Präsidenten des Preußischen Staatsministeriums und preußischen Außenminister.

»BROTWUCHER« UND »WELTPOLITIK« 1900–1904

Am Ende der Amtszeit Hohenlohes hatte der Autoritätsverlust des Reichskanzleramts geradezu groteske Formen angenommen. So hatte Wilhelm II. die militärische Intervention gegen China angeordnet, ohne den greisen Kanzler auch nur zu informieren, geschweige denn, ihn nach seiner Meinung zu fragen.[1] In den herrschenden Kreisen war man sich angesichts solcher Zustände einig, dass die Regierungsmacht von der Zentrale her stabilisiert werden müsse. Bülow war nicht nur der Favorit des Kaisers für den Reichskanzlerposten, sondern hatte durch seine »Weltpolitik« auch bei Agrariern und Großbürgertum ein erhebliches Prestige gewonnen. In der Innenpolitik hatte er zwar nicht viel Erfahrung. Doch man traute dem virtuosen Taktiker zu, dass er sich im Reichstag auch auf diesem Felde durchsetzen und Kompromisslösungen mit den bürgerlichen Parteien zustande bringen werde.

Bülow verstand es in der Tat, die Autorität des Reichskanzleramts binnen weniger Monate entscheidend zu heben. Bereits in seiner ersten Erklärung vor dem preußischen Staatsministerium stellte er am 23. Oktober 1900 klar: »Die vielfach verbreitete Annahme, daß innerhalb des Staatsministeriums verschiedene Anschauungen und Richtungen bestünden, müsse aufhören.«[2] Nach einer Umbildung der preußischen Regierung im Mai 1901 gelang es Bülow dann, fortan eine weitgehende Homogenität der Politik von Reichsregierung und preußischer Regierung durchzusetzen. Bei dem Revirement von 1901 brachte er den Vizepräsidenten des Staatsministeriums, Miquel, zu Fall. Miquel galt als Parteigänger der Schwerindustriellen und insbesondere der Großagrarier. Er hatte sich in der Amtszeit Hohenlohes eine mächtige, vom Reichskanzler faktisch unabhängige Position verschafft und dessen Innenpolitik nicht selten durchkreuzt. Nach der Entlassung Miquels ließ Bülow die Funktion eines Vizepräsidenten des Staatsministeriums wohlweislich unbesetzt (bis 1907).

Im Zuge der Regierungsumbildung wurde Georg Frh. von Rheinbaben, ein Vertrauensmann Friedrich Alfred Krupps, Finanzminister. Der Industrielle Theodor Möller, Mitglied der Nationalliberalen Partei und Vorstandsmitglied des Centralverbandes Deutscher Industrieller, erhielt das Handelsministerium. Landwirtschaftsminister wurde Generalleutnant a. D. Viktor von Podbielski, der bisher Provinzialvorsitzender des Bundes der Landwirte in Brandenburg gewesen war. Damit waren jene drei Ministerien, die für die Montanindustriellen und die Agrarier bei der Durchsetzung ihrer ökonomischen Interessen besonders wichtig waren, mit Vertrauensleuten dieser Kräfte besetzt worden. Signalisierte die Berufung von Rheinbaben und Möller einen wachsenden Einfluss der Wirtschaftskreise auf die Staatsführung[3], so garantierte die Berufung Podbielskis den Großagrariern die Sicherung ihrer bisherigen Machtstellung. Die Regierungsumbildung in Preußen lag somit völlig auf der Linie der Sammlungspolitik.

Die rasche Festigung der Regierungsmacht 1900/01 hatte mehrere objektive und subjektive Ursachen. Durch den Übergang zur »Weltpolitik«, die zunehmende staatliche Regulierung auf ökonomischem Gebiet sowie durch die Notwendigkeit, auf die Massen einzuwirken, wuchs generell die Rolle der Staatsmacht. Durch das mannigfache Bestreben der verschiedenen Fraktionen von Großagrariern und Wirtschaftsbürgertum, ihre Sonderinteressen rigoros durchzusetzen, wurden Ausgleichsfunktionen und relative Selbstständigkeit der Regierung gesteigert. Bülow aber war durch seine Herkunft und seinen ganzen Werdegang geradezu prädestiniert, sich am Gesamtinteresse der herrschenden Kreise zu orientieren und die mannigfachen Divergenzen zu dämpfen. So hob der badische Gesandte in Berlin, Eugen von Jagemann, am 18. Oktober 1900 von der »mehr agrarischen Weltanschauung« eines Posadowsky und Miquel positiv die »mehr industrialische« des »halb als Hanseate geborenen und als Weltmann aufgewachsenen« neuen Kanzlers ab.[4]

Gegenüber Wilhelm II. setzte Bülow seine bisherige Taktik fort, den Monarchen vorsichtig zu dirigieren, ohne dass dieser es merkte. Wie erfolgreich er dabei in den ersten Jahren seiner Kanzlerschaft war, zeigt eine Äußerung Wilhelms gegenüber Eulenburg vom 24. Juli 1901: »Bernhard [Bülow] lasse ich ruhig schalten. Seit ich ihn habe, kann ich ruhig schlafen. Ich lasse ihn gewähren und weiß, daß alles gut geht!«[5]

Diese Position Bülows musste freilich in Gefahr geraten, sobald der Kaiser das Doppelspiel seines Kanzlers durchschaute oder Bülow dem Kaiser Vorschläge machte, die diesem grundsätzlich missfielen.

Darauf, dass Wilhelm II. den »Heuchler« Bülow durchschauen werde, hoffte Waldersee, der seinem Rivalen Bülow im Ringen um das Kanzleramt unterlegen war, unentwegt.[6] Und als Reichskanzler konnte Bülow seine bisherige Taktik, dem Kaiser keine solchen Vorschläge zu machen, bei denen er mit einer Ablehnung rechnen musste, unmöglich auf Dauer durchhalten.

Auch nach der Ernennung Bülows zum Reichskanzler griff Wilhelm II. wiederholt spontan in die Regierungspolitik ein und trat in der Öffentlichkeit mit scharfmacherischen Erklärungen hervor. Besonders großes Aufsehen erregten seine Rede vor dem Alexanderregiment und die so genannte Swinemünder Depesche. In beiden Fällen hatte Wilhelm II. seine Äußerungen nicht mit Bülow abgesprochen. Bei der Einweihung der neuen Kaserne des Kaiser-Alexander-Gardegrenadierregiments erklärte der Kaiser am 28. März 1901: »Wenn die Stadt Berlin noch einmal wie im Jahre 1848 sich mit Frechheit und Unbotmäßigkeit gegen den König erheben wird, dann seid ihr, meine Grenadiere, dazu berufen, mit der Spitze eurer Bajonette die Frechen und Unbotmäßigen zu Paaren zu treiben.«[7]

Als im Juli 1902 die bayerische Abgeordnetenkammer aus dem Kultusetat einen Posten von 100 000 Mark strich, mischte sich Wilhelm II. in einem Telegramm an den Prinzregenten Luitpold in diese innerbayerische Angelegenheit ein und beschimpfte die bayerischen Parlamentarier. Dieses Telegramm bildete für die Vorsitzenden der Nationalliberalen Partei, der Deutschkonservativen Partei, der Freikonservativen Partei und des Zentrums den Anlass, sich im Januar 1903 gemeinsam mit der Aufforderung an Bülow zu wenden, er möge Wilhelm II. dazu bewegen, sich künftig weniger durch öffentliche Reden zu exponieren.[8] Der Kanzler wich einer grundsätzlichen Aussprache mit dem Kaiser aus, machte ihm aber doch schriftlich Vorhaltungen.[9] In der Tat hielt sich Wilhelm II. dann bis zur »Schwarzseherrede« 1906 in der Öffentlichkeit zurück.

Ein Reichskanzler und preußischer Ministerpräsident, der sich nicht wie der alte Hohenlohe mit der Rolle einer Gallionsfigur begnügen, sondern tatsächlich das Steuerruder des Staatsschiffes in der Hand behalten wollte, hatte eine immense Arbeit zu leisten. Da galt es, Tag für Tag eine wahre Sturzflut von Eingängen, Berichten, Presseartikeln und so weiter zu lesen. Dem Kaiser war Vortrag zu halten, Botschafter waren zu empfangen, im Reichstag, Abgeordnetenhaus und Herrenhaus galt es aufzutreten und vieles andere mehr. Bülow verkraftete all das gut. Er war gesund, fleißig, besaß ein unerschütterliches optimistisches Naturell und delegierte rigoros vieles an seine Mitarbeiter. Auf seinem Schreibtisch herrschte strengste Ordnung. Bülow ließ sich grundsätzlich immer nur eine Akte vorlegen, arbeitete sie mit dem Stift in der Hand durch und nahm sich dann die nächste vor. Er hatte dabei kleine Zettel parat, auf die er entsprechende Anweisungen an seine Mitarbeiter schrieb.[10]

Die wichtigsten seiner Mitarbeiter waren in den ersten Jahren Oswald Frh. von Richthofen, Holstein und Otto Hammann. Bülow hatte den Posten eines Staatssekretärs des Auswärtigen Amtes zunächst Holstein angeboten.[11] Der scheute aber jegliches öffentliche Auftreten und lehnte deshalb ab. Bülow nahm daraufhin den bisherigen Unterstaatssekretär Oswald Frh. von Richthofen, der ihm ein eifriger und loyaler Untergebener wurde.

Holstein, der seit Jahrzehnten wie kein zweiter in alle Geheimnisse der deutschen Diplomatie eingeweiht war, behielt einen großen Einfluss, zumal Bülow in den ersten Jahren seiner Kanzlerschaft viel Zeit und Kraft für die Innenpolitik aufwenden musste. Späterhin geisterte viele Jahre lang durch Memoiren und Geschichtsdarstellungen die Behauptung, Holstein sei während der Kanzlerschaft Bülows der wirkliche Leiter der deutschen Außenpolitik gewesen.[12] Der konservative Historiker Johannes Haller lieferte dafür eine Erklärung, die einem Kriminalroman entstammen könnte: Holstein habe im Jahre 1899 Liebesbriefe des (1871 gestorbenen) Pianisten Karl Tausig an die spätere Frau Bülows gestohlen. Dadurch habe Holstein »seinem Chef den Ring durch die Nase« gezogen, und fortan sei Bülow diesem »halbverrückten« Mitarbeiter hörig gewesen.[13] Das alles ist jedoch reine Phantasie. Bülow nutzte die Arbeitswut Holsteins und folgte oft, aber keineswegs immer dessen Ratschlägen. Am 29. August 1904 klagte Holstein gegenüber dem Gesandten Friedrich Graf von Pourtalès: »Als Bülow RK [Reichskanzler] wurde, wollte er mit mir die hohe Politik machen, und wie ist das heute? Seine Vertrauensmänner für alles sind Richthofen und Hammann, und ich sitze in der Ecke, es ist viel, wenn ich als Dritter, Vierter, Fünfter zugezogen werde.«[14] Im Jahre 1904 versuchte Holstein schließlich, den Kanzler zur Entlassung Richthofens zu zwingen, kam aber damit nicht durch.[15]

Vertrauensleute Bülows im Auswärtigen Amt waren neben Richthofen auch seine alten Freunde Lindenau und Max Fürst von Lichnowsky. 1901 brachte er hier obendrein seinen Vetter Martin Rücker-Jenisch unter. Besonders eng arbeitete er auch mit seinem Pressechef Hammann zusammen.

Die ersten Chefs der Reichskanzlei unter Bülow, Karl Frh. von Wilmowski (1900/01) und Alfred von Conrad (1901–1904), spielten nur die Rolle von Bürovorstehern. Erst der 1904 ernannte Friedrich Wilhelm von Loebell[16] wurde zu einem wirklichen Vertrauten des Kanzlers und aktiven Mitgestalter seiner Politik.

Die Verbindung Bülows zu seinem einstigen Gönner Eulenburg hatte sich schon seit 1897 allmählich gelockert. Mehrerlei kam dabei zusammen. Bülow hatte nun selbst den direkten Draht zu Wilhelm II. und brauchte bald keinen Vermittler mehr. Eulenburg wurde seit 1896 wegen seiner homosexuellen Neigungen erpresst.[17] Die spektakuläre Ehescheidung seines gleichfalls homosexuellen Bruders Friedrich (»Fredi«) drohte »Phili« mit in den Strudel zu reißen. So wurde der einstige Förderer für Bülow zu einer Belastung. Der Kanzler machte mehr und mehr Eulenburg dafür verantwortlich, dass die Reibereien zwischen Berlin und Wien sich verschärften. Schließlich musste sich »Phili« im November 1902 zur Disposition stellen lassen.[18]

Die wachsende Distanz zu Eulenburg wirkte sich auch auf die Urlaubsplanung Bülows aus. Als Botschafter in Rom und als Staatssekretär hatte er in Semmering Sommerurlaub gemacht – nicht zuletzt deshalb, weil man von dort aus mit dem Zug in zweieinhalb Stunden Wien erreichen konnte, wo »Phili« Botschafter war. Seit 1899 verlegte Bülow seinen Sommerurlaub nach Norderney.

Der Kanzler dehnte seine Aufenthalte auf Norderney immer mehr aus, wobei er seine Amtsgeschäfte weiterführte. Die D-Zug-Verbindung Norddeich – Berlin machte es möglich, dass er gegebenenfalls rasch einmal in die Hauptstadt fuhr. Dagegen drückte er sich grundsätzlich vor der alljährlichen Nordlandreise des Kaisers. Die geisttötende Kasinoatmosphäre, die an Bord von SMS »Hohenzollern« herrschte, war partout nicht seine Welt. Als Wilhelm II. ihn im Juni 1903 nach Kiel bestellte, schrieb er dem Kaiser vorsorglich, die Ärzte hätten ihm eingeschärft, dass er »Schaukeleien« unbedingt vermeiden müsse.[19]

Seit der Amtszeit Bismarcks wohnten die Reichskanzler im ehemaligen Radziwillschen Palais in der Wilhelmstraße 77. Caprivi und Hohenlohe hatten an dem Gebäude fast nichts getan, und so machte es mittlerweile einen recht tristen Eindruck. Seit Bülows Ernennung wurde es nun ein Jahr lang im Innern von Grund auf umgestaltet, überwiegend im italienischen Renaissancestil. Der Kanzler ließ dabei seiner Frau völlig freie Hand, die begeistert und unermüdlich mit Architekten und Handwerkern beratschlagte, Bilder und Tapeten auswählte usw. Am 27. November 1901 fand dann der erste große Empfang statt. Die Gäste – unter denen auch Reinhold Begas, Adolf Harnack, Adolph von Menzel, Gustav Schmoller und Rudolf Virchow waren – priesen einhellig die geschmackvolle neue Ausstattung des Palais.

Große Empfänge veranstalteten die Bülows freilich nur ab und zu als Pflichtübung. Sie bevorzugten stattdessen Abendgesellschaften in kleinem Kreise, wobei sie sich bei ihren Einladungen herzlich wenig um die Rangordnung von Hofgesellschaft und Ministerialbürokratie scherten. Eingeladen wurden vor allem die engsten Mitarbeiter Bülows, Journalisten, Künstler wie Max Liebermann, Akademiker. Der Personenkreis war immer sorgsam ausgewählt. Das Kanzlerpaar verstand es meisterhaft, eine intime Atmosphäre zu schaffen. Die Politik wurde zumeist ausgeklammert. Man unterhielt sich vor allem über Fragen von Literatur und Kunst.[20]

Bülow lud auch oft Parteiführer und Diplomaten in seine Wohnung oder nach Norderney ein. Er wusste sehr wohl, dass sich Verhandlungen aller Art in halb privatem Rahmen zumeist besser als nach den Regeln des Protokolls führen lassen. So führte er im Sommer 1904 die schwierigen Handelsvertragsverhandlungen mit dem späteren russischen Ministerpräsidenten Sergej Juljewitsch Witte in Norderney.

Auch im Urlaub und auf Reisen ließ Bülow buchstäblich keinen Tag verstreichen, ohne auf die Presse einzuwirken. Kein anderer Kanzler der Kaiserzeit hat eine so intensive und erfolgreiche Pressepolitik betrieben.[21] Für die Pressearbeit stand dem Kanzler nur ein bescheidener Fonds zur Verfügung: 500 000 Mark pro Jahr. Zur materiellen Korrumpierung von Journalisten, wie Bismarck sie mittels des »Reptilienfonds« betrieben hatte, griff Bülow nur ausnahmsweise. Das Geheimnis seines Erfolgs lag ganz woanders: im persönlichen Kontakt.

Der Kanzler selbst oder sein Pressechef Hammann empfingen ständig Journalisten führender deutscher Zeitungen, um sie zu »bearbeiten«. Das Ganze war ein Geschäft auf Gegenseitigkeit. Die Journalisten erhielten politische Informationen aus erster Hand, die anderen vorenthalten wurden. Das verschaffte ihnen im erbitterten Konkurrenzkampf gegen andere Journalisten und andere Zeitungen große Vorteile. Und sie revanchierten sich, indem sie in ihren Blättern die Politik Bülows unterstützten.

Bülow zog auch eine regelrechte Hofberichterstattung über seine Person auf. Die Leser der bürgerlichen Presseorgane erfuhren nun Tag für Tag nicht nur von den Amtsgeschäften Bülows, sondern auch von seinem Urlaub, seinen Reisen und Ähnlichem. Und das war nicht etwa das Werk seines übereifrigen Pressechefs, sondern wurde von Bülow durch zahllose Telegramme und Handzettel höchstpersönlich veranlasst. Im Oktober 1901 beispielsweise lancierte der Kanzler über das Wolffsche Telegrammbureau den folgenden Text in die deutsche Presse: »Reichskanzler Graf von Bülow begibt sich heute, begleitet von dem Legationsrat Herrn Rücker-Jenisch, für einige Tage von Flottbek zum Besuch von Verwandten nach Preetz. Ende dieser Woche gedenkt Graf von Bülow nach Berlin zurückzukehren.«[22]

Währenddessen hielten die heftigen Auseinandersetzungen auf wichtigen Feldern der Innenpolitik und Wirtschaftspolitik innerhalb der herrschenden Kreise an. Das machte es für den Kanzler und seine Mitarbeiter kompliziert, das Gesamtinteresse dieser Kräfte zu definieren und durchzusetzen. Am 5. März 1901 prägte Bülow deshalb im Reichstag die Formel, angesichts der divergierenden Interessen sei es die Aufgabe der Regierung, eine »möglichst richtige und gerechte Diagonale zu finden.«[23]

Für die Bildung einer regierungsfreundlichen Reichtagsmehrheit war das Zusammenwirken von Deutschkonservativen, Freikonservativen, Nationalliberalen und Zentrum entscheidend. Seit den Reichstagswahlen von 1898 war es faktisch unmöglich, ohne oder gar gegen die Zentrumspartei eine solche Mehrheit zu bilden. Die Bedeutung des Zentrums für die Reichsregierung wurde noch dadurch vergrößert, dass es weit mehr Masseneinfluss als andere bürgerliche Parteien besaß und die Beziehungen zwischen der Regierung und den Konservativen wegen des Streits um die Kanalvorlage zeitweilig sehr gespannt waren.

Der Streit um den Bau des Mittellandkanals zwischen dem Bürgertum und Wilhelm II. einerseits, den Agrariern andererseits drohte zu einem »Dauerbrenner« zu werden.[24] Bülow beschloss deshalb, die ganze Angelegenheit auf die lange Bank zu schieben. Er veranlasste den Kaiser im Mai 1901, die Session des preußischen Landtags vorzeitig zu schließen und konnte dadurch die Auseinandersetzung um die Vorlage abbrechen. Eine veränderte Fassung der Kanalvorlage wurde dem Landtag erst 1905 wieder unterbreitet. Jetzt stimmten die Junker zu, weil auf den Bau der Schlussstrecke des Kanals von Hannover zur Elbe verzichtet worden war.

Das wichtigste Streitobjekt zwischen den verschiedenen Gruppierungen der herrschenden Kreise war die Zollpolitik.[25] Die Junker drängten die Reichsregierung massiv, ihre 1897 gegebene Zusage einzulösen und die Einfuhrzölle für Agrarprodukte zu erhöhen. Sie forderten, bei den Importzöllen für Getreide einen Doppeltarif einzuführen (einen Minimaltarif, der künftigen Handelsverträgen zugrunde gelegt werden sollte, und einen Maximaltarif, der in Zukunft bei Agrarimporten aus solchen Ländern angewendet werden sollte, mit denen keine Handelsverträge abgeschlossen würden). Dagegen lehnten Bank- und Handelskreise und große Teile der Industriellen eine Steigerung der Agrarzölle ab. Sie befürchteten zum einen, eine Erhöhung der Agrarzölle werde es künftig sehr erschweren, Handelsverträge abzuschließen. Zum anderen war klar, dass Zollerhöhungen zu einer Steigerung der Lebensmittelpreise führen und neue Lohnforderungen der Arbeiter nach sich ziehen würden.

Seit Mitte 1900 war der Centralverband Deutscher Industrieller bereit, als Preis für die Aufrechterhaltung der Eisenzölle einer Erhöhung der Getreidezölle zuzustimmen.[26] Am 16. Oktober 1900 forderte der von Agrariern und Schwerindustriellen beherrschte »Wirtschaftliche Ausschuss zur Vorbereitung und Begutachtung handelspolitischer Maßnahmen«, die Zölle für die vier Hauptgetreidearten auf 60 Mark pro Tonne zu erhöhen.

Kein anderes Thema hat Bülow in den ersten zwei Jahren seiner Kanzlerschaft so intensiv beschäftigt wie die Zolltarifreform. Zunächst einmal berief er für den 27. Oktober 1900 eine Sitzung von Vertretern der an der Zollpolitik beteiligten Reichsämter und preußischen Ministerien ein. Innerhalb der Regierungskreise tobte seit Jahren ein heftiger Kampf zwischen Befürwortern und Gegnern der Doppeltarife. Der frischgebackene Kanzler brachte die Ressortvertreter dazu, sich zu einigen: für Getreide sollte ein Doppeltarif eingeführt, für Industriegüter hingegen der Einheitstarif beibehalten werden.[27] Für den 4. bis 6. Juni 1901 setzte Bülow nun eine weitere Konferenz an, an der auch Minister einiger Bundesstaaten teilnahmen. Vor Tagungsbeginn verständigte er sich insgeheim mit dem bayerischen Finanzminister Emil von Riedel über den Entwurf eines neuen Zollgesetzes, der gegenüber dem geltenden Vertragstarif eine erhebliche Steigerung der Zollsätze vorsah. So sollte der Einfuhrzoll auf Weizen von 35 Mark pro Tonne auf 55 angehoben werden. Die Konferenzteilnehmer sanktionierten die Abmachungen Bülows.[28]

Bald darauf, am 26. Juli 1901, ließ Bülow den Zolltarifentwurf überraschend im »Reichsanzeiger« veröffentlichen. Der Bund der Landwirte fand die vorgesehenen Steigerungssätze viel zu niedrig und reagierte mit demagogischen Ausfällen.[29]

Angesichts der Mehrheitsverhältnisse, die im Reichstag bestanden, war klar: Auch bei der Zolltarifreform war das Zentrum das Zünglein an der Waage. Bülow beschwor deshalb am 19. August 1901 den Führer dieser Partei, Ernst Lieber: »In Zolltariffragen decken sich die Interessen der Regierung und des Zentrums. Beide wünschen die Landwirtschaft zu schützen, ohne jedoch Industrie und Handel zu Grunde zu richten. Nicht nur für Handel und Gewerbe, sondern auch für der Konsumenten große Schar wie für unsere weitere innen- und sozialpolitische Entwicklung sind Handelsverträge eine Notwendigkeit. Die Agrarsätze des neuen Tarifs bezeichnen die alleräußerste Grenze, innerhalb deren Verträge vielleicht noch zu erreichen sind.«[30]

Lieber war ein kranker Mann und starb bereits am 31. März 1902. Er vermochte es in den letzten Monaten seines Lebens nicht, sich gegen die katholischen Agrarier durchzusetzen. In der Zolltarifkommission des Reichstages besaßen die Agrarier die Mehrheit, und im Dezember 1901 lehnte dieses Gremium die Regierungsvorlage ab und stockte die Getreidezölle noch einmal kräftig auf.[31] Bülow wusste: Wenn die militanten Agrarier mit ihren uferlosen Forderungen im Reichstag durchdrangen, dann würde dies bei den Arbeitern sowie beim Gros des Bürgertums große Erbitterung auslösen. Die politische Polarisierung im Landes würde sich weiter verschärfen.

Die sozialdemokratischen Abgeordneten benutzten die Tribüne des Reichstags dazu, den Zolltarifentwurf – der nicht weniger als 946 Positionen enthielt – bis ins einzelne zu analysieren. Wirkungsvoll rechneten sie vor, wie sich die geplanten Tarife – die sie als »Brotwucher« kennzeichneten – auf die Preise von Lebensmitteln und anderen Konsumgütern zum Nachteil der Verbraucher auswirken mussten.

Die Unversöhnlichkeit der extremen Agrarier einerseits, die heftige Opposition der Sozialdemokratie und die Erregung breiter Bevölkerungskreise andererseits brachten Bülow in Zugzwang. Der Kanzler legte sich im Reichstag und im preußischen Abgeordnetenhaus heftig mit den Wortführern der militanten Agrarier an. Insgeheim ließ er führende Industrielle davor warnen, sich von den Agrariern »einseifen« zu lassen.[32] Hinter verschlossenen Türen verhandelte er mit dem Führer der Freikonservativen Partei, Wilhelm von Kardorff, und weiteren gemäßigten Agrariern. Diese Konservativen sahen schließlich ein, dass Bülow ihnen mit der Regierungsvorlage ein vorteilhaftes Angebot gemacht hatte. Der Spatz in der Hand erschien ihnen nun ansehnlich genug, um dafür die Taube auf dem Dach davonfliegen zu lassen.

Am 27. November 1902 legte Kardorff schließlich dem Reichstag einen Kompromissantrag vor.[33] Der Antrag ging bei den Maximaltarifen über den Regierungsentwurf hinaus, folgte ihm aber bei den weitaus wichtigeren Minimaltarifen. Am 14. Dezember 1902 nahm der Reichstag mit 202 gegen 100 Stimmen die Zolltarifvorlage an.

Die Verabschiedung des Zolltarifgesetzes war ein wichtiger Erfolg der Bülowschen Sammlungspolitik. Das Bündnis von Großagrariern und Schwerindustriellen hatte auf Kosten der Verbraucher eine stabile wirtschaftspolitische Basis erhalten. Gleichzeitig gelang es, die ländlichen Mittelschichten weitgehend in die Sammlung einzubeziehen. Der neue Zolltarif trat im März 1906 in Kraft und trug zu einer sprunghaften Erhöhung der Lebensmittelpreise bei.

Zentrum und Nationalliberale Partei und die hinter ihnen stehenden bürgerlichen Kräfte hatten dem Kardorffschen Kompromissantrag zugestimmt, weil die von Bülow geführte Reichsregierung in der »Weltpolitik«, der Sozialpolitik sowie auf weiteren Feldern ihre Interessen und Vorstellungen berücksichtigte. Die Politiker des Zentrums waren insbesondere daran interessiert, den aus dem Jahre 1872 stammenden Paragraphen 2 des Jesuitengesetzes zu beseitigen. Dieser Paragraph sah vor, dass ausländische Jesuiten aus dem Deutschen Reich ausgewiesen und deutschen Jesuiten Aufenthaltsbeschränkungen auferlegt werden konnten. Gegen den heftigen Widerstand protestantischer Eiferer erreichte der Kanzler es, dass der Bundesrat am 8. März 1904 den Paragraphen 2 des Jesuitengesetzes aufhob.

Seitdem er das Zolltarifgesetz durchgebracht hatte, saß Bülow zumindest drei Jahre lang fest im Sattel. In den Regierungskreisen war weit und breit kein ernstzunehmender Rivale zu erblicken. Der bayerische Gesandte in Berlin, Hugo Graf von und zu Lerchenfeld-Koefering, charakterisierte am 28. März 1903 in einem Bericht an seinen Ministerpräsidenten die Machtposition Bülows mit den Worten, dass »ähnlich wie zu Zeiten Bismarcks sein Wille heute in der Reichsleitung und in Preußen der ausschlaggebende« sei. Lerchenfeld fuhr fort: »Er [Bülow – d. V.] greift nicht so viel in Details ein wie der erste Reichskanzler, und seine Methode ist nicht so gewalttätig; aber in Fragen, die er an sich gezogen hat, entscheidet er ziemlich allein. Leider hat sich dieser autoritative Zug, den ich bei Graf Bülow nicht vermutet hätte, auch gegenüber dem Bundesrat wiederholt geltend gemacht, indem er Erklärungen im Reichstag abgab, die, wenn sie auch meist in der Form korrekt waren, doch der Stellung der Verbündeten Regierungen bedenklich vorgriffen.«[34]

Lerchenfeld wies hier auf eine Entwicklung hin, die sich in der Amtszeit Bülows deutlich beschleunigt hat: Innerhalb des politischen Systems verschoben sich die Schwergewichte allmählich vom Bundesrat zum Reichstag, von Preußen zum Reich. Die Reichsausgaben stiegen rasch an, so durch die Flottenrüstung. Das zwang die Reichsregierung, sich mit den Führern der bürgerlichen Parteien zu arrangieren. Mehr und mehr bürgerte sich unter Bülow die Praxis ein, dass die Reichsregierung mit den Führern der Reichstagsfraktionen Vorabsprachen über Gesetzesvorlagen traf und den Bundesrat vor vollendete Tatsachen stellte. So sehr Bülow gegenüber dem Reichstag taktierte, so sehr neigte er dazu, den Bundesrat – der doch laut Verfassung das oberste Organ des Reiches war – zu überfahren.

In der Politik der Regierung gegenüber der Sozialdemokratie stellte der Beginn von Bülows Kanzlerschaft eine deutliche Zäsur dar. Es war Bülow ebenso wie Posadowsky klar geworden, dass es auf absehbare Zeit unmöglich sein würde, im Reichstag Ausnahmegesetze gegen die Arbeiterbewegung durchzubringen.[35] Beide stellten sich mehr und mehr darauf ein, den Kampf gegen die Sozialdemokratie mit flexibleren Methoden zu führen. Sie verfolgten das Ziel, durch soziale Zugeständnisse an die Arbeiter dem Einfluss der Sozialdemokratie entgegenzuwirken und die nichtsozialdemokratische Arbeiterbewegung zu stärken.

Noch im Jahre 1900 wurde die Unfallversicherung erweitert. Es folgte 1901 die Einführung obligatorischer Gewerbegerichte (Schiedsgremien für Arbeitsstreitfälle). 1903 wurde die Dauer der Krankenversicherung verlängert und das Verbot der Kinderarbeit auf die Heimindustrie ausgedehnt. Seit 1901 unterstützte die Reichsregierung mit jährlich vier bis fünf Millionen Mark den Bau von Arbeiterwohnungen (während sie etwa für jedes einzelne Schlachtschiff der »Braunschweig«-Klasse 24 Millionen Mark aufwendete).[36]

Die innerpolitische Kurskorrektur stand auch im Zusammenhang mit der »Weltpolitik«. Die flexibleren Regierungskreise um Bülow forcierten ihre Integrationsbestrebungen gegenüber der Arbei-

Bülow zusammen mit dem Oberhofmeister der Kaiserin Auguste Viktoria, Ernst Freiherr von Mirbach

terschaft nicht zuletzt deshalb, weil sie die inneren Voraussetzungen für die zukünftige Expansionspolitik verbessern wollten. Es gelang Bülow, die Einwirkung der junkerlich-schwerindustriellen Scharfmacher auf die Innenpolitik einzudämmen. Dagegen wuchs der Einfluss flexibel eingestellter bürgerlicher Parteipolitiker, insbesondere solcher aus dem Zentrum.

Um die Jahrhundertwende erstarkte auch in der deutschen Arbeiterbewegung der Revisionismus. Konservative Kräfte ignorierten diese Entwicklung oder sahen in den Revisionisten gar eine besonders gefährliche Richtung der Sozialdemokratie. Bülow hingegen gehörte zu jenen Politikern, welche das Hervortreten des Revisionismus in ihr innenpolitisches Konzept einordneten. Er setzte in den ersten Jahren seiner Kanzlerschaft (und dann auch wieder nach 1909) auf eine »Mauserung« der Sozialdemokratie hin zu einer reformistischen Arbeiterpartei. Bereits wenige Wochen nach seiner Amtsübernahme ermöglichte er es dem führenden Revisionisten Eduard Bernstein, nach Deutschland zurückzukehren. Während einer Debatte über die Sozialgesetzgebung verlas der Kanzler am 20. Januar 1903 im Reichstag eine Passage aus einem Bericht des deutschen Botschafters in Paris. Darin wurde der französische Sozialist Alexandre Millerand, der 1899 in die Regierung eingetreten war, lobend erwähnt. Es kam zu einem Wortwechsel mit August Bebel, und Bülow rief den Sozialdemokraten zu: »Meine Herren, ich wünsche Ihnen einen Millerand.«[37]

Bülow hatte auch bereits einen bekannten Reformisten ins Auge gefasst, den er für geeignet hielt, die Rolle eines »deutschen Millerand« zu spielen: Georg von Vollmar, den Führer der bayerischen Sozialdemokratie. Wilhelm II. freilich fand die Idee, einen Sozialdemokraten – gleich welcher Richtung – in die Regierung zu berufen, geradezu ungeheuerlich und lehnte sie strikt ab.[38]

Im Juni 1903 errang die Sozialdemokratie dann bei den Reichstagswahlen einen großen Erfolg, im August begann der Streik der Crimmitschauer Textilarbeiter, im September wurden die Bestrebungen der Revisionisten auf dem Dresdener Parteitag scharf verurteilt. Diese Ereignisse lösten im bürgerlichen Lager neue Auseinandersetzungen darüber aus, wie man den Kampf gegen die Arbeiterbewegung am wirksamsten führen könne. Konservative Kräfte forderten erneut Ausnahmegesetze und griffen Bülow wegen seines »schlappen« innenpolitischen Kurses heftig an. Am 30. September 1903 schrieb der Journalist und liberale Sozialreformer Ernst Francke, der mit Hammann befreundet war, an Hermann von Berlepsch, den Vorsitzenden der Gesellschaft für Soziale Reform, über das Treiben der Scharfmacher: »Ich weiß aus bester Quelle, dass beim Kaiser die unglaublichsten Anstrengungen gemacht werden, ihn zu einem gewaltsamen Vorgehen gegen die Sozialdemokratie u. die gesamte Arbeiterbewegung zu bestimmen. Hinter Post, Hamb. Nachr., Reichsboten stehen Graf Waldersee, Fürst H. Bismarck, die agrarische Fronde u. eine Hofkamarilla. Ihnen allen ist Bülow schon viel zu lange Reichskanzler. Bülow leistet so kräftig, wie er vermag, Widerstand, ermahnt Geduld, zum Abwarten, hält den Kaiser hin.«[39]

Etliche der konservativen Ultras wüteten auch deshalb gegen den Kanzler, weil sie meinten, er mache den Katholiken zu große Zugeständnisse. Schon im Oktober 1902 hatte Waldersee in seinem Tagebuch vermerkt, was ihm ein »sehr erfahrener Mann« anvertraut hatte: Bülows Frau und seine Schwiegermutter seien »vom Papst bezahlte Agenten.«[40]

Am 10. Dezember 1903 attackierte dann August Bebel in einer großen Rede die Innen- und Außenpolitik Bülows.[41] Der Kanzler antwortete noch am selben Tage. Seine Ansprache war wieder geschickt auf die Mentalität der bürgerlichen Parlamentarier und Zeitungsleser abgestellt. Bülow suchte keine wirkliche sachliche Auseinandersetzung mit dem Führer der deutschen Sozialdemokratie. Er wartete vielmehr dort mit demagogischen Auslassungen zu solchen Themen auf, wo ihm der Beifall des bürgerlichen Publikums sicher war. So behauptete er, die Verurteilung der Revisionisten auf dem Dresdener Parteitag zeige, dass in der sozialdemokratischen Partei »Unfreiheit« herrsche. Oder: Die Kritik Bebels am Zarismus belaste die friedlichen Beziehungen zwischen Deutschland und Russland. Das Protokoll verzeichnet immer wieder »Heiterkeit«, etwa bei folgender

August Bebel, der langjährige Führer der deutschen Sozialdemokratie

Passage: »Wenn ich der Sozialdemokratie ein Zeugnis auszustellen hätte, so würde ich sagen: Kritik, Agitation und – das gebe ich Ihnen vollkommen zu, da können Sie sehen, wie objektiv ich bin – Disziplin und Opferfreudigkeit Ia (Stürmische Heiterkeit); positive Leistungen, Klarheit des Programms Vb (Erneute schallende Heiterkeit).«[42]

Diese oberflächliche, reinweg auf den rhetorischen Effekt zielende Rede trug Bülow im bürgerlichen Lager stürmische Ovationen ein. Der Großreeder Albert Ballin, der doch zweifellos ein kluger Mann war, telegraphierte am folgenden Tag an den Kanzler, er sei »begeistert« und: »Das war das rechte Wort zur rechten Zeit, das Wort, auf welches die Nation gewartet hatte und welches Euer Exzellenz Freunde und Verehrer erwerben wird weit über des Vaterlandes Grenzen hinaus.«[43] Bülow hatte die tiefsitzende Furcht, die so viele Bürgerliche vor der Sozialdemokratie hegten, für den Augenblick hinweggeredet.

Bülow hat zwar noch am 21. Oktober 1903 gegenüber dem liberalen Sozialreformer Ernst Francke erklärt, er »lebe der Überzeugung, daß nur durch eine ernste soziale Reform die inneren Schwierigkeiten zu überwinden seien.«[44] Bald darauf trat er jedoch in der gesamten Sozialpolitik deutlich kürzer. Der Druck der konservativen Kräfte war nicht der einzige Grund für Bülows neuerliche innenpolitische Kurskorrektur. Der Kanzler rechnete seit dem Dresdener Parteitag nicht mehr damit, dass die Sozialdemokratie sich zu einer reformistischen Partei »mausern« werde. Er setzte nunmehr verstärkt auf eine antisozialistische »Sammlung« der bürgerlichen »Ordnungsparteien« und hielt über den neuen Chef der Reichskanzlei, Loebell, auch Verbindung zum militanten Reichsverband gegen die Sozialdemokratie.[45]

Bevorzugte Bülow gegenüber der Arbeiterbewegung flexible Kampfmethoden, so gilt für seine Polenpolitik das genaue Gegenteil.[46] In den preußischen Ostprovinzen sank zu dieser Zeit im Zuge der Binnenwanderung von Osten nach Westen der deutsche Bevölkerungsanteil, während der polnische stieg. Das polnische Bürgertum und Kleinbürgertum erstarkte ökonomisch, und das Nationalbewusstsein der polnischen Bevölkerung (mit 3,2 Millionen im Jahre 1900) festigte sich. Seit den 90er Jahren wurde die regierungsfreundliche adlige »Hofpartei«, die bisher als Wortführerin der polnischen Bevölkerungsgruppe fungiert hatte, mehr und mehr durch die bürgerliche Partei der Nationaldemokraten abgelöst.

Gewiss lösten diese Entwicklungen bei Bülow Besorgnis aus. Entscheidend war das aber nicht. Bereits die Lektüre der einschlägigen Reden des Kanzlers lässt erkennen, wo die wirklichen Gründe für die Verschärfung der »Ostmarkenpolitik« lagen. Am 13. Januar 1902 erklärte Bülow im preußischen Abgeordnetenhaus: »Diese Gegenden [die preußischen Ostprovinzen – d. V.] sind getränkt mit deutschem Schweiß und Blut, da sind wir und da bleiben wir, ob das anderen Leuten angenehm ist oder nicht. Für die Deutschen im Osten darf es nur eine einzige Parole geben, und das ist die nationale.«[47] Immer wieder steht in den Redeprotokollen: »Bravo rechts und bei den Nationalliberalen.«

Die Beschwörung einer angeblichen »polnischen Gefahr« diente dem Kanzler dazu, unter der deutschen Bevölkerung den Nationalismus zu schüren. Die städtischen Mittelschichten der Provinz Posen, denen die wachsende Konkurrenz polnischer Gewerbetreibender zu schaffen machte, waren für eine antipolnische Propaganda besonders ansprechbar. Ein massives Interesse an einer Verschärfung der »Ostmarkenpolitik« hatten die Junker der Ostprovinzen. Der Kampf zwischen der 1886 gegründeten Ansiedlungskommission der preußischen Regierung – die polnischen Grundbesitz aufkaufen, parzellieren und an deutsche Siedler vergeben sollte – und polnischen Siedlungsgenossenschaften trieb nämlich die Bodenpreise zwischen 1886 und 1904 von 560 auf 1 025 Mark pro Hektar in die Höhe.[48]

Wenn Bülow gerade auf dem Höhepunkt des Streits um die Zolltarifreform die Germanisierungspolitik forcierte, dann diente das nicht zuletzt dem »Brückenschlag« hin zu den Konservativen. Bülows Regierung brachte 1902 im preußischen Abgeordnetenhaus eine Novelle zum Ansiedlungsgesetz von 1886 durch, welche den Fonds der Ansiedlungskommission von 200 Millionen Mark auf 350 aufstockte. In den folgenden Jahren arbeitete Bülow eng mit den chauvinistischen Kräften des Deutschen Ostmarkenvereins zusammen, ohne freilich bedingungslos ihr Parteigänger zu werden. Waren allgemein die Beziehungen zwischen der Reichsregierung und dem Alldeutschen Verband nach der Jahrhundertwende äußerst gespannt, so fand die Polenpolitik Bülows den uneingeschränkten Beifall der Alldeutschen.[49]

Bülow war auf dem Gebiet der Innenpolitik und Wirtschaftspolitik ein Neuling und hat hier doch in den ersten vier Jahren seiner Kanzlerschaft recht erfolgreich agiert. Es war ihm nicht zweifelhaft, dass ihm dies auf seinem ureigensten Felde, der Außenpolitik, erst recht gelingen werde. Das Deutsche Reich hatte bei seinem Übergang zur »Weltpolitik« eine günstige internationale Mächtekonstellation ausnutzen können, und Bülow meinte, diese Konstellation habe einen Ewigkeitswert. Noch 1898 wäre es um ein Haar zu einem englisch-französischen Krieg gekommen, und im Gefolge der Intervention in China verschärften sich die Spannungen zwischen Russland und England weiter. Für Bülow, Holstein und die anderen führenden deutschen Diplomaten war es geradezu ein Glaubenssatz, dass die Widersprüche zwischen Russland und England (»Bär« und »Walfisch«), aber auch die zwischen England und Frankreich unüberbrückbar seien. Bülow war überzeugt, dass Deutschland den Rücken für die Forcierung der »Weltpolitik« frei habe: »Wir haben heute nicht mehr wie in den ersten Jahrzehnten nach der Zurücknahme von Straßburg und Metz zu gewärtigen, dass wir der Gegenstand eines konzentrischen Angriffs sind. Die großen Ziele der heutigen Interessenspolitik – Mittelmeer, Byzanz, Persien, Ostasien – sind Fragen, denen gegenüber wir die Freiheit der Entscheidung haben.« [50]

In den ersten Monaten seiner Kanzlerschaft erstrebte Bülow vorab einen baldigen »Abschluss der chinesischen Angelegenheit.« [51] Dass der »Weltmarschall« in China keinen Siegeslorbeer geerntet hatte, war dem Kanzler insgeheim sehr recht. Ein als Triumphator heimkehrender Waldersee hätte womöglich eine Chance gehabt, den heiß begehrten Reichskanzlerposten zu erlangen, ein erfolgloser hatte sie nicht. Fatal war Bülow hingegen die scharfe Kritik an der Interventionspolitik, die im Reichstag laut wurde. Gleichzeitig wurde sichtbar, dass die Kolonialeuphorie, die auch Bülow Ende der 90er Jahre geschürt hatte, bis in bürgerliche Kreise hinein einer Ernüchterung, einer regelrechten »Kolonialmüdigkeit« Platz machte. Reinhold Klehmet, Vortragender Rat im Auswärtigen Amt, schrieb am 20. März 1901: »Die Stimmen alldeutscher und verwandter Kreise, welche für neue koloniale Erwerbungen agitierten, sind in letzter Zeit in der Presse wie in unserem Parlament sehr kleinlaut geworden.« [52] Bülow bemerkte dazu: »Diese Stimmen würden aber sogleich wieder auftauchen, wenn andere Erwerbungen machen sollten, ohne daß für uns etwas abfiele. Unsere öffentliche Meinung ist China-müde und China-satt, aber sie ist nach wie vor chauvinistisch.« [53]

Der Interventionskrieg gegen China wirkte sich auch auf die deutsch-britischen Beziehungen aus. Im Januar 1901 kamen die 1899 abgebrochenen Bündnisverhandlungen noch einmal in Gang. [54]

Angesichts der wachsenden russisch-englischen Spannungen strebten die Minister Chamberlain und Henry Charles Marquess of Lansdowne von neuem ein Arrangement mit Deutschland an. Premier Salisbury und die Mehrzahl seiner Minister standen dem Vorstoß Chamberlains dabei sehr reserviert gegenüber. Bereits am 21. Januar 1901 beschwor Bülow den Kaiser, der sich gerade in England aufhielt, sich nicht etwa auf feste Abmachungen einzulassen.[55] Im Mai fixierte er eine Vorbedingung für ein deutsch-englisches Bündnis, von der er ganz genau wusste, dass die Briten sie nicht akzeptieren würden: Auch die Dreibundpartner Österreich-Ungarn und Italien sollten in ein solches Abkommen einbezogen werden.[56] Schließlich führte der Kanzler am 8. Januar 1902 wohlüberlegt einen Eklat herbei, indem er Chamberlain öffentlich abkanzelte. Der Minister hatte sich zehn Wochen zuvor in einer Rede zu der Kritik geäußert, die weltweit an der barbarischen Kriegführung seiner Armee im Burenkrieg geübt wurde. Dabei hatte er nach dem Motto »Haltet den Dieb!« erklärt, andere Armeen hätten sich viel mehr zuschulden kommen lassen, wie z. B. die deutsche Armee 1870. Diese Äußerungen hatten in der deutschen Öffentlichkeit heftige antibritische Emotionen ausgelöst.

Bülow hatte sich daraufhin entschlossen, auf dieser Woge des Chauvinismus zu reiten – nicht zuletzt um so die Öffentlichkeit vom Streit um die Zolltarifreform abzulenken. Vor dem Reichstag belehrte er Chamberlain wie einen dummen Anfänger darüber, »daß, wenn ein Minister sich gezwungen sieht, seine Politik zu rechtfertigen [...], daß er dann wohl daran tut, das Ausland aus dem Spiel zu lassen.«[57] Zu guter Letzt zitierte er den Alten Fritz. Der hatte einmal über jemanden, der ihn und die preußische Armee kritisierte, gesagt: »Laßt den Mann gewähren und regt euch nicht auf, er beißt auf Granit.«[58]

Zwei Tage später nannte der antisemitische Rechtsextremist Max Liebermann von Sonnenberg im Reichstag Chamberlain den »verruchtesten Buben, der Gottes Erdboden schändet« und bezeichnete die englischen Truppen als »Räuberbanden und Diebesgesindel.«[59] Bülow fand für diese wüsten Beschimpfungen nur milde Worte des Tadels.[60]

Der Kanzler hatte somit in den Jahren 1898/99 und 1901 einen entscheidenden Anteil daran, dass die Verhandlungen mit England scheiterten. Dabei ist freilich zu beachten, dass sein Handlungsspielraum eng begrenzt war. Wilhelm II. war nicht bereit, an der

Flottenrüstung irgendwelche Abstriche zu machen. Jene mächtigen Wirtschaftskreise, die in Deutschland von der überseeischen Expansionspolitik und der Flottenrüstung profitierten – vor allem Großbanken, Rüstungs- und Werftkonzerne – dachten nicht daran, auf ihre britischen Rivalen ernsthaft Rücksicht zu nehmen. Angesichts der weltpolitischen und ökonomischen Gegensätze, die zwischen beiden Mächten bestanden, muss es ohnehin als fraglich gelten, ob ein deutsch-englisches Bündnis überhaupt noch möglich war. Die Akteure von »Weltpolitik« und Flottenrüstung nahmen ein weiteres Anwachsen der deutsch-britischen Gegensätze in Kauf, wobei sie in abenteuerlicher Weise die Bewegungsfreiheit des Deutschen Reiches überschätzten. Aus großem zeitlichen Abstand hat Klaus Hildebrand in seiner Gesamtdarstellung zur deutschen Außenpolitik betont, wie verantwortungslos die Regierenden des Kaiserreichs »Weltpolitik« und Flottenrüstung inszenierten: »Riskant, fast übermütig, ja leichfertig setzte man zum weltpolitischen Sprung an. Ein hasardeurhafter Zug des alles oder nichts haftete der Entscheidung zum Flottenbau an.«[61]

In den regierenden Kreisen Frankreichs dominierten zu dieser Zeit nach wie vor die von der Revanche-Idee erfüllten unversöhnlichen Gegner des Deutschen Reiches. Das französisch-russische Bündnis war bereits so stabil, dass nur noch eine geringe Chance bestand, Russland zu einem Frontenwechsel zu veranlassen. Es war deshalb ein Fehler, wenn Bülow die englischen Vorschläge pauschal ablehnte und obendrein den einflussreichen Chamberlain persönlich verärgerte. Sein Bestreben hätte es vielmehr sein müssen, jede Möglichkeit zu nutzen, sich mit England über Einzelfragen zu verständigen.

Nach der »Granitbeißer-Rede« brach die englische Regierung jegliche Annährungsversuche an Deutschland ab. In Regierung und Öffentlichkeit Großbritanniens gewannen jene Kräfte die Oberhand, die im deutschen Kaiserreich den Feind Nr. 1 sahen. In den regierenden Kreisen beider Länder vertiefte sich das gegenseitige Misstrauen. Bereits am 24. September 1902 schrieb Bülow an Richthofen: »Ich bin vollständig Ihrer Meinung, daß wir die Mißstimmung von Chamberlain ernst nehmen müssen. [...] Daß die Engländer absichtlich und bewusst auf einen Krieg mit uns hinarbeiten, glaube ich noch nicht. Daß sie uns aber ein Faschoda bereiten möchten und daß bei der gegenwärtigen Stimmung nicht mehr sowohl der Deutschen wie jetzt der Engländer jeder diplomatische

Zwischenfall unberechenbare Konsequenzen haben könnte, ist wohl ziemlich zweifellos.«[62] Umgekehrt wuchs in England die Sorge, Deutschland bereite einen Angriffskrieg vor. Bülow hat in internen Dokumenten diese Befürchtung wiederholt als abwegig bezeichnet. So schrieb er am 25. Mai 1903 an den Kaiser zu der Behauptung englischer Chauvinisten, »daß wir eine Riesenflotte bauen wollen, um England zu überfallen«: »Gegen Dummheit kämpfen Götter selbst vergebens.«[63]

Die Zuspitzung des deutsch-englischen Gegensatzes führte rasch zu einer Schwächung des Dreibundes.[64] Italien musste wegen seiner langen ungeschützten Küste eine Konfrontation mit der Seemacht Großbritannien vermeiden. Bereits 1902 schloss es ein geheimes Abkommen mit Frankreich, in dem es sich verpflichtete, im Falle eines deutsch-französischen Krieges neutral zu bleiben.[65] Damit hatte sich Italien de facto bereits von den militärischen Verpflichtungen losgesagt, die ihm aus dem Dreibundvertrag erwuchsen. Bülow hat vor dem Abdriften des italienischen Bündnispartners geradezu die Augen verschlossen. Als ihm der Botschafter in London, der gescheite Paul Graf von Wolff-Metternich, am 4. September 1903 schrieb, Italien hänge »nur mehr dem Namen und dem Schein nach mit dem Dreibund« zusammen und dränge »sich mit aller Macht an die neue Gruppierung« (England und Frankreich) heran, da malte der Kanzler neben diese Aussage ein Fragezeichen.[66] Soweit er die Auflösungstendenzen des Dreibundes doch erfasste, suchte er sie nach Kräften zu bagatellisieren und zu übertünchen. Im Reichstag prägte er just in der »Granitbeißer-Rede« die vielzitierte Floskel: »Ich würde es nicht für richtig halten, wenn ein wenn auch nur kleiner Teil der deutschen Presse wegen der französisch-italienischen Abmachungen eine gewisse Unruhe an den Tag legen würde. In einer glücklichen Ehe muss der Gatte auch nicht gleich einen roten Kopf kriegen, wenn seine Frau einmal mit einem anderen eine unschuldige Extratour tanzt.«[67] Und am 8. April 1902 instruierte er Hammann, wie sein Treffen mit dem italienischen Außenminister Giulio Marchese Prinetti und seine Besprechungen in Wien in der Presse zu würdigen seien: Nicht nur der Dreibund, sondern auch die »deutsche Weltstellung« sei gekräftigt worden.[68]

Zur Jahreswende 1902/03 kam es trotz der generellen Verschlechterung der deutsch-britischen Beziehungen zu einem gemeinsamen Vorgehen und sogar zu einer gemeinsamen militärischen Aktion beider Mächte gegen Venezuela.[69] Vordergründig ging es dabei um die Vergütung von Schäden, welche deutsche und englische Firmen und Bürger während des venezolanischen Bürgerkrieges erlitten hatten. Bülow wollte zunächst durch eine »Friedensblockade« (eine Seeblockade ohne Kriegserklärung) Druck auf die venezolanische Regierung ausüben. Er schloss sich dann aber der Haltung der Briten an, die eine »Kriegsblockade« errichteten.[70] Der Kanzler war bestrebt, jegliche Differenzen mit den Briten zu vermeiden. So bemerkte er zu einem Telegramm Wolff-Metternichs vom 9. Dezember 1902: »Nur nicht über juristische Zwirnsfäden stolpern oder sich wegen Formalien bzw. aus Rechthaberei mit England in Venezuela veruneinigen.«[71] Im Verlaufe der Blockade versenkten deutsche und britische Kriegsschiffe drei venezolanische Kanonenboote und zerstörten ein Küstenfort. Diese Militäraktionen lösten erhebliche Spannungen zwischen Deutschland und den USA aus.[72]

Als sich Mitte Dezember 1902 ein amerikanischer Dampfer der venezolanischen Küste näherte, warnte der deutsche Geschäftsträger in Washington, Albert Graf von Quadt-Wykandt-Isny, das Auswärtige Amt telegraphisch: Eine Aufbringung dieses Schiffes könne einen Konflikt mit den USA auslösen. Bülow entschloss sich daraufhin zu einem Schritt, der für ihn ganz ungewöhnlich war: Er ließ dem Befehlshaber der vor Venezuela versammelten deutschen Kriegsschiffe den streng geheimen Befehl zugehen, das amerikanische Schiff ungehindert passieren zu lassen. Damit griff der Kanzler unmittelbar in die Kommandohoheit des Kaisers ein, der erst nachträglich verständigt wurde. Als Wilhelm II. von diesem Schritt erfuhr, entrüstete er sich zwar, unternahm aber nichts gegen Bülow.[73]

Auch das Hauptprojekt deutscher Expansionspolitik, die Bagdadbahn, wurde in starkem Maße durch die Verschärfung der deutsch-englischen Widersprüche berührt. Die veranschlagten Kosten des gigantischen Vorhabens waren mit 550 Millionen Francs so hoch, dass die beteiligten deutschen Banken sie nicht allein aufbringen konnten. Am 26. April 1903 musste Bülow dem Kaiser mitteilen, dass die britische Regierung den Plan, englisches Kapital an der Finanzierung der Bagdadbahn zu beteiligen, durchkreuzt hatte.[74] Im gleichen Jahr entschied sich, dass auch französisches Kapital nur in begrenztem Umfang herangezogen werden konnte. Die Vertreter Englands und Frankreichs in der Osmanischen Staatsschuldenverwaltung taten alles, um den Bahnbau zu sabotieren. Ab 1904 kam der Bau für mehrere Jahre völlig zum Erliegen.

Ein Zusammenwirken Englands und Frankreichs hatte sich seit langem angekündigt. Bereits am 30. Januar 1902, drei Wochen nach der »Granitbeißer-Rede«, hatte Bülow von Wolff-Metternich erfahren, dass die beiden Westmächte über eine Abgrenzung ihrer Interessensphären in Afrika verhandelten.[75] Der Kanzler nahm dann alle Informationen über den Fortgang der britisch-französischen Verhandlungen mit großem Gleichmut auf. Er meinte, die beiden Rivalen würden sich nicht über das Streitobjekt Marokko einigen können. Komme es wider Erwarten aber doch zu einer Einigung, dann werde das die regierenden Kreise Russlands außerordentlich verprellen. Dies werde es dann dem Deutschen Reich ermöglichen, Russland und Frankreich auseinander zu dividieren und Russland auf die deutsche Seite zu ziehen. Im sonnigen Sorrent äußerte Bülow sich denn ausgesprochen sonnig über das »Kokettieren« des französischen Außenministers Théophile Delcassé mit England: Man könne das »gar nicht pomadig genug nehmen.«[76] »Pomadig« war übrigens ein Lieblingswort Bülows, das in seinen Briefen, Erlassen usw. unzählige Male auftaucht.

Am 8. April 1904 schlossen England und Frankreich den als »Entente cordiale« bekannt gewordenen Vertrag.[77] In diesem Abkommen erkannte Frankreich die englische Herrschaft über Ägypten an, und England überließ in einem geheimen Zusatzabkommen den Franzosen den größten Teil Marokkos, das formell noch ein souveräner Staat war.

Im deutschen Auswärtigen Amt breitete sich jetzt Katzenjammer aus. Holstein klagte, Deutschland sei nun »außer Stande, irgendwelche überseeische Erwerbungen zu machen«.[78] Bülow aber blickte voller Hoffnung nach dem Fernen Osten. Seit dem 8. Februar 1904 war dort der Russisch-Japanische Krieg im Gange. Hinter Japan stand als Bündnispartner und Finanzier England. Russlands Verbündeter Frankreich erklärte seine Neutralität. Das Deutsche Reich hingegen übernahm die Versorgung der russischen Ostseeflotte auf ihrem langen Weg in den Fernen Osten. Gleichzeitig unterstützte die deutsche Polizei die russische verstärkt bei der Verfolgung russischer Revolutionäre, die Bülow vor dem Reichstag als »Schnorrer und Verschwörer« verächtlich zu machen suchte.[79]

Bülow rechnete fest darauf, Russland jetzt »umdrehen« zu können. Am 30. Oktober 1904 übergab er Wilhelm II. den Entwurf eines deutsch-russischen Bündnisvertrages, den der Kaiser sogleich an den Zaren weiterleitete.[80] Nikolaus II. machte einige Änderungsvorschläge, zeigte sich aber in der Grundlinie einverstanden. Am 16. November 1904 schrieb der Kanzler enthusiastisch an Wilhelm II., das deutsch-russische Bündnis stelle eine »wirklich großartige und für die zuschauende Welt gänzlich unerwartete Weichenstellung« dar.[81] Doch der Zar präzisierte unter dem Einfluss seines Außenministers Wladimir Nikolajewitsch Graf Lamsdorff seine bisherige Haltung: Er wolle, so erklärte er, den Vertragsentwurf vor der Unterzeichnung erst noch seinem französischen Verbündeten vorlegen.[82] Damit war klar, dass es keine deutsch-russische Allianz geben würde. Die Enttäuschung Bülows und Wilhelms II. war grenzenlos.

Die Bildung der Entente bedeutete das Fiasko von Bülows und Holsteins Politik der »freien Hand«. Die deutsche Expansion nach dem Fernen und Nahen Osten hatte binnen weniger Jahre dazu geführt, dass die weltpolitische Mächtekonstellation sich dramatisch veränderte. Die alten Rivalen England und Frankreich waren mehr und mehr dazu übergegangen, ihre Differenzen auszugleichen und sich gegen den neuen, gefährlicheren Gegner zusammenzuschließen. Es war nur eine Frage der Zeit, dass auch Russland zur Entente stoßen und Deutschland völlig in die außenpolitische Isolierung geraten würde. Die regierenden Kreise Russlands verfolgten die deutsche Expansion nach der Türkei mit tiefer Sorge. Sie befürchteten, der Bosporus und die Dardanellen – die alten Expansionsziele des Zarismus – könnten unter deutsche Vorherrschaft geraten, und die russische Position in Persien sei gefährdet.

Im Sommer 1904 gelang es Bülow, mit Witte einen neuen deutsch-russischen Handelsvertrag zu vereinbaren. Handelspolitisch war das für den Kanzler ein großer Erfolg, denn dieses Abkommen musste eine Signalwirkung für alle anderen noch schwebenden Vertragsverhandlungen haben. Im Hinblick auf das erstrebte Bündnis war es aber eine Hürde. Der Handelsvertrag beruhte natürlich auf den Minimalzöllen des deutschen Zolltarifs von 1902. Nachdem er in Kraft getreten war, setzte sich die positive Entwicklung der deutsch-russischen Handelsbeziehungen fort. In der russischen Öffentlichkeit aber hielt sich hartnäckig die Meinung, Bülow habe 1904 die schwache Position Russlands rigoros ausgenutzt und dem Land einen ungünstigen Vertrag aufgenötigt.[83]

Im Jahre 1904 wurde ein großer Teil der englischen Kriegsflotte aus dem Mittelmeer in die Nordsee verlegt. In britischen Militärzeitschriften tauchte die Forderung auf, die deutsche Flotte durch einen Präventivschlag zu vernichten, bevor sie England gefährlich werden könne.[84] Holstein schrieb daraufhin am 5. Dezember 1904, er glaube jetzt »an die Möglichkeit eines Krieges mit England, bei welchem der Angriff von englischer Seite erfolgen würde.«[85] Bülow rief daraufhin Wolff-Metternich und den deutschen Militärattaché in London, Major Friedrich Graf von der Schulenburg, zur Berichterstattung nach Berlin. Wolff-Metternich erklärte kategorisch: »England will keinen Krieg; mit niemanden.«[86] Schulenburg hingegen behauptete, dass ein deutsch-englischer Krieg »in absehbarer Zeit einmal kommen wird und muß [...] Wir müssen uns auf eine schnelle Offensive gefasst machen, die nicht nur das Ziel hat, unsere Flotte zu vernichten [...], sondern auch gegen unsere Küstenstädte mit überraschenden Unternehmungen vorgehen wird.«[87]

In einem Brief an Holstein warf Bülow daraufhin nun am 15. Dezember 1904 die Frage auf, wie Deutschland, falls es von England angegriffen werde, diesen Krieg führen solle. Er betonte, dass Deutschland mit seiner schwachen Flotte gegen England selbst nichts ausrichten könne. Und er fragte, ob deshalb Englands Bundesgenosse Frankreich angegriffen, womöglich auch die neutralen Staaten Belgien und die Niederlande sowie Dänemark überfallen werden sollten, um so »Pfänder in die Hand zu bekommen«.[88] Bülow nannte »Argumente« für und gegen diese völkerrechtswidrige »Geisel-Theorie«, legte sich jedoch selbst nicht fest. Diese Überlegungen Bülows stellten einen Reflex auf eine Äußerung des Generalstabschefs Alfred Graf Schlieffen dar. Schlieffen hatte am 7. Oktober 1904 an das Allgemeine Kriegs-Department (im Kriegsministerium) geschrieben: Sollte England an Deutschland den Krieg erklären, dann müsse dies für Deutschland das Signal sein, »[...] nötigenfalls Frankreich gegenüber das Prävenire zu spielen.«[89]

Ende 1904 bestand noch keine wirkliche Gefahr eines deutsch-englischen Krieges. Es war auf beiden Seiten viel Hysterie im Spiel. Der »war scare« signalisierte jedoch: Die Spannungen zwischen den beiden führenden Großmächten hatten sich in gefährlichem Maße zugespitzt, und beide Staaten bewegten sich auf eine Konfrontation zu.

Gerade in der Zeit des deutsch-britischen »war scare« kam es zur Wende im Kolonialkrieg in Deutsch-Südwestafrika, dem späteren Namibia.[90] Anfang 1904 hatten sich die Herero gegen die deutsche Kolonialherrschaft erhoben, Ende 1904 die Nama (Hottentotten). Generalleutnant Lothar von Trotha führte gegen die Herero einen erbarmungslosen Vernichtungsfeldzug. Am 2. Oktober 1904 verkündete er, dass er keine Gefangenen machen, sondern alle männlichen Herero erschießen lassen werde.[91] Schlieffen wandte sich nun am 23. November 1904 an Bülow. Der Generalstabschef war an sich mit dem Vorgehen Trothas durchaus einverstanden, hatte aber mittlerweile erkannt, dass dessen Ziel letztlich unrealistisch war. Er schlug dem Reichskanzler (dem die Kolonialtruppen bekanntlich unterstellt waren) deshalb vor, Trotha zur Aufhebung seiner Proklamation vom 2. Oktober zu veranlassen.[92]

Bülow schrieb bereits am folgenden Tage an den Kaiser und nannte vier Gründe für eine Aufhebung der Trotha'schen Proklamation. Trothas Vorhaben stehe im Widerspruch zu den Prinzipien des Christentums und der Menschlichkeit. Sein Plan sei unrealistisch. Eine Ausrottung der Herero beraube die Kolonie ihrer Arbeitskräfte. Die Proklamation sei geeignet, »dem deutschen Ansehen unter zivilisierten Nationen Abbruch zu tun.«[93] Wilhelm II. gab widerstrebend nach und verfuhr schließlich so, wie Bülow es ihm empfohlen hatte.

GRIFF NACH MAROKKO 1905/06

Am 31. März 1905 trug sich in der marokkanischen Hafenstadt Tanger ein spektakuläres Ereignis zu. Auf der Reede kreuzte der Passagierdampfer »Hamburg« auf, der keinen geringeren als den Deutschen Kaiser an Bord hatte. Wilhelm II. ging bei schwerer Dünung mit seinem Gefolge an Land, wo er von hohen marokkanischen Würdenträgern begrüßt wurde. In einer Unterredung mit dem französischen Geschäftsträger sagte er, er werde sich mit dem Sultan von Marokko »als einem gleichberechtigten, freien Herrscher eines unabhängigen Landes direkt verständigen, werde allerhöchstseinen berechtigten Ansprüchen Geltung zu verschaffen wissen und erwarte, daß diese auch von Frankreich gebührend respektiert würden.«[1] Wilhelm II. demonstrierte durch diese und ähnliche Äußerungen, dass das Deutsche Reich in Marokko die gleichen Rechte beanspruchte wie sein französischer Rivale.

Einzug Wilhelms II. in Tanger im Jahr 1905

Die Nachricht von der Tanger-Landung und von den Reden, die Wilhelm II. gehalten hatte, schlug in Paris und London wie eine Bombe ein. Man vermutete dort zumeist, der spektakulären Landung habe ein einsamer Entschluss des Kaisers zugrunde gelegen, dessen Impulsivität und dessen Hang zu theatralischen Gesten man ja zur Genüge kannte. In Wirklichkeit jedoch wickelte der Kaiser in Tanger lediglich – recht unwillig und nach längerem Sträuben – ein Programm ab, das Bülow und Holstein sich ausgedacht hatten. Die Regieanweisungen für seinen Auftritt waren eingeordnet in weitreichende Pläne.

Bereits seit den neunziger Jahren rangen Großbritannien, Frankreich und Deutschland um den vorherrschenden Einfluss in Marokko. Vor allem deutsche und französische Rüstungsfirmen waren an den reichen Erzvorkommen dieses Landes und am profitablen Waffenhandel interessiert. Ende Januar 1905 war nun der französische Gesandte Georges Saint-René Taillandier beim Sultan in Fez erschienen und hatte diesen in anmaßender Form aufgefordert, eine Anzahl von »Reformen« durchzuführen, insbesondere Armee und Zollwesen französischer Aufsicht zu unterstellen, die Marokko in ein französisches Protektorat verwandet hätten.[2]

Die französische Regierung hatte die geplante koloniale Unterwerfung Marokkos vorbereitet, indem sie England und sogar Italien und Spanien für den »Verzicht« auf dieses Land beträchtliche »Entschädigungen« einräumte. Gerade gegenüber Deutschland, dem mächtigsten Rivalen im Kampf um die Vorherrschaft über Marokko, hatte sie das nicht für notwendig gehalten. Bülow und Holstein sahen dies als Gelegenheit, Frankreich einen Denkzettel zu verabreichen. Sie kalkulierten folgendermaßen: Gelang es, den französischen Vorstoß nach Marokko abzuwehren und damit Frankreich eine schwere politische Niederlage zu bereiten, ohne dass dessen Entente-Partner England ihm Hilfe leisten konnte, dann würde so die Entente entscheidend geschwächt und die sich abzeichnende anglo-französisch-russische Übereinkunft torpediert.

Diese machtpolitischen Ziele waren mit ökonomischem Expansionsstreben kombiniert. Bereits am 21. Juli 1904 hatte Bülow in einer Instruktion für den deutschen Botschafter in Paris sehr deutlich formuliert: »Schwerer noch und dringender als die politischen Nachteile sind die Gefahren, die unseren wirtschaftlichen und Handelsinteressen in Marokko aus der Deklaration vom 8. April d. Js. drohen. [...] Deutsche Kaufleute sind in fast allen marokkanischen

Hafenplätzen tätig und bauen durch landwirtschaftliche Nebenbetriebe, die sie mit dem eigentlichen Handel verbinden, vor für größere agrarische Unternehmungen im Innern. Auch die deutsche Montanindustrie hat ihr Augenmerk auf Marokko gerichtet, um in den reichen Mineralschätzen des Landes Ersatz zu finden für ihre bisherigen, von der Konkurrenz mehr und mehr in Anspruch genommenen Bezugsquellen für Eisenerze. Bei der fortschreitenden Verminderung der Länder, in denen noch freier Absatz und unbeschränkte wirtschaftliche Betätigung möglich sind, hat Marokko deshalb für uns eine nicht zu unterschätzende Bedeutung.«[3]

Im Frühjahr 1905 schien die weltpolitische Konstellation für eine deutsche Marokko-Aktion günstig. Im Januar 1905 hatte in Russland mit einer Serie machtvoller Proteststreiks und Demonstrationen die Revolution begonnen. Gleichfalls zu Beginn des Jahres 1905 erlitt der Zarismus im Krieg gegen Japan zwei schwere Niederlagen. Im Januar musste die hart umkämpfte russische Seefestung Port Arthur kapitulieren. Ende Februar/Anfang März wurde die russische Armee bei Mukden auf das Haupt geschlagen. Frankreichs mächtiger Bundesgenosse war damit aktionsunfähig. Wie hatte doch Fürst Karl Max von Lichnowsky, ein enger Mitarbeiter Bülows, bereits am 13. April 1904 geschrieben? »Wir brauchen einen Erfolg in der auswärtigen Politik, da doch allgemein die englisch-französische Verständigung wie auch die italienisch-französische Annäherung als eine Niederlage für uns aufgefaßt wird.«[4]

Nach dem Auftritt Wilhelm II. in Tanger hüllte die Reichsregierung sich demonstrativ in Schweigen. Bülow hatte bereits am 24. März Richthofen, Holstein und den Unterstaatssekretär Otto von Mühlberg angewiesen: »Wenn die [ausländischen] Diplomaten nach Tanger und Marokko fragen, so bitte ich, ihnen gar nichts zu antworten und dazu ein ernstes und impassibeles [unbewegtes] Gesicht zu machen. Unsere Haltung in die dieser Beziehung gleiche vorläufig der Sphinx, die, von neugierigen Touristen umlagert, auch nichts verrät.«[5]

In Frankreich wuchs die Befürchtung, Deutschland wolle die weltpolitische Lage ausnutzen und steure geradewegs auf den Krieg zu. Erst im April 1905 erhob die Reichsregierung die Forderung, eine internationale Konferenz einzuberufen, auf der die 13 Signatarstaaten der Madrider Konvention vom Jahre 1880 über die Ansprüche Frankreichs und anderer Länder auf Marokko befinden sollten.

Bülow und Holstein traten in der Rolle von Beschützern der Souveränität Marokkos auf. Sie waren fest davon überzeugt, die Teilnehmer der geforderten Marokko-Konferenz würden die französische Expansion stoppen. Bülow telegraphierte in diesem Sinne am 4. April 1905 an den Kaiser: »Falls eine Konferenz zustande kommt, sind wir der diplomatischen Unterstützung Amerikas zugunsten der open door schon jetzt sicher. England wird sich dort wie überall scheuen, mit Nachdruck gegen Amerika anzugehen. Österreich wird sich mit uns wegen Marokko nicht brouillieren wollen, und das gleiche glaube ich von Italien. [...] Falls der Konferenzgedanke des Sultans daran scheitert, daß Frankreich ablehnt teilzunehmen, setzt dieses sich dadurch den anderen Vertragsmächten gegenüber ins Unrecht. Recht und Unrecht sind aber im Völkerverkehr da von Bedeutung, wo der Rechtsverletzer nicht so mächtig ist, daß er sich über alles hinwegsetzen kann. In dieser Lage ist aber Frankreich heute nicht; denn es wird bei der weiteren Verfolgung seiner Pläne voraussichtlich isoliert bleiben.«[6]

Im Einvernehmen mit maßgeblichen Wirtschaftskreisen (Großbanken, Reedereien und Exportindustrie) wollten Bülow und Holstein den Weg für die »friedliche Durchbringung« Marokkos offen halten. Sie standen auch den Bestrebungen rheinisch-westfälischer Montanindustrieller sowie des Alldeutschen Verbandes, Teile des westlichen Marokko zu annektieren, keineswegs ablehnend gegenüber. Aus taktischen Gründen forderten sie aber nach außen hin lediglich die Aufrechterhaltung des Status quo. Über die Hintergründe der Marokko-Aktion wusste Botschafter Szögyényi seinem Außenminister Agenor Graf Goluchowski am 31. Mai 1905 zu berichten: »Von bestinformierter Seite wird mir versichert, es sei Herr von Holstein gewesen, der den Reichskanzler und auch Kaiser Wilhelm zur scharfen Stellungnahme zum französisch-englischen Marokko-Übereinkommen zu bewegen wußte. In dieser Beziehung ist Herr von Holstein zweifellos ganz unter dem Einfluß der Firma Krupp und des Herrn Ballin, Direktor der Hamburg-Amerika-Paketfahrtgesellschaft gestanden, welche ihre eigenen kommerziellen Interessen durch die beabsichtigte pénetration pacifique [friedliche Durchbringung – d. V.] Frankreichs als sehr gefährdet erachteten.«[7]

Die französische Regierung weigerte sich unter dem maßgeblichen Einfluss Delcassés zunächst, auf die deutschen Forderungen einzugehen. Bülow inszenierte daraufhin eine Pressekampagne gegen

Delcassé und verlangte von der französischen Regierung die Absetzung des Außenministers. Gleichzeitig drohte die Reichsregierung Frankreich mit Krieg. Am 2. Juni erklärte der deutsche Botschafter in Rom, Anton Graf von Monts, gegenüber Außenminister Tomasso Tittoni: Sollten französische Truppen in Marokko einmarschieren, dann würden auf der Stelle die deutschen Truppen die französische Grenze überschreiten.[8] Natürlich sagte Monts so etwas nicht eigenmächtig, sondern führte eine Anweisung des Auswärtigen Amtes aus – und natürlich wusste man in der Wilhelmstraße, dass die Italiener die heiße Nachricht sofort nach Paris weitermelden würden. Die englische Regierung, mehr und mehr durch die deutsche Flottenrüstung beunruhigt, bot Frankreich militärischen Bestand an. So entstand eine gefährliche Spannungssituation.

In den ersten Monaten der Marokkokrise arbeitete Bülow besonders eng mit Holstein zusammen. Beide waren sich in dem Bestreben einig, die französische Regierung durch Drohungen einzuschüchtern. Es ist eine alte Streitfrage, ob die deutsche Reichsregierung, insbesondere Holstein und Generalstabschef Schlieffen, 1905 über die Drohungen hinaus ernstlich einen Angriffskrieg gegen Frankreich erwogen haben. Längere Zeit wurde diese Frage von etlichen Historikern bejaht.[9] Mittlerweile überwiegt die Ansicht, nicht nur Bülow, sondern auch Holstein und Schlieffen hätten keinen Präventivkrieg angestrebt.[10]

Schließlich wich die französische Regierung vor den deutschen Drohungen zurück. Am 6. Juni 1905 wurde Delcassé gestürzt und Wilhelm II. kam noch am gleichen Tage in die Reichskanzlei, um Bülow mitzuteilen, dass er ihn in den Fürstenstand erhoben habe. Am 8. Juni stimmte die Regierung in Paris einer Marokko-Konferenz zu. Ministerpräsident Maurice Rouvier und die meisten anderen Kabinettsmitglieder wollten einen Krieg unbedingt vermeiden, weil Frankreich ihn ohne wirksame russische Hilfe hätte führen müssen. Freilich gab es noch einen ganz andersartigen Grund für Rouviers Haltung: Dieser Politiker vertrat eine Gruppe der französischen Hochfinanz, die beim Bau der Bagdadbahn mit den deutschen Großbanken zusammenzuarbeiten wünschte.[11]

Bülow ließ sich von der bürgerlichen deutschen Presse als Sieger feiern und begab sich zum Sommerurlaub nach Norderney. Kaiser Wilhelm war unterdessen durch den Triumph, den sein Kanzler über Delcassé errungen hatte, auf den Geschmack gekommen. Er trachtete nun danach, durch einen Alleingang zu erringen, was

Bülow im Vorjahr missglückt war: Russland von Frankreich loszureißen. Am 24. Juli 1905 traf Wilhelm nahe der finnischen Insel Björkö auf der Jacht »Polarstern« mit Nikolaus II. zusammen. Dieser Zar war ein schüchterner, leicht beeinflussbarer Mensch. Der zungenfertige Wilhelm überredete ihn, einen deutsch-russischen Bündnisvertrag zu unterschreiben.[12]

Als Bülow den Text des Vertrages erhielt, da stellte er fest, dass Wilhelm II. die Beistandsklausel durch eine Einfügung auf Europa beschränkt hatte. Dies bedeutete, dass Russland im Falle eines gemeinsamen Krieges gegen England nicht verpflichtet gewesen wäre, gegen Britisch-Indien vorzugehen. Bülow meinte, der Bündnisvertrag habe dadurch stark an Wert verloren. »Das einzige, was die Engländer wirklich fürchten«, so telegraphierte er an den Kaiser, »ist ein russischer Angriff auf Indien.«[13] Der Kanzler fühlte sich stark genug, dem Kaiser wegen seiner »Eigenmächtigkeit« eine Lektion zu erteilen. Er verfasste am 3. August ein Entlassungsgesuch, das Wilhelm am 5. August erhielt. Bülow begründete sein Gesuch damit, dass der Kaiser »ohne meinen Rat einzuholen, Veränderungen von solcher Tragweite wie der Zusatz ›En Europe‹ in einem so entscheidenden Schriftstück« vorgenommen habe.[14] Der Kaiser war völlig niedergeschmettert. Er schrieb Bülow am 11. August einen Brief, in dem er den Kanzler seinen »besten intimsten Freund« nannte und ihn beschwor, sein Gesuch zurückzuziehen. In einer Nachschrift drohte er für den Fall, dass Bülow auf seiner Entlassung bestehen werde, mit Selbstmord: »der Morgen nach dem Eintreffen Ihres Abschiedsgesuchs würde den Kaiser nicht mehr am Leben treffen! Denken Sie an meine arme Frau und Kinder!«[15] Bülow antwortete dem Monarchen sofort, er sei »tief erschüttert« und werde im Dienst seines »hochbegabten, ritterlichen, an Gaben und Geist, im Wesen und Charakter über alle anderen ragenden« Herrschers bleiben.[16]

Dabei hätten Bülow und Wilhelm sich ihre Komödie von Rücktrittsgesuch und Selbstmorddrohung sparen können. Den russischen Regierungskreisen war klar, dass eine Ratifizierung des Vertrages von Björkö zum Bruch mit Frankreich führen musste, auf dessen Kredite sie dringender denn je angewiesen waren. Sie veranlassten deshalb den Zaren, den Vertrag von sich aus de facto zu widerrufen.[17]

Unterdessen machte die französische Seite bei den nun einsetzenden deutsch-französischen Verhandlungen über das Programm der Marokko-Konferenz nicht die erwartenden Zugeständnisse und ihr Widerstand gegen die deutschen Forderungen versteifte sich mehr

Zar Nikolaus II. und Kaiser Wilhelm II.

und mehr. Ende Dezember 1905/Anfang Januar 1906 stellte Schlieffen seinen Plan, durch das neutrale Belgien hindurch einen blitzartigen Überraschungsangriff gegen Frankreich zu unternehmen, endgültig fertig.[18] Aber schon am 9. Januar 1906 schlug Bülow in einem Telegramm an den deutschen Botschafter in London ganz neue Töne an. Er erklärte nämlich: »Die ganze Marokkofrage ist überhaupt nicht von solcher eminenten Wichtigkeit, als daß wir daraus vorzüglich eine Frage unseres Prestiges machten. Wir haben den aufrichtigen Wunsch, bei aller Wahrung unserer Würde wie der Frankreichs, aus der Marokkokonferenz so herauszukommen, daß es weder einen Besiegten noch einen Sieger gibt.«[19]

Für dieses Einlenken Bülows gab es mehrere Gründe. Es war bald klar geworden, dass England im Falle eines Krieges fest an der Seite Frankreichs stehen würde. Vor einer solchen Konfrontation scheuten aber der Kanzler, Wilhelm II. und die Marineführung gleichermaßen zurück. Schon am 10. Juni 1905 hatte Bülow über die Aussichten eines Krieges gegen England und Frankreich geschrieben: »Das wahrscheinliche Ergebnis eines französisch-englischen Krieges gegen Deutschland würde sein, daß Frankreich zu Lande den kürzeren zieht, daß aber die vereinigten Flotten von Frankreich und England die deutsche Flotte zugrunde richten.«[20] Eine wichtige Rolle spielte auch die Tatsache, dass die deutsche Feldartillerie zu dieser Zeit der französischen qualitativ unterlegen war.[21] Am schwersten aber dürfte der innenpolitische Faktor ins Gewicht gefallen sein.

Bülow war wegen der Massenaktionen der deutschen Arbeiterschaft, die sich unter dem Eindruck der russischen Revolution bedeutend verstärkten, außerordentlich beunruhigt. Seit Januar 1905 fand ein machtvoller Streik von 215 000 Ruhrbergarbeitern statt. Dabei standen die Arbeiter, die den freien, den christlichen, den polnischen sowie den Hirsch-Dunckerschen Gewerkschaften angehörten, Schulter an Schulter mit unorganisierten Arbeitern. Die Montankonzerne weigerten sich stur, den Streikenden irgendwelche Zugeständnisse zu machen. Der Kanzler wies daraufhin Hammann an: »Daß die ›Deutsche Tagesztg‹ offen für die Verstaatlichung des Bergbaus plädiert, sollte in der Presse hervorgehoben werden als Mahnung an die Grubenbesitzer, rechtzeitig einzulenken.«[22] Bülow setzte schließlich eine Änderung des preußischen Berggesetzes durch. Daraufhin wurden in den Gruben ständige Arbeiterausschüsse gebildet, die Arbeitszeit auf achteinhalb Stunden begrenzt und das geltende Strafsystem reformiert.

Die Massenaktionen des Jahres 1905 richteten sich aber auch gegen die Bedrohung des Friedens durch die riskante deutsche Außenpolitik. Am 9. Juli 1905 nahmen in Berlin 18 000 Menschen an einer sozialdemokratischen Friedenskundgebung teil. Die Versammelten protestierten entschieden gegen die Marokkopolitik der Reichsregierung und solidarisierten sich mit der französischen Arbeiterschaft. August Bebel schrieb am 7. Dezember der deutschen »Kriegspartei« ins Stammbuch: »Sie können keine Kriege ohne die deutsche Arbeiterklasse schlagen. Versagt dieselbe, dann sind Sie verloren.«[23]

Drei Wochen später, am 31. Dezember, erhielt Bülow den berüchtigten »Silvester-Brief« des Kaisers. Dieses Schreiben zeigte, welch große Furcht führende Vertreter der herrschenden Kreise vor der Sozialdemokratie hegten. Wilhelm II erklärte darin, man müsse »soweit als irgend möglich [...] für jetzt« den Krieg vermeiden. Und er fuhr fort: »Zudem kann ich in einem solchen Anblick wie jetzt, wo die Sozialisten offen Aufruhr predigen und vorbereiten, keinen Mann aus dem Lande ziehen ohne äußerste Gefahr für Leben und Besitz seiner Bürger.« Es folgte der ungeheuerliche Satz: »Erst die Sozialisten abschießen, köpfen und unschädlich machen – wenn nötig per Blutbad – und dann Krieg nach außen!«[24]

Schließlich trat die Marokko-Konferenz am 16. Januar 1906 in der westlich von Gibraltar gelegenen spanischen Stadt Algeciras zusammen. Am 7. April 1906 wurde von ihren Teilnehmern die so genannte Algeciras-Akte unterzeichnet.[25] Entgegen den Erwartungen Bülows und Holsteins endete die Konferenz mit einem Triumph Frankreichs und einer schweren diplomatischen Niederlage des Deutschen Reiches. Dessen Erpressungspolitik hatte bei den Regierungen fast aller Teilnehmerstaaten Empörung und Besorgnis ausgelöst. Auch Russland, die USA und sogar der Dreibundpartner Italien stellten sich gegen das Deutsche Reich.

Die Konferenz erkannte zwar formell die Souveränität Marokkos an, gleichzeitig aber beschloss sie mit zehn zu drei Stimmen, Frankreich und dessen Juniorpartner Spanien die Polizeigewalt in den marokkanischen Häfen sowie die Verwaltung der marokkanischen Staatsbank zu übertragen. Damit hatte Frankreich für die künftige koloniale Unterjochung Marokkos freie Bahn und das Marokko-Unternehmen Bülows und Holsteins erwies sich als ein Fehlschlag ersten Ranges. Deutschland ging in Marokko leer aus. Die Entente festigte sich bedeutend – und sie wurde nun durch geheime Militärabsprachen ergänzt.

Sobald ihm klar wurde, dass die marokkanische Trauben zu hoch hingen, begann Bülow damit, die bevorstehende Niederlage zu vertuschen. So schrieb er vor der Unterzeichnung der Algeciras-Akte an seinen Pressechef Hammann: »Nach erfolgter Einigung muß der Eindruck erweckt werden, daß ich von Anfang an ein bestimmtes Ziel – und zwar genau das erreichte – im Auge hatte, das aber nicht sofort enthüllen konnte. Ohne Vorschlagen und Überfordern kein Kompromiß.«[26]

Am 5. April 1906 sorgte Bülow im Reichstag ungewollt für Aufsehen: Plötzlich, während einer Rede August Bebels, sank er in sich zusammen und verlor das Bewusstsein.

Nach diesem Zusammenbruch wollten die Gerüchte nicht verstummen, der Kanzler habe einen Schlaganfall gehabt, und seine Geisteskräfte hätten gelitten. In Wirklichkeit hatte Bülow nur einen relativ harmlosen Ohnmachtsanfall, der durch Überarbeitung, Schlafmangel und Stress hervorgerufen war. Schon am 6. April begann er vom Krankenlager aus eine kunstvolle Intrige zu spinnen, die vermutlich auch die Zeitgenossen Machiavellis mit Staunen erfüllt hätte.

Holstein hatte das Einlenken seines Chefs gegenüber Frankreich entschieden missbilligt. Am 31. März 1906 legte er wieder einmal ein Entlassungsgesuch vor. Diese Gesuche waren nie ernst gemeint, sondern dienten lediglich als Druckmittel. Als Bülow seinen Schwächeanfall hatte, lag das Gesuch noch in seinem Schreibtisch. Der Kanzler konnte sich leicht ausrechnen, dass der künstliche Nebel, mit dem er das Debakel von Algeciras verhüllt hatte, bald aufreißen würde. Die herrschenden Kreise des Kaiserreichs würden dann nach dem Schuldigen suchen. Bülow beschloss, zwei Fliegen mit einer Klappe zu schlagen: sich seinen tyrannischen Mitarbeiter vom Halse zu schaffen und ihn durch eine Pressekampagne der Öffentlichkeit als Sündenbock zu präsentieren. Er beauftragte den neuen Staatssekretär Heinrich von Tschirschky (Richthofen war am 17. Januar 1906 plötzlich gestorben), Holsteins Entlassungsgesuch dem Kaiser vorzulegen.[27] Der forsche Wilhelm unterschrieb prompt. Die Entlassung traf Holstein wie ein Blitz aus heiterem Himmel.

Bülow hatte vorgebeugt, um sich vor Racheakten des wutschnaubenden Holsteins zu schützen und auch in Zukunft noch von dessen Sachkenntnis profitieren zu können. Am 9. April erhielt der konservative Historiker und Publizist Theodor Schiemann einen Brief Holsteins, in dem es hieß: »Phili und Tschirschky sind intim, wie mir der Kranke [Bülow – d. V.] sagt, d. h. T. tut, was Ph. will.« [28] Tschirschky teilte zwar am 17. April Holstein mit, er habe dessen Gesuch im Auftrage Bülows weitergeleitet.[29] Doch Holstein glaubte ihm einfach nicht und konzentrierte all seinen Hass auf Eulenburg.

Bülows Arzt, Professor Rudolf von Renvers, hatte den Kanzler für geraume Zeit aus dem Verkehr gezogen. Bis Mitte Mai verordnete er ihm Bettruhe und leichte belletristische Lektüre. Danach schickte er den Rekonvaleszenten nach Norderney. Am 17. Mai gaben die Bülows in Berlin ein Abschiedsessen, zu dem sie nur drei Gäste einluden. Einer davon war Holstein.

Bülow war also etliche Wochen lang der Tagespolitik entrückt, hielt sich aber natürlich über wichtige Ereignisse auf dem laufenden. Er dachte insbesondere über außenpolitische Vorgänge der zurückliegenden Monate und Jahre nach und suchte dabei Schlussfolgerungen abzuleiten. Dieses Nachdenken schlug sich in einigen wichtigen Briefen nieder, die er auf Norderney verfasste. In einem Schreiben an den Kaiser konstatierte er am 31. Mai, dass Österreich-Ungarn mittlerweile »unser einziger wirklich zuverlässiger Bundesgenosse« sei und Deutschland sich in einer »relativen politischen Isolierung« befinde.[30]

Am Tage darauf richtete Bülow eigenhändig einen Brief an Kriegsminister Karl von Einem. Eine Abschrift des Schreibens ging am selben Tage an den neuen Generalstabschef Helmuth von Moltke. Als er den Entwurf des Schreibens durchsah, hatte der Kanzler eingefügt: »Ich bemerke noch ausdrücklich, daß Seine Majestät der Kaiser von diesem Brief nichts weiß.« [31] Der Kanzler regte an, die technische Ausstattung der Armee zu verbessern. Er warf sechs Fragen auf: »Brauchen wir nicht mehr Maschinengewehre? Ist eine schnellere Umbewaffnung der Artillerie nicht notwendig? Wie steht es mit der Ausgestaltung der Verkehrstruppen? Mit der Bespannung der schweren Artillerie des Feldheeres? Mit den lenkbaren Luftschiffen? Mit einer praktischeren, mehr als jetzt auf den Ernstfall berechneten, lediglich nach kriegerischen Rücksichten und Erwägungen ausgewählten Uniformierung der Armee?« [32] Alle diese Fragen zielten auf neuralgische Punkte der deutschen Heeresrüstung, tat sich doch die deutsche Armeeführung gerade in der Amtszeit Einems (1903–1909) schwer damit, neue Kampftechnik einzuführen. Einem lehnte denn auch in einem ebenso langen wie gewundenen Schreiben die Anregungen Bülows ab.[33]

Wenige Tage später schrieb der Kanzler einen Brief an seinen Bruder Alfred, der Gesandter in Bern war. Bülow verteidigte sich darin gegen die Angriffe, die alldeutsche Scharfmacher gegen seine Außenpolitik richteten und kennzeichnete die Alldeutschen schlankweg als »Narren«.[34] Deren Stimmungsmache gegen England, so Bülow, sei »nicht nur verbrecherisch, sondern auch stupide«.[35] Eine Politik, wie die Alldeutschen sie forderten, könne die »Gefahr eines Weltkrieges« heraufbeschwören.[36] Bülow erklärte: »Aber ohne zwingende Gründe einen Krieg zu provozieren, der gesittete Völker [...] in einen furchtbaren Kampf verwickeln würde, dessen Konsequenzen für das Wirtschaftsleben dieser Völker [...] für den Wohlstand dieser Völker, nein auch für den Wohlstand der ganzen Welt, für die Kulturfortschritte der Menschheit ich Dir gar nicht erst auszumalen brauche, dafür kann derjenige nicht die Verantwortung übernehmen, dem es mit dem Wohl des Landes wirklich Ernst ist und dessen Vaterlandsliebe nicht nur in tönenden Worten besteht.«[37]

In diesen drei Briefen kündigte sich bereits jene Umorientierung in der Außenpolitik an, die Bülow dann 1908/09 vollzog bzw. zu vollziehen suchte: Reduzierung des »weltpolitischen« Engagements, Aufwertung des Bündnisses mit Österreich-Ungarn, Verlagerung des Rüstungsschwerpunkts auf die Landstreitkräfte.

Dieses Streben nach einem außenpolitischen Kurswechsel war mit dem Bemühen Bülows verklammert, seine bedrohte persönliche Position zu behaupten. Im Verlaufe der Marokkokrise war Wilhelm II. gegenüber dem Kanzler allmählich auf Distanz gegangen. Namentlich blieb bei ihm wegen der Björkö-Episode eine Verstimmung zurück. Bei der Ernennung eines Nachfolgers für Staatssekretär Richthofen ignorierte Wilhelm die Vorschläge Bülows und ernannte Tschirschky. Während seines langen Erholungsurlaubs konnte Bülow nur wenig auf den Kaiser einwirken. Stattdessen sägten andere an Bülows Kanzlersessel, z. B. der im Vorjahr plötzlich wieder in Gunst gelangte Philipp Eulenburg. Wilhelm II. und seine Höflinge erwogen verschiedene Varianten, einen neuen Kanzler zu ernennen, so etwa Monts, oder Bülow zumindest weitgehend kaltzustellen.

Besonders verärgert war Wilhelm über diverse Kolonialskandale und über die Rolle, welche die Zentrumspartei, Bülows parlamentarische Hauptstütze, hierbei spielte. Seit 1904 war in Deutsch-Südwestafrika der Aufstand der Herero und Nama, seit 1905 in Deutsch-Ostafrika der Maji-Maji-Aufstand im Gange. Beide Erhebungen verdeutlichten das Fiasko der bisher praktizierten brutalen Herrschaftsmethoden. Die Aufstände konnten nur mit großer Mühe niedergeworfen werden, wobei etwa 200 000 Afrikaner den Tod fanden. 1905/06 richtete der junge Zentrumsabgeordnete Matthias Erzberger aufsehenerregende Angriffe gegen die deutsche Kolonialverwaltung. Erzberger stellte dabei vor allem die Berliner Firma v. Tippelskirch & Co. GmbH an den Pranger, die sich ein Monopol für Lieferungen von Ausrüstungsgegenständen an die deutschen Kolonialtruppen (die sog. Schutztruppen) verschafft hatte.[38] Diese Firma kaufte im ganzen Lande billige und schlechte Fabrikate auf und verkaufte sie mit einem Aufschlag von bis zu 100 Prozent an die Schutztruppen weiter. Unter dem maßgeblichen Einfluss Erzbergers brachte das Zentrum im Mai 1906 gemeinsam mit der Sozialdemokratie im Reichstag zwei Kolonialvorlagen zu Fall.

Bülow versicherte dem Kaiser am 19. Juli 1906: »Euerer Majestät Empörung über die unglaublichen Verleumdungen und Verdächtigungen der Kolonialgegner teile ich vollkommen [...] Erzbergers Handlungsweise ist unerhört [...]«[39] Der Kanzler fuhr jedoch fort: Gegen schuldige Beamte der Kolonialverwaltung müsse »unerbittlich eingeschritten« werden.[40] Wenige Tage später erhielt Bülow ein Schreiben des Oberkommandos der Schutztruppen, das dem Reichskanzler unterstellt war. In dem Brief hieß es: Major Fischer, der bisher dem Oberkommando angehört hatte, war verhaftet worden. Er hatte gestanden, von der Firma Tippelskirch »Darlehen«, also Bestechungsgelder, erhalten zu haben. Einer der »Spender« war der preußische Landwirtschaftsminister Podbielski, dessen Frau Teilhaberin der Firma Tippelskirch war. Bülow strich die Stelle über Podbielski doppelt an.[41] Der Skandal war perfekt. Ein preußischer Staatsminister war in eine Bestechungsaffäre verwickelt, in der es um Millionen ging.

Bei der Umbildung der preußischen Regierung 1901 hatte der Kaiser Bülow seinen Günstling Podbielski aufgenötigt.[42] Die Gelegenheit, den ungeliebten Ministerkollegen aus dem Kabinett zu entfernen, dürfte Bülow deshalb willkommen gewesen sein.

Bülow forderte das Oberkommando der Schutztruppen und die Kolonialabteilung des Auswärtigen Amtes immer wieder auf, den Vorwürfen gegen die Firma Tippelskirch auf den Grund zu gehen. Am 28. August informierte er den Kaiser darüber, dass Major Fischer im Jahre 1905 eine Beschwerde des Stellvertretenden Kommandos der Schutztruppen für Südwestafrika über die Firma Tippelskirch unterschlagen hatte, in der es hieß, es bestehe »in sämtlichen Truppenteilen des Schutzgebietes nur eine Stimme darüber, daß nahezu sämtliche Bekleidungs- und Ausrüstungsstücke jener Firma teuer, schlecht, schlecht genäht und schlecht gearbeitet waren. Unter den Ledersachen befand sich Schundzeug mit miserabler Arbeit.« [43] Zahlreiche Vertreter der herrschenden Kreise forderten im Zusammenhang mit den Kolonialskandalen eine Modernisierung der kolonialen Herrschaftsmethoden. Bülow trug dem Rechnung, indem er den Kaiser veranlasste, am 5. September 1906 Bernhard Dernburg zum Leiter der Kolonialpolitischen Abteilung des Auswärtigen Amtes (formell nur zum stellvertretenden Direktor) zu ernennen. Dernburg war zuvor Direktor der Darmstädter Bank gewesen und gehörte 38 Aufsichtsräten an. Er war der erste Bankier, der in die Reichsregierung berufen wurde.

Neun Tage nach der Berufung Dernburgs teilte Podbielski dem mächtigen Chef des Geheimen Zivilkabinetts, Hermann von Lucanus, mit, dass seine Frau aus der Firma Tippelskirch ausgeschieden sei. Daraufhin ließ der Kaiser Bülow bestellen, die Angelegenheit Podbielski sei nunmehr »erledigt«. [44] Bülow und sämtliche Staatsminister verlangten jedoch, der Landwirtschaftsminister solle zurücktreten. Daraufhin befahl Wilhelm dem schwarzen Schaf zweimal, im Amt zu bleiben. Am 11. November musste er dann aber doch der Entlassung Podbielskis zustimmen. Holstein schrieb daraufhin am 17. November: »Ich möchte bezweifeln, ob Bülow es noch lange macht. Der Kaiser wird ihm die Beseitigung von Pod nicht verzeihen.« [45]

Bülow war erst Anfang Oktober nach Berlin zurückgekehrt. Eine aufmerksame Beobachterin, die Baronin Spitzemberg, gewann jetzt übrigens den Eindruck, der Fürstentitel und die Millionenerbschaft (Bülows Onkel Wilhelm von Godeffroy hatte ihm 1904 drei Millionen Mark hinterlassen) seien den Bülows zu Kopfe gestiegen. Am 8. Oktober 1906 notierte sie missbilligend über die »fürstliche Art des Empfangs« bei Bülow: »Versammlung der Gäste, Eintritt der Fürstin und ihrer Mutter, Cercle, Erscheinen seiner Durchlaucht, [Paul von] Below als Hofmarschall.« [46]

Bülow hatte unterdessen von verschiedenen Seiten Hinweise erhalten, wonach Eulenburg und dessen Hofkamarilla auf seinen Sturz hinarbeiteten. »Phili«, so besagten die Informationen, wolle den Generalstabschef Moltke zum Reichskanzler machen und ihn dann dirigieren. Er selber strebe wegen seiner Schulden den Posten des

Statthalters von Elsass-Lothringen an, der mit 250 000 Mark geradezu astronomisch hoch dotiert war. Schon am 5. Oktober 1906 hatte Eulenburg aus Rominten, wo er sich als Gast des Kaisers aufhielt, an den Kanzler geschrieben: Wilhelm klage über Bülows »Mangel an Energie«, der von dessen Erkrankung herrühre, von der Bülow »noch nicht vollkommen genesen« sei.[47] Bülow sah darin einen Wink mit dem Zaunpfahl. Vom 7. bis 10. November 1906 besuchte Wilhelm II. dann Eulenburg auf dessen Gut. In Liebenberg war 1894 schon einmal ein Kanzler gestürzt worden. Am 7. November 1906 konnte man in der »Neuen Gesellschaftlichen Correspondenz« lesen, ein »hochgeborener Barde« wolle Bülow stürzen und »irgendeinen Moltke« als Reichskanzler lancieren.[48] Da einer der Herausgeber der »Correspondenz«, Eugen Zimmermann, ein Vertrauter Bülows war, liegt die Vermutung nahe, dass der Kanzler bei dieser Veröffentlichung seine Hand im Spiele hatte.

Der aufsehenerregende Artikel wurde am 8. November von etlichen Zeitungen nachgedruckt, so auch vom »Berliner Tageblatt«. Am gleichen Tage schrieb der badische Gesandte in Berlin, Sigismund Frh. von Berckheim, an seinen Außenminister: Kriegsminister Einem habe ihm gesagt, der Artikel sei »leider in allen Punkten zutreffend«.[49] Auch so gut informierte Leute wie Lerchenfeld und der bayerische Ministerpräsident Clemens Freiherr von Podewils-Dürniz waren der gleichen Ansicht. Am 14. November schoss Bülow im Reichstag einen Pfeil ab, von dem jedermann wusste, dass er Eulenburg und seinem Kreis galt: Er erklärte, bei einer »Kamarilla« handle es sich um eine »hässliche, fremde Giftpflanze«. Man habe »nie versucht, diese hässliche Giftpflanze bei uns einzupflanzen ohne großen Schaden für die Fürsten und ohne großen Schaden für das Volk.«[50] Am 17. November 1906 begann der gefürchtete Maximilian Harden in seiner Zeitschrift »Die Zukunft« seine große Enthüllungskampagne gegen Eulenburg. Im ersten Beitrag »Praeludium« nannte er Eulenburg einen »Todfeind« Bülows.[51]

In den folgenden Wochen spitzte sich das Verhältnis zwischen Zentrumspartei und Reichsregierung weiter zu, obgleich sowohl die rechten Zentrumsführer als auch Bülow eigentlich keinen frontalen Zusammenstoß wollten.[52] Am 3. Dezember geriet Dernburg mit den Zentrumsabgeordneten Erzberger und Hermann Roeren heftig aneinander. Bülow beschaffte sich am 6. oder 7. Dezember vorsorglich die Genehmigung des Kaisers, den Reichstag aufzulösen. Am 13. Dezember 1906 lehnte die Zentrumspartei gemeinsam mit den

Sozialdemokraten, Polen und Welfen in zweiter Lesung einen Nachtragsetat von 29 Millionen Mark ab. Der Nachtragsetat sollte zur Finanzierung des Kolonialkrieges in Südwestafrika dienen. Bülow hatte gar nicht versucht, sich mit den Fraktionsführern zu verständigen und so die Voraussetzungen für eine dritte Lesung zu schaffen. Jetzt wollte er den Bruch mit dem Zentrum. Nach der Abstimmung zog er eine rote Mappe hervor und verlas die Auflösungsorder des Kaisers. Viele der konservativen und liberalen Abgeordneten und ihrer Anhänger auf den Tribünen brachen in frenetische Begeisterungsschreie aus.

BÜLOW-BLOCK UND »DAILY-TELEGRAPH«-AFFÄRE 1906–1908

Die Auflösung des Reichstags kam für die Öffentlichkeit ganz überraschend und wurde allgemein als Sensation empfunden. Bülow hatte sie unter strengster Geheimhaltung vorbereitet und nur einen kleinen Personenkreis (insbesondere Loebell, Hammann und Dernburg) eingeweiht.[1] Am 11. Dezember 1906 hatte er das Staatsministerium informiert. Der Kanzler verfolgte das Ziel, sich durch Neuwahlen eine stärkere und stabilere parlamentarische Basis für die Weiterführung seiner Politik zu schaffen. Anstelle des Zentrums sollten die Nationalliberalen und – erstmalig seit dem Bestehen des Kaiserreichs – die Freisinnigen quasi Regierungsparteien werden. Den Entschluss, gegen das Zentrum loszuschlagen, hatte Bülow kurzfristig gefasst. Das politische Konzept, welches diesem Schritt zugrunde lag – Sammlung der »nationalen« Kräfte unter einer zugkräftigen Parole – hatte sich bei Bülow schon seit 1903 allmählich herausgebildet.

Mit der Ausschreibung von Neuwahlen nahm Bülow ein erhebliches Risiko in Kauf. In der Sitzung des Staatsministeriums vom 11. Dezember prophezeite ihm ein so profunder Kenner der innenpolitischen Szenerie wie Posadowsky eine Niederlage.[2] Bülow ließ sich jedoch auf das Wagnis ein – vor allem wohl deshalb, weil er die schwelende »Kanzlerkrise« durch einen eindrucksvollen politischen Erfolg aus der Welt schaffen wollte.[3]

Im Unterschied zu den Wahlen von 1903 griff die Regierung diesmal ganz massiv in den Wahlkampf ein.[4] Den Beamten wurde eingeschärft, dass sie »in der Wahlbewegung für die Bildung eines Blocks der konservativen und liberalen Parteien einzutreten verpflichtet seien«.[5] Schon Ende Oktober 1906 war mit Blick auf die eigentlich erst 1908 fälligen Neuwahlen das Komitee »Patria« gegründet worden. Vorsitzender dieses Gremiums war der Führer der Freikonservativen Partei, Octavio Frh. von Zedlitz-Neukirch. Am 17. Dezember 1906 erklärte Bülow vor dem Staatsministerium, »die Magnaten der östlichen Provinzen und die großindustriellen Kreise des Westens [müssten sich – d. V.] bewusst werden, daß sie zu den

Wahlfonds beizusteuern auch im eigenen Interesse verpflichtet seien«.[6] Das Komitee »Patria« ging unverzüglich daran, Geld für einen »interfraktionellen Wahlfonds« einzutreiben. Binnen vier Wochen kamen 587 000 Mark zusammen, wobei der Löwenanteil von den Montanindustriellen gespendet wurde.

Die Reichsregierung, die konservativen und liberalen Parteien und die militanten Propagandaorganisationen Alldeutscher Verband, Deutscher Flottenverein und Reichsverband gegen die Sozialdemokratie entfesselten im Wahlkampf eine wilde chauvinistische Kampagne.[7] Der Hauptstoß wurde gegen die sozialdemokratische Partei gerichtet, aber auch die Zentrumspartei sowie die Polen und Welfen wurden zu »Reichsfeinden« erklärt. Die der Regierung nahestehenden Presseorgane schürten auch hemmungslos antikatholische Affekte (»furor protestanticus«). Rosa Luxemburg sprach späterhin rückblickend von einer »geistigen Pogromatmosphäre«, die während des Wahlkampfes von 1907 herrschte.[8]

Bülow war der Regisseur der nationalistischen Kampagne, und er lieferte die programmatischen Losungen. Am 31. Dezember 1906 richtete er einen Brief an den Vorstand des Reichsverbandes gegen die Sozialdemokratie, der am 3. Januar 1907 in der offiziösen »Norddeutschen Allgemeinen Zeitung« veröffentlicht wurde.[9] In diesem »Silvesterbrief« fixierte der Kanzler die zentrale Wahlperiode »Kampf für Ehr' und Gut der Nation gegen Sozialdemokraten, Polen, Welfen und Zentrum«. Am 19. Januar 1907 rief er auf einem Festmahl des Kolonialpolitischen Aktionskomitees aus: »Die Kolonien sind nicht nur ein Prüfstein für unsere nationale Tatkraft, sie können auch ein Bindemittel sein für unsere in ein Dutzend Fraktionen gespaltene politische Betätigung im Innern. Zu ihrer Entwicklung brauchen wir die Paarung konservativen Geistes mit liberalem Geiste [...]«[10]

Die »Hottentottenwahlen« vom 25. Januar und 5. Februar 1907 brachten einen Erfolg der konservativen und liberalen Parteien, während die Sozialdemokratische Partei 36 Mandate verlor (obgleich ihr Stimmenanteil sich nur von 31,71 auf 28,94 Prozent verringert hatte). Das Zentrum konnte die Zahl seiner Mandate behaupten und sogar eins hinzugewinnen. Die beiden konservativen Parteien, die Nationalliberale Partei und die linksliberale Parteien besaßen nun zusammen mit der Wirtschaftlichen Vereinigung (Bund der Landwirte und Antisemiten) und der Deutschen Reformpartei im Reichstag die absolute Mehrheit. Sie bildeten fortan als »nationaler Block« bzw. »Bülow-Block« das neue Regierungslager.

Am Abend des Hauptwahltages, des 25. Januar, zogen einige tausend »staatstreue« Bürger zum Reichskanzlerpalais, um Bülow eine Ovation darzubringen. Der Kanzler dankte in einer kurzen Ansprache. Dabei prägte er den berüchtigten Satz: Das Wahlergebnis zeige der Welt, »daß das deutsche Volk fest im Sattel sitzt und alles niederreitet, was sich seiner Wohlfahrt, seiner Größe in den Weg stellt«.[11]

Bülow wollte ursprünglich das Zentrum nur für eine begrenzte Zeit auf die Oppositionsbänke schicken, um es zu größerer Fügsamkeit zu »erziehen«.[12] Gegenüber Lerchenfeld sagte er im Frühjahr 1907 mehrmals, »daß er selbst damit rechne, späterhin wieder mit dem Zentrum arbeiten zu können.«[13] Gleichzeitig waren die konservativen Führer des Zentrums bestrebt, sich bald wieder mit der Regierung zu arrangieren. Doch der von Bülow herbeigeführte Zusammenstoß entwickelte eine Eigendynamik. Das Zentrum ging während des Wahlkampfes Stichwahlbündnisse mit der Sozialdemokratie ein, was insbesondere den Kaiser sehr empörte. Ernst Francke wusste am 2. Februar 1907 an Berlepsch zu berichten, dass die Reichsregierung der Kurie mitteilen wolle, das Zentrum habe »seine Regierungsfähigkeit für immer unter Wilhelm II. verscherzt«.[14] Es wurde Bülow klar, dass der Antiultramontanismus ein unverzichtbares Bindemittel für den inhomogenen Block war. Am 26. Juni 1907 versicherte Berckheim seinem Außenminister, dass Bülow »die Brücken zum Zentrum [...] endgültig abgebrochen habe«.[15] Das erkannten auch die Führer der Zentrumspartei. Im Juli 1907 fand eine Konferenz von Zentrumsabgeordneten und Vertretern der Zentrumspresse statt. Dort wurde betont, gegenüber Bülow sei »nur der Kampf möglich«, und von einer »Annäherung« könne »keine Rede sein«.[16]

Zu den Zukunftsaussichten des Bülow-Blocks schrieb der österreichisch-ungarische Botschafter Szögyényi bereits am 12. März 1907, der Kanzler könne an dessen »Dauerhaftigkeit [...] als praktischer Politiker nicht glauben«.[17] In der Tat wäre ein solches Bündnis noch wenige Jahre zuvor allgemein als völlig undenkbar angesehen worden. Zwar waren die Freisinnigen Schritt für Schritt dazu übergegangen, »Weltpolitik« und Flottenrüstung zu unterstützen. In zentralen Fragen der Wirtschafts-, Sozial- und Innenpolitik bestanden zwischen ihnen und den Konservativen aber noch immer tiefe Gegensätze. Bülow musste, wenn sein Block funktionieren sollte, sehr geschickt lavieren.

Das gefährliche Blockspiel. Der Uhu: Diese unsittliche Liebschaft werde ich meinem großen Vetter, dem Adler, denunzieren, damit er der Sache ein Ende macht!

Karikatur des sozialdemokratischen »Wahren Jacob« zu Bülows Blockpolitik

Am 14. März 1907 erklärte der Kanzler vor dem Deutschen Landwirtschaftsrat: »wenn ich mich einmal aus dem öffentlichen Leben zurückziehe […], so mag man nur auf meinen politischen Leichenstein schreiben: ›Dieser ist ein agrarischer Reichskanzler gewesen‹ «. [18] Das war natürlich kein spontaner Herzenserguss, sondern ein wohlüberlegter Fingerzeig. Bülow wollte die Agrarier daran erinnern, dass er in den zurückliegenden Jahren eine Menge für sie getan hatte (Stichwort: Zolltarif). Als Gegenleistung erwartete er, dass die Konservativen gute Miene machten, wenn er einige Forderungen der Liberalen erfüllte. Worum es konkret ging, das hatte Bülow am 25. Februar 1907 aufgelistet, als er im Reichstag eine Art Regierungsprogramm vortrug: um eine Reformierung des Vereins- und Versammlungsrechts, des Strafrechts, der Strafprozessordnung und des Börsengesetzes. [19]

Im Juli 1907 vergrößerte Bülow seinen politischen Handlungsspielraum, indem er zwei wichtige Personalentscheidungen durchsetzte. Der stockkonservative preußische Kultusminister Konrad von Studt wurde entlassen und Bülow erklärte dazu vor dem Staatsministerium unverblümt: Ein Verbleiben Studts in seinem Amt sei »im Verfolg der Ereignisse, die zu der sogenannten Blockpolitik im Reichstag geführt hätten, nicht mehr angängig erschienen«.[20] Auch die Entlassung Posadowskys stand im Zeichen der Blockpolitik, denn der Staatssekretär hatte sich dem Bruch mit dem Zentrum widersetzt und sogar vor dem Forum des Reichstages eine distanzierte Einstellung zum konservativ-liberalen Bündnis erkennen lassen. Der Kanzler hatte jedoch noch zwei weitere Gründe, »Posa« auszubooten. Zum einen war dieser im Jahre 1906 wiederholt als Kanzlerkandidat gehandelt worden, zum anderen hatte er sich durch seine Sozialpolitik den Unwillen der Montanindustriellen zugezogen. Nachfolger Posadowskys wurde der bisherige preußische Innenminister Theobald von Bethmann Hollweg, von dem Bülow erwartete, dass er auf seinen Kurs »einschwenken würde wie ein Unteroffizier«.[21] Bezeichnenderweise erhielt Bethmann auch das Amt eines Vizepräsidenten des Staatsministeriums, das vom Dienstalter her eigentlich Rheinbaben, einem Vertrauensmann der Montanindustriellen und Agrarier, zugestanden hätte.

Konservative Kräfte, allen voran die Scharfmacher des Centralverbandes Deutscher Industrieller, hofften nun, Bülow werde sich von der bisherigen, eng mit dem Namen Posadowskys verknüpften Sozialpolitik abwenden und im Kampf gegen die Arbeiterbewegung ganz auf den Kurs der brutalen Unterdrückung einschwenken. Sie wurden aber, wie der Generalsekretär des Centralverbandes, Henry Bueck, später formulierte: »bitter enttäuscht«.[22] Nicht nur die linksliberalen Parteien und die Mehrzahl der Nationalliberalen, sondern auch der Kanzler waren bestrebt, die Sozialpolitik fortzuführen und sogar zu intensivieren. Am 26. Januar 1907 erklärte Bülow gegenüber Bethmann, »die Niederlage der Sozialdemokraten dürfe nicht einen Stillstand der sozialen Reformen [herbei]führen, sondern durch ihren Ausbau allein könne und müsse man den Sieg ausnützen und befestigen«.[23]

Auf der gleichen Linie lag Bülows Haltung gegenüber dem Stuttgarter Kongress der II. Internationale. Im Januar 1907 hatte Staatssekretär Tschirschky die württembergische Regierung gedrängt, den geplanten Kongress zu verbieten. Am 27. April 1907 suchte dann der württembergische Gesandte in Berlin, Axel Frh. von Varnbüler – übrigens ein Bruder der Baronin Spitzemberg und intimer Freund Philipp Eulenburgs – den Reichskanzler auf.

Varnbüler sagte, seine Regierung sei bereit, den Kongress zu verbieten, sofern sie dies offiziell als Wunsch der Reichsregierung deklarieren könne. Es war klar: Die schlitzohrigen Schwaben wollten den Ruf ihres liberalen »Musterländles« wahren und den Schwarzen Peter den Preußen zuschieben. Vor dem Staatsministerium erklärte Bülow daraufhin am 27. April 1907, die preußische Regierung nehme seiner Ansicht nach allgemein »derartigen Veranstaltungen gegenüber vielleicht eine zu ausgesprochen polizeilich prophylaktische Haltung« ein.[24] Er empfehle, die Entscheidung ganz den Württembergern zu überlassen. Die Minister stimmten einhellig zu. Bülow teilte nun der Regierung in Stuttgart mit, das preußische Staatsministerium habe nichts dagegen, dass der Sozialistenkongress stattfinde.

Mit seiner Ankündigung vom 25. Februar 1907 trug Bülow einer alten Forderung der Liberalen, des Zentrums und der Sozialdemokratie Rechnung, die da lautete, das Vereins- und Versammlungsrecht einheitlich neu zu regeln und dabei zu liberalisieren. Im Auftrag des Kanzlers ließ Posadowsky den Entwurf eines Reichsvereinsgesetzes ausarbeiten.[25] Dieser Entwurf sah namentlich für Preußen und andere norddeutsche Bundesstaaten deutliche Verbesserungen vor. Insbesondere sollte es den Frauen endlich gestattet werden, sich politisch zu betätigen und zu organisieren. Auch sollten die Vollmachten der Polizei zur Überwachung von Vereinen und Versammlungen eingeschränkt werden. Gleichzeitig aber enthielt der Entwurf die Festlegung, es müsse in allen öffentlichen Versammlungen deutsch gesprochen werden. Dieser »Sprachenparagraph« war offenbar von Bethmann Hollweg unmittelbar nach seiner Amtsübernahme eingefügt worden.[26]

Am 5. Oktober 1907 befasste sich das preußische Staatsministerium ausführlich mit dem Gesetzentwurf.[27] Zum Stellenwert, den die Vorlage generell für seine Blockpolitik besaß, sagte Bülow einleitend: »Das Vereins- und Versammlungsrecht sei ein geeignetes Gebiet der Erfüllung liberaler Wünsche [...] Die Weltlage, die Zeit sei heute zu gefährlich, als daß man die Monarchie unter Ausschaltung der Liberalen lediglich auf Konservative und Zentrum basieren könne.« Und der Kanzler erklärte, eine Äußerung des neuen Innenministers Friedrich von Moltke aufgreifend, gegen die Sozialdemokratie sei »wesentlich mit positiver Arbeit, nicht mit politischen Maßnahmen etwas auszurichten. Man müsse und könne daher auf dem Gebiet des Vereins- und Versammlungsrechts mit dem Prinzip übertriebener Bevormundung brechen«.[28]

Es kam zu einer lebhaften Debatte und schließlich zu einer Kampfabstimmung darüber, ob in den Entwurf eine Bestimmung eingefügt werden solle, die es Jugendlichen verbot, politischen Vereinen anzugehören und an politischen Versammlungen teilzunehmen. Für eine solche Vorschrift sprachen sich Einem, Rheinbaben, der Minister der öffentlichen Arbeiten Paul von Breitenbach und der Landwirtschaftsminister Bernd von Arnim-Criewen aus. Dagegen stimmten Bülow, Bethmann, Tirpitz, Moltke und Justizminister Max Beseler.

Nach langen öffentlichen und internen Auseinandersetzungen zwischen Konservativen und Linksliberalen kam eine überarbeitete Fassung des Gesetzesentwurfs zustande, die sowohl den »Jugendlichen-Paragraphen« als auch den (etwas abgeschwächten) »Sprachenparagraphen« enthielt. Diese beiden Bestimmungen, die sich insbesondere gegen die Arbeiterjugendbewegung und gegen die polnischen Organisationen im Ruhrgebiet richteten, gaben dem Gesetzentwurf einen reaktionären Grundzug. Am 4. April 1908 nahm der Reichstag die Vorlage mit den Stimmen der Konservativen und Liberalen an.

Das Reichsvereinsgesetz war ein typisches Produkt Bülowscher Innenpolitik, die eine mittlere Linie zwischen den Intentionen gemäßigt liberaler Kräfte und den rigiden Rezepten der Konservativen einhielt.

Die Aufnahme eines »Sprachenparagraphen« in das Reichsvereinsgesetz zeigte an, dass Bülow die Unterdrückungspolitik gegenüber den nationalen Minderheiten und insbesondere gegenüber den Polen weiter verschärfte. Am 26. November 1907 brachte Bülow im preußischen Abgeordnetenhaus den Entwurf eines Gesetzes ein, das es den Staatsorganen ermöglichen sollte, polnischen Grundbesitz zu enteignen. Ein solches Gesetz, so Bülow, sei notwendig, um in den Ostprovinzen mehr deutsche Bauern ansiedeln und so »große Inseln des Deutschtums im polnischen Meere« bilden zu können.[29] Im März 1908 wurde das Gesetz angenommen. Bülows Forcierung der Germanisierungspolitik war durch die Bildung des konservativ-liberalen Blocks begünstigt worden. Viele Anhänger des Zentrums fühlten sich wegen des gemeinsamen religiösen Bekenntnisses mit den polnischen Katholiken verbunden. Die Parteiführung musste obendrein auf ihre polnischen Wähler sowie auf die polnischen Parlamentsfraktionen, mit denen sie meist eng zusammenarbeitete, Rücksicht nehmen. Aus diesen Gründen war das Zentrum bestrebt gewesen, die antipolnische Politik des preußischen Staatsministeriums und der Reichsregierung zu bremsen. Die Nationalliberalen hingegen standen in engerer Verbindung zu den chauvinistischen Kräften des Alldeutschen Verbandes und des Deutschen Ostmarkenvereins als jede andere bürgerliche Partei: Jeder zweite nationalliberale Abgeordnete war ein Alldeutscher.[30] Da es im Bülow-Block an Feldern der Gemeinsamkeit mangelte, verschärfte Bülow die »Ostmarkenpolitik«, um den Block zu festigen.

Die Auseinandersetzungen um Reichsvereinsgesetz und Enteignungsgesetz erregten 1907/08 in der deutschen Öffentlichkeit viel Aufsehen. Und doch standen sie ganz im Schatten eines anderen Ereignisses, das die Gemüter viel stärker beschäftigte: der Eulenburg-Affäre.[31] An diesen Vorgängen ist bis auf den heutigen Tag noch Vieles ungeklärt. In besonderem Maße gilt das für die Rolle, welche Bülow in der Affäre spielte. Schon manche Zeitgenossen vermuteten, Bülow sei der eigentliche Drahtzieher gewesen, der hinter der Kampagne Hardens gestanden habe. Es ist in der Tat nicht ausgeschlossen, dass der Kanzler Harden belastendes Material über Eulenburg hat zukommen lassen, nachgewiesen ist so etwas aber nicht. Entscheidend ist in diesem Zusammenhang, dass Harden schon seit Jahren selber Belastungsmaterial gegen Eulenburg besaß und dass ihn niemand erst gegen diesen Mann scharfzumachen brauchte.

Harden attackierte schon seit etlichen Jahren den Kaiser und dessen Ratgeber. Das tat er nicht etwa deshalb, weil er deren imperialistische Expansionspolitik abgelehnt hätte. Im Gegenteil zog er gegen diese Kreise vom Leder, weil sie zwar des Öfteren mit dem Säbel rasselten, sich aber seiner Ansicht nach alle Gelegenheiten zu wirklicher Expansion entgehen ließen.[32] 1905/06 befürwortete Harden einen Angriffskrieg gegen Frankreich. Er beschloss, Eulenburg aus dem Wege zu räumen, weil er in diesem ein Hindernis für eine erfolgreiche deutsche Expansionspolitik sah. Harden war auch ein Gegner Bülows, dessen Außenpolitik er viel zu zaghaft fand. In dem Bestreben, den politischen Einfluss Eulenburgs zu beseitigen, stimmte er jedoch mit dem Kanzler überein. Geschickt packte er Eulenburg an dessen Achillesferse. Vom Februar bis April 1907 griff der Publizist in der »Zukunft« Eulenburg und dessen Freund Kuno Graf von Moltke, den Stadtkommandanten von Berlin, wegen ihrer homosexuellen Neigungen an. Bülow wurde von verschiedenen Seiten heftig gedrängt, diese Artikel dem Kaiser vorzulegen. Er weigerte sich jedoch strikt. Schließlich informierte Kronprinz Wilhelm am 2. Mai 1907 seinen Vater. Der Kaiser ließ seine Günstlinge Eulenburg und Kuno Moltke augenblicklich fallen. Bülow empfahl nun Eulenburg dringend, ins Ausland zu gehen und dort abzuwarten, bis der Sturm sich gelegt habe, doch »Phili« ging nicht darauf ein.

Es folgte eine Serie von Skandalprozessen. Harden hatte diese Gerichtsverfahren nicht gewollt, und Bülow hatte vergeblich versucht, sie zu verhindern. Die Prozesse entwickelten sich naturgemäß zu Schlammschlachten, welche das Ansehen der kaiserlichen Hofgesellschaft aufs schwerste schädigten. Am 24. Oktober berichtete Loebell seinem Chef über den ersten Prozess: »Die in breiter Öffentlichkeit verhandelten Szenen aus dem Eheleben des Grafen [Kuno Moltke – d. V.] lassen seine Anomalität erwiesen erscheinen und vernichten ihn geradezu persönlich. Auch für den politischen Einfluß der [Liebenberger – d. V.] Tafelrunde sind gravierende Beweise erbracht. Unter anderem fortwährende Berichte Moltkes an Graf zu Eulenburg über alle Vorgänge am Kaiserlichen Hof in politischer und persönlicher Beziehung.«[33]

Die Enthüllungen Hardens lösten eine Hetzjagd gegen Homosexuelle aus. Am 26. September informierte Hammann den Kanzler darüber, dass ein Literat namens Adolf Brand ein Pamphlet mit dem Titel »Fürst Bülow und die Abschaffung des § 175« verfasst habe und verbreite. Hammann berichtete, Brand sei »der wildeste Homosexuelle u. zugleich konservativ-antisemitischer Agitator«.[34] Das Pamphlet enthielt die Behauptung, Bülow habe »persönlichen Feinden gegenüber die Homosexualität politisch ausgeschlachtet«[35], obgleich er selber homosexuell sei. Bülow folgte dem Ratschlag Hammanns und erhob am 5. Oktober 1907 gegen Brand Strafanzeige wegen Beleidigung. Am 6. November fand vor der 2. Strafkammer des Landgerichts II in Berlin die Verhandlung statt. Brand konnte auch nicht den Schatten eines Beweises vorbringen und wurde zur Höchststrafe von eineinhalb Jahren Gefängnis verurteilt.

Eulenburg war zum Bülow-Brand-Prozess als Zeuge geladen worden und leistete bei dieser Gelegenheit einen Eid, er habe nie strafbare Handlungen im Sinne des § 175 des Strafgesetzbuches begangen. Er wurde im folgenden Jahr gerichtlich des Meineids überführt und am 8. Mai 1908 verhaftet. Sein Prozess ist allerdings nie zu Ende geführt worden. Vom 28. Oktober 1908 zog dann ein ganz anderes Ereignis alle Aufmerksamkeit auf sich: die »Daily-Telegraph«-Affäre.[36]

Als Bülow an diesem 28. Oktober die Abendzeitungen gebracht wurden, fand er darunter ein 46 mal 22,5 cm großes Blatt aus dünnem, aber festem gelblichen Papier. Es war die Depesche Nr. 4741 der Nachrichtenagentur »Wolff's Telegraphisches Bureau« (59. Jahrgang). Die linke Spalte der Depesche und ein gutes Drittel der rechten Spalte enthielten die Zusammenfassung eines Artikels, den die Londoner Zeitung »Daily Telegraph« am Morgen desselben Tages veröffentlicht hatte. Der Originalartikel war überschrieben gewesen: »Der Deutsche Kaiser und England. Persönliches Interview. Offene Darlegung der Weltpolitik. Freundschaftsbeweise.«

Bülow hatte so vieles gesehen und so vieles erlebt. Er ging über etliche Entgleisungen seines kaiserlichen Herrn, die andere Menschen zutiefst erregten, mit Nonchalance und einer gehörigen Portion Zynismus einfach hinweg. Es war nahezu unmöglich, ihn aus dem seelischen Gleichgewicht zu bringen. Beim Lesen dieser Depesche aber gingen ihm bald die Augen über. Rasch griff er nach dem Rotstift und strich die ärgsten Stellen an. Als Bülow den Artikel durchgelesen hatte, wusste er, dass ihm aufregende Tage und Wochen bevorstanden. Zunächst einmal diktierte er auf den Rand des Telegramms: »Stimmt das mit dem Entwurf überein, der im AA [Auswärtigen Amt] s. Z. [seinerzeit] geprüft worden ist?«[37] Zusammen mit seinen engsten Mitarbeitern rekonstruierte er dann die Vorgeschichte des »Daily-Telegraph«-Artikels.

Wilhelm II. hatte sich 1907 und 1908 mit dem englischen Obersten a. D. Edward Stuart-Wortley, dem Besitzer des Schlosses Highcliffe, und mit verschiedenen englischen Politikern über den Stand der deutsch-englischen Beziehungen unterhalten. Der Kaiser versuchte bei seinen Gesprächen auf plumpe Weise, die in England verbreitete Besorgnis gegenüber der deutschen Flottenrüstung zu zerstreuen und sich selber als einen guten Freund Englands zu empfehlen.

Stuart-Wortley nun hatte eine Anzahl von Äußerungen Wilhelms in der Form eines Interviews zusammengefasst. Am 23. September 1908 sandte er eine Abschrift des Artikels an Wilhelm II. und bat ihn, die Veröffentlichung zu genehmigen. Der Kaiser befand sich gerade zur Jagd in Rominten. Er schickte den Artikel an Bülow, der sich auf Norderney aufhielt, und ließ den Kanzler auffordern, den Artikel persönlich zu prüfen und gegebenenfalls Änderungen vorzunehmen. Dem Auswärtigen Amt solle der Artikel nicht vorgelegt werden. In einem Begleitschreiben des Gesandten Rücker-Jenisch hieß es, Wilhelm II. finde den Artikel »gut geschrieben und seine Worte wahrheitsgetreu wiedergegeben«.[38]

Zu diesem Zeitpunkt bahnte sich gerade die so genannte Bosnische Krise an. Zentrales Thema der deutschen Innenpolitik war die Reichsfinanzreform. Bülow war bemüht, sich auf diese beiden wichtigen Angelegenheiten zu konzentrieren. Er las deshalb den Artikel überhaupt nicht[39], sondern sandte ihn – entgegen der Anweisung Wilhelms – zur Überprüfung an das Auswärtige Amt. Dort sahen der Unterstaatssekretär Wilhelm Stemrich und der Vortragende Rat Reinhold Klehmet das Manuskript durch. Beide schlussfolgerten – völlig zu Recht – aus Jenischs Begleitbrief, dass der Kaiser die Veröffentlichung des Artikels unbedingt wünschte und vermuteten, er habe das Manuskript dem Reichskanzler nur pro forma zugeschickt. Sie schlugen deshalb lediglich geringfügige Veränderungen vor und sandten das Ganze an Bülow zurück. Der Kanzler las den Artikel wiederum nicht, bestätigte die Änderungsvorschläge seiner Untergebenen, sandte das Manuskript an den Kaiser – und der gab Stuart-Wortley grünes Licht für die Veröffentlichung. Als der Artikel dann erschien, zündete er in London und Berlin wie ein Blitz in einem Pulverfass.

An diesem Artikel war alles ungewöhnlich. Die erste Äußerung des Kaisers, die darin widergegeben wurde, lautete: »Ihr Engländer seid verrückt, verrückt, verrückt wie Märzhasen.«[40] Für ein Staatsoberhaupt war das eine etwas eigenartige Form, die Bevölkerung eines großen Nachbarlandes anzureden. Sodann behauptete Wilhelm II., er hätte maßgeblich zum Sieg der Briten im Burenkrieg beigetragen, indem er für sie zusammen mit seinem Generalstab einen detaillierten Feldzugsplan ausgearbeitet hätte, was ganz einfach nicht stimmte. Die nationalistisch gesinnten Teile der englischen Öffentlichkeit waren tief verletzt. Sie hatten das Empfinden, Wilhelm wolle den Sieg, den die Weltmacht England gegen das kleine tapfer kämpfende Volk der Buren errungen hatte, schmälern. Zum anderen ging der Kaiser in keiner Weise auf die Differenzen ein, die zwischen Großbritannien und dem Deutschen Reich bestanden. Es musste den Engländern wie Hohn erscheinen, wenn Wilhelm andeutete, die fieberhafte deutsche Flottenrüstung bedrohe nicht etwa die nahegelegenen britischen Inseln, sondern: das Tausende von Seemeilen entfernte Japan.

Am 30. Oktober 1908 nahm Bülow in einem Bericht an den Kaiser zur »Daily-Telegraph«-Affäre Stellung.[41] Er gab zu, dass er seinerzeit den Artikel nicht gelesen hatte, distanzierte sich von dessen Inhalt und bot Wilhelm II. seine Entlassung an. Der Kaiser lehnte das Entlassungsgesuch ab und ermächtigte Bülow, seinen Bericht in der »Norddeutschen Allgemeinen Zeitung« zu veröffentlichen. Die Entstehungsgeschichte des unglückseligen Artikels war somit im Wesentlichen öffentlich dargelegt worden. In der deutschen Öffentlichkeit erhob sich in allen politischen Lagern ein Sturm der Kritik am Kaiser. Man war es ja seit vielen Jahren gewöhnt, dass Wilhelm II. sich auf den Feldern der Innen- und Außenpolitik wie ein Elefant ins Porzellanladen bewegte, gegenüber ausländischen Journalisten und Politikern zu einer verantwortungslosen Schwatzhaftigkeit neigte und die Regierungspolitik durch unvorhersehbare willkürliche Eingriffe störte. Auch in den herrschenden Kreisen hatte sich darob im Laufe der Zeit viel Unmut und Sorge angesammelt. Der »Daily-Telegraph«-Artikel war gewissermaßen der Tropfen, der das Fass zum Überlaufen brachte.

Am 6. November erschien der sächsische Gesandte in Berlin, Christoph Graf Vitzthum von Eckstädt, bei Loebell und berichtete, wie der sächsische König Friedrich August die Situation beurteilte: »Es käme in der jetzigen Lage nur darauf an, die Stellung des Fürsten Bülow zu halten und zu festigen.«[42] Zwei Tage später schrieb Ernst Bassermann, der Führer der Nationalliberalen Partei, aus Berlin an seine Frau: »Schwarze Stimmung. Erregung im Lande. Die Aktion richtet sich gegen den Kaiser, nicht den Kanzler. [...] Alles für Bülow gegen Kaiser.«[43]

Zu allem Überfluss wurde am 9. November bekannt, dass der »Daily-Telegraph«-Affäre womöglich bald ein noch größerer Skandal folgen werde. Wilhelm II. hatte nämlich dem Amerikaner William Bayard Hale ein Interview gegeben[44] und dabei versucht, die US-Amerikaner gegen England aufzuhetzen. Er hatte für ein deutsch-amerikanisches Bündnis geworben, das sich gegen England richten sollte – also eine Position bezogen, die jener des »Daily-Telegraph«-Artikels um 180 Grad entgegengesetzt war. Es ist Bülow mit großer Mühe gelungen, das Erscheinen des Hale-Interviews zu verhindern. Als der Kanzler dann Wilhelm eine Übersicht über die ärgsten Äußerungen im Hale-Interview zusandte, vermerkte der Monarch dreist: »sehr übertrieben u. z. T. erdichtet«.[45]

Am 10. und 11. November veranstaltete der Reichstag ein regelrechtes Scherbengericht gegen Wilhelm II. Bülow hatte zunächst die Absicht gehabt, den Kaiser gegen die massive Kritik, die von allen Seiten auf ihn niederprasselte, energisch in Schutz zu nehmen. Die Führer der bürgerlichen Parteien und die Regierungen der Bundesstaaten drängten ihn aber, von Wilhelm II. zu verlangen, dass er künftig auf seine politischen Extratouren verzichte und sich strikt im Rahmen der Reichsverfassung bewege.

Der Kaiser tat gern so, als sei er ein absoluter Herrscher, der niemanden Rechenschaft schulde. Laut Verfassung besaß er aber nur in rein militärischen Angelegenheiten eine unmittelbare Kommandogewalt. Ansonsten waren seine Anordnungen nur dann gültig, wenn sie auch vom Reichskanzler unterschrieben waren. Daraus folgte, dass der Kaiser sich, bevor er öffentliche Erklärungen zu politischen Fragen abgab, darüber mit dem Reichskanzler verständigen musste. Wilhelm II. hatte freilich in der Vergangenheit des Öfteren gegen diese Regel verstoßen. Auch Bülow war ja wiederholt durch rednerische Entgleisungen Wilhelms in große Schwierigkeiten geraten. Der Druck, der jetzt auf ihn ausgeübt wurde, mag ihm deshalb ganz gelegen gekommen sein. Er verteidigte nunmehr vor dem Reichstag den Kaiser nur noch lau und sprach die Erwartung aus, Wilhelm werde künftig »auch in Privatgesprächen jene Zurückhaltung […] beobachten, die im Interesse einer einheitlichen Politik und für die Autorität der Krone gleich unentbehrlich ist«.[46] »Wäre dem nicht so«, fuhr er fort, »so könnte weder ich noch einer meiner Nachfolger die Verantwortung tragen.«[47]

Eine Woche später, am 17. November, hatte Bülow eine Audienz beim Kaiser. Holstein, der seit Herbst 1906 wieder in fester Verbindung mit dem Kanzler stand und ihn beriet, steifte ihm vor der Begegnung den Rücken: »Bleiben Sie fest, Bülow, lassen Sie sich nichts vorschauspielern. Der Kaiser wird sich's zweimal überlegen, ehe er Sie gehen lässt, jetzt. Aber schlimmenstenfalls, wenn er nicht Vernunft hören will, ist es besser, Sie gehen jetzt, als großer Mann, als verhöhnt in ein paar Monaten.«[48] Nach der Audienz wurde mit der Zustimmung Wilhelms eine Erklärung veröffentlicht, in der es hieß, der Kaiser billige das Verhalten Bülows im Reichstag, und er habe den Kanzler seines Vertrauens versichert. In den folgenden Tagen gelang es Bülow auch, zu verhindern, dass Harden, der während der »Daily-Telegraph«-Affäre Wilhelm II. in schärfster Weise angegriffen hatte, ein »Majestätsbeleidigungs«-Prozess gemacht wurde.

In verfassungsrechtlicher Hinsicht ist die »Daily-Telegraph«-Affäre, die von einigen Zeitgenossen gar als »Novemberrevolution« bezeichnet worden ist, letztendlich ausgegangen wie das Hornberger Schießen. Die Sozialdemokratie und auch einige Vertreter liberaler Parteien hatten gefordert, die Befugnisse des Reichstags zu erweitern, konnten sich aber damit nicht durchsetzen. Die Geschäftsordnung des Reichstages wurde etwas verbessert – das war alles. Die Affäre veranschaulichte, wie brüchig das Regierungssystem des Deutschen Reiches war: Große Teile des Volkes waren mit den bestehenden Verhältnissen unzufrieden. Der Spielraum für willkürliche Eingriffe des Kaisers in die Politik war sehr groß, denn es gab keine wirksame parlamentarische Kontrolle.

Am 24. November erklärte der völlig gebrochene Wilhelm, er wolle zugunsten seines Sohnes zurücktreten. Bülow hat dem Kaiser die Idee ausgeredet – verständlicherweise, denn Wilhelm junior war noch viel unreifer als sein Vater. Just am 28. November offenbarte der Kronprinz, wes' Geistes Kind er war: Er meinte nämlich gegenüber Generalstabschef Moltke, »nur ein Krieg könne uns aus unserer verworrenen Lage heraushelfen«.[49]

Sehr bald steigerte sich Wilhelm II. nun – von intriganten Höflingen darin bestärkt – in die Überzeugung hinein, ihm sei im November 1908 bitteres Unrecht geschehen, und Bülow habe ihn schändlich »verraten«. Für ihn zählte nur die Tatsache, dass er den »Daily-Telegraph«-Artikel vor der Veröffentlichung Bülow zur Prüfung zugeschickt und folglich – dieses eine Mal – ganz korrekt gehandelt hatte. Dass es bei der »Daily-Telegraph«-Affäre nicht um diese Formalie, sondern um seinen Regierungsstil überhaupt ging, wollte Wilhelm nicht begreifen. Bis zum November 1908 war sein persönliches Verhältnis zu Bülow weitaus enger und herzlicher als zu sämtlichen früheren und späteren Kanzlern gewesen. Vom November 1908 an fasste Wilhelm aber einen tiefen Hass gegen den Mann, den er einmal seinen »besten, intimsten Freund« genannt hatte.

Der Hofmarschall des Kaisers, Robert Graf von Zedlitz-Trützschler, schrieb bereits am 30. November an seinen Vater, Wilhelm betrachte sich als den »größten Märtyrer seiner Zeit«.[50] Wenige Tage später unterhielt der Kaiser sich ausführlich mit Szögyényi und beklagte sich dabei bitterlich darüber, dass Bülow ihn im November 1908 »ganz schnöde im Stich gelassen habe«.[51] Wilhelms Entschluss, den »Verräter« Bülow zu entlassen, verfestigte sich zunehmend. Indes, so ganz einfach war es nicht, dieses Vorhaben auch tatsächlich auszuführen. Verfassungsrechtlich war das zwar kein Problem, da der Kaiser die Reichskanzler ganz nach seinem Ermessen ernennen und wieder entlassen konnte. Nachdem Wilhelm aber im Verlaufe der »Daily-Telegraph«-Affäre Bülow mehrfach öffentlich das Vertrauen ausgesprochen hatte, konnte er ihn nicht aus heiterem Himmel verabschieden, ohne in der Öffentlichkeit einen neuerlichen Sturm der Kritik hervorzurufen. Der Kaiser beschloss, auf eine günstige Gelegenheit zu warten.

Die innenpolitischen Turbulenzen der Jahre 1907/08 fielen in eine Zeit, in der sich die Widersprüche zwischen den beiden rivalisierenden Mächtegruppierungen weiter zuspitzten. Das Deutsche Reich trug viel zu dieser Entwicklung bei, indem es seine Flottenrüstung und seine ökonomische Expansion weiter forcierte. Im Jahre 1905 war England zum Bau von Großkampfschiffen übergegangen. Im Februar 1906 lief das Linienschiff »Dreadnought«, im April 1907 der Schlachtkreuzer »Invincible« vom Stapel.[52] Die Großkampfschiffe waren den bisherigen Linienschiffen und Panzerkreuzern hinsichtlich ihrer Bewaffnung und Geschwindigkeit stark überlegen. Die englische Marineführung war davon überzeugt, Deutschland sei aus technischen und finanziellen Gründen nicht in der Lage, Großkampfschiffe zu bauen und das Flottenwettrüsten sei endgültig zu Englands Gunsten entschieden.

Am 19. Mai 1906 nahm der deutsche Reichstag die Erste Novelle zum Flottengesetz an. Sie sah lediglich den Bau von sechs Großen Kreuzern vor. Eine Woche später bewilligten die »Reichsboten« auch den Marineetat für 1906. In einer Denkschrift, die diesem Etat beigegeben war, hatte Tirpitz den Sprengstoff eingeschmuggelt, der in der Novelle nicht enthalten war: Alle neu zu bauenden Linienschiffe und Großen Kreuzer sollten Großkampfschiffe sein.[53]

Tirpitz war zuvor vom Flottenverein und vom Kaiser stark unter Druck gesetzt worden. Die Flottenfanatiker fanden nämlich die Novelle zu mager und forderten, über die Festlegungen des Flottengesetzes hinaus weitere Linienschiffe zu bauen. Tirpitz fiel aus allen Wolken, als Bülow sich diese Forderungen zu eigen machte. Worum es dem Kanzler dabei ging, zeigte sich am 25. Oktober 1905. An diesem Tag ließ Bülow bei Tirpitz nachfragen, ob man aus der Flottennovelle eine »große nationale Frage« machen solle.[54] Bülow ging mit dem Gedanken um, den Reichstag aufzulösen und die Flottenrüstung zum zentralen Thema des Wahlkampfes zu machen. Der Kanzler kam aber von dieser Idee wieder ab.

Bis 1908 wurden nun in Großbritannien zehn Großkampfschiffe bewilligt, in Deutschland neun. Im März 1908 lief das erste deutsche Großkampfschiff »Nassau« vom Stapel, im März 1909 der Schlachtkreuzer »Von der Tann«. Damit war auch die große Anzahl älterer englischer Linienschiffe und Panzerkreuzer entwertet, und die bisherige Überlegenheit der englischen Flotte hatte sich in dramatischer Weise verringert. Das deutsch-englische Flottenwettrüsten begann de facto am Nullpunkt von neuem, und die englische Seeherrschaft war viel stärker bedroht als vor dem »Dreadnought-Sprung«.

Deutsches Großkampfschiff der »König«-Klasse beim Abfeuern einer Breitseite

Auch im Nahen und Mittleren Osten verschärfte sich die deutsch-britische Rivalität. Deutsche Reedereien und Banken suchten im Iran Fuß zu fassen, der bislang als eine Domäne Russlands und Englands galt. In der Türkei bemühten sich die Briten, den Bau der Bagdadbahn entweder zu verhindern oder aber maßgeblichen Einfluss auf dieses Unternehmen zu gewinnen. In einem Erlass an Wolff-Metternich wies Bülow am 9. Februar 1907 die »englische Zumutung [...], daß wir ein rein deutsches Bahnunternehmen internationalisieren oder eventuell den wertvollsten Teil der Bahn, die Strecke von Bagdad bis zum Persischen Golf, England überlassen sollen«, strikt zurück. Einer Internationalisierung würde die Regierung »schon mit Rücksicht auf die deutschen Unternehmer nicht ohne weiteres nähertreten können, welche die Konzession mit großer Mühe und erheblichen Geldopfern erreicht und erfolgreich behauptet haben.«[55]

Als Botschafter Marschall im Jahre 1907 Konstantinopel für mehrere Monate verließ, da sorgte Bülow dafür, dass Alfred von Kiderlen-Wächter, der »beste politische Kopf« der deutschen Diplomatie[56], zu seinem Vertreter bestellt wurde. Bülow hielt in der Bagdadbahnpolitik seine Linie auch dann noch strikt durch, als Wilhelm II. wieder einmal umzufallen drohte. Der Kaiser hatte sich bisher gegenüber der Idee, den Briten das zum Golf führende Schlussstück der projektierten Bahntrasse zu überlassen, stets ablehnend verhalten. Im Oktober 1907 reiste der Monarch nach England, und nach einer Unterredung mit den Ministern Sir Edward Grey und Lord Richard Haldane telegraphierte er prompt an Bülow: »Ich glaube, daß Engländer jeden Widerstand aufgeben, wenn wir ihnen Ausmündung der Bahn im Persischen Meerbusen [...] überlassen.«[57] Der Kanzler widersprach in einem Telegramm an Wilhelms Reisebegleiter Wilhelm von Schoen entschieden: »Bagdadbahn anlangend würde förmliche Überlassung der Ausmündung am Persischen Golf an England bedenklich sein [...] Wir würden mit diesem Zugeständnis die ganze Bahn englischem Einfluß ausliefern, gegen den uns in der Praxis kein noch so verklausuliertes Abkommen zu schützen imstande wäre.«[58]

Es gelang Kiderlen und den Vertretern der Deutschen Bank, alle Anschläge der Briten auf das Bagdadbahnunternehmen zu vereiteln. Am 2. Juni 1908 konnte der Direktor der Anatolischen Eisenbahn-Gesellschaft, Karl Helfferich, dann Verträge mit der türkischen Regierung unterzeichnen, die den Bau eines 840 km langen Streckenabschnitts der Bagdadbahn vorsahen.

Diese erfolgreiche deutsche Expansion in den Orient beschleunigte die englisch-russische Annäherung. Am 31. August 1907 grenzten Großbritannien und Russland ihre Interessensphären in Asien vertraglich ab. Damit hatte sich die Entente zur Triple-Entente erweitert.[59] Bülows außenpolitisches Konzept, die Rivalen des deutschen Kaiserreiches gegeneinander auszuspielen, war in ein Fiasko ohnegleichen eingemündet. Bülow war sich, wie dann sein Zirkularerlass vom 25. Juni 1908 zeigen sollte, über die Konsequenzen der englisch-russischen Übereinkunft durchaus im Klaren. In der Öffentlichkeit aber ließ er eine verharmlosende Interpretation verbreiten: »Es ist wichtig, daß das Abkommen von unserer Presse ruhig und sachlich besprochen und, wenn es, wie ich annehme, dem entspricht, was uns von russischer und englischer Seite angekündigt wurde, nicht etwa zu einer englisch-russischen Allianz aufgebauscht oder ohne Not als Verletzung deutscher Interessen hingestellt wird.«[60]

Steuerte Bülow in der Flottenrüstung und bei der Nahostexpansion einen antibritischen Kurs, so bemühte er sich gegenüber Frankreich um eine gewisse Entspannung. Am 29. Juni 1906 empfing er den einflussreichen Kolonialpolitiker und Vertrauensmann des Rüstungskonzerns Schneider-Creusot, Eugéne Etienne. Dieser versicherte dem Kanzler, er hoffe, »daß ein Zusammenwirken zwischen deutschem und französischem Kapital – vielleicht auch in Marokko – eine gute Vorbereitung für die politische Verständigung sein würde.«[61] Am 7. Februar 1909 konnte Bülow dann dem Kaiser mitteilen, dass ein deutsch-französisches Marokko-Abkommen ausgehandelt worden war. Darin sicherte Frankreich der deutschen Seite die wirtschaftliche Gleichberechtigung in Marokko zu, und Deutschland erkannte die politischen Vorrechte der Franzosen an. Bülows Politik der »détende« (Entspannung) verbesserte nach der Konfrontation von 1905/06 die deutsch-französischen Beziehungen atmosphärisch und erleichterte die ökonomische Expansion Deutschlands in französische Einflussgebiete. An der mittlerweile entstandenen Mächtekonstellation änderte die »détende« dabei nichts.

Die erste Marokkokrise hatte der Welt vor Augen geführt, dass vom kaiserlichen Deutschland Kriegsgefahr ausging. Bülow bemühte sich deshalb, das Erscheinungsbild des Kaiserreiches freundlicher zu gestalten. So griff er eine Anregung Wolff-Metternichs auf, der Interparlamentarischen Union – die sich für eine weltweite Abrüstung einsetzte – zu erlauben, in Berlin einen Jahreskongress durchzuführen. Wilhelm II. widersetzte sich dieser Idee zunächst heftig, gab aber schließlich nach. Worum es Bülow ging, erläuterte dieser am 12. Dezember 1906 gegenüber Tschirschky so: »Wir haben jedes Interesse, die Friedensbewegung […] vor den Wagen unserer (Friedens-) Politik zu spannen, statt sie von anderen gegen uns verwerten zu lassen.«[62] (Die Interparlamentarische Konferenz tagte dann im September 1908 im Berliner Reichstagsgebäude und Bülow hielt eine Ansprache).

Auf der 2. Friedenskonferenz, die vom 15. Mai bis 18. Oktober 1907 in Den Haag stattfand, gebärdeten die Vertreter des Deutschen Reiches sich freilich wieder in der gewohnten Weise als Störenfriede. Die liberale britische Regierung Campbell-Bannerman wollte das

Thema Rüstungsbegrenzung auf die Tagesordnung der Konferenz bringen. Sie plante aufwendige sozialpolitische Maßnahmen und hoffte deshalb, eine Eskalation des Wettrüstens vermeiden zu können. Der russische Außenminister Alexander Petrowitsch Iswolski versicherte dem deutschen Botschafter Wilhelm von Schoen am 18. März 1907 unter vier Augen, die Abrüstung sei »ein Gedanke von Juden, Sozialisten und hysterischen Weibern«.[63] Die deutsche Reichsregierung aber wandte sich in aller Öffentlichkeit gegen die britische Initiative. Sie erklärte vorab, dass ihre Delegation sich im Haag nicht an Abrüstungsgesprächen beteiligen werde und torpedierte so den britischen Vorschlag.

Bülow motivierte diese Haltung am 30. April vor dem Reichstag, indem er behauptete: »Nicht nur technisch, auch moralisch hat sich unsere Rüstung als ein gutes Friedenswerkzeug bewährt. Daß wir uns dieses Werkzeug erhalten wollen, kann uns niemand verargen.«[64] Zu dieser Rede des Kanzlers vermerkte Holstein übrigens in seinem Tagebuch: »Bülow hat, meinem Rat folgend, eigentlich gegen seine eigene Überzeugung im Reichstag fest gegen die Abrüstung gesprochen und damit Beifall geerntet.«[65]

Die Reichsregierung weigerte sich auch, ein obligatorisches Schiedsverfahren zur Schlichtung internationaler Konflikte zu akzeptieren. Den Grund dafür nannte Bülow am 29. Juli 1907 in einem Brief an Wilhelm II.: Ein so genannter Weltschiedsvertrag würde »uns ganz allgemein und auch böswilligen kleineren Staaten gegenüber der Möglichkeit berauben [...] den Machtfaktor zur Geltung zu bringen.«[66] Die deutsche Delegation stimmte jedoch den 13 Konventionen zu, welche die Gesetze und Gebräuche der Kriegführung festlegten. Darunter war auch ein Abkommen über die Rechte und Pflichten der Neutralen, in dem für den Kriegsfall die Unverletzlichkeit des Territoriums neutraler Staaten garantiert wurde. Bülow ließ diese Konvention unterzeichnen, obwohl er von der Existenz des Schlieffenplans wusste. Er notierte hierzu: »Im Frieden kein Mißtrauen wecken, im Kriege rücksichtslos vorgehen.«[67]

Knapp ein Jahr nach der Bildung der Triple-Entente, am 9. und 10. Juli 1908, kam es in Reval zu einer Begegnung, einer »Entrevue« zwischen dem englischen König Eduard VII. und dem russischen Zaren Nikolaus II. Dieses Treffen erregte viel Aufsehen. In der deutschen Öffentlichkeit fragte man sich besorgt, ob die beiden Monarchen Abmachungen getroffen hätten, die sich gegen den deutsch-österreichischen Block richteten.

Für Bülow war die Entrevue ein Anstoß, sein außenpolitisches Konzept schriftlich zu umreißen. Er arbeitete einen Erlass an den preußischen Gesandten in München aus, der auch an die Gesandten in Dresden, Stuttgart und Karlsruhe ging. Die Gesandten wurden beauftragt, das Schreiben den leitenden Ministern der genannten Bundesstaaten vorzulesen, es aber nicht auszuhändigen. Über Botschafter Szögyényi wurde auch der österreichische Kaiser Franz Joseph I. informiert.

Bülow betonte in seinem Erlass, die Entente habe einen »eher defensiven Charakter«.[68] Sie sei aus der Furcht ihrer Mitglieder »vor einem etwaigen Mißbrauch der wirtschaftlichen und damit auch politischen Macht Deutschlands und seines nächsten Bundesgenossen« entstanden.[69] Für die Außenpolitik des Deutschen Reiches habe die Maxime zu gelten, »bei aller Entschlossenheit in der Wahrung unserer Rechte und berechtigten Interessen, Gelegenheiten sorgsam [zu] vermeiden, die andere Mächte zu dem Versuche der Bildung von übermächtigen Koalitionen gegen uns anreizen könnten. Deshalb wird die Reichsleitung sich zum Beispiel ein Nachgeben gegenüber chauvinistischen Bestrebungen, mögen sie von alldeutscher oder sonstiger Seite kommen, entschieden zu versagen [...] haben ...«[70] Deutschland müsse »in der Erkenntnis, daß es die Furcht vor unserer Stärke ist, die andere Mächte davon abhält, über uns herzufallen«, seine »militärische Rüstung zu Wasser und zu Lande so achtunggebietend wie möglich gestalten«.[71] »Treues Zusammenstehen mit Österreich-Ungarn« müsse der »oberste Grundsatz der deutschen auswärtigen Politik bleiben«.[72] Diese Konzeption zeugte von einer relativ nüchternen Beurteilung der Mächtekonstellation. Es fällt auf, wie nachdrücklich Bülow auf ökonomische Hintergründe der Außenpolitik hinwies.

In seinem Zirkularerlass formulierte der Kanzler noch, ganz der kaiserlichen Linie folgend: »Vereinbarungen, die auf eine Einschränkung unserer Wehrmacht hinauslaufen, sind für uns unter keinen Umständen diskutierbar. Eine Macht, die uns zu einer solchen Vereinbarung auffordert, möge sich darüber klar sein, daß eine solche Aufforderung den Krieg mit uns bedeutet.«[73] Wenige Wochen später begann Bülow jedoch, auf dem Felde der Rüstungsbegrenzung eigene Wege zu gehen.

Zu dieser Zeit verfolgte die britische Öffentlichkeit die hektische deutsche Flottenrüstung mit tiefer Sorge. Es kam das Schlagwort vom »navy scare« [Flottenpanik] auf. Botschafter Wolff-Metternich wies den Kanzler immer wieder auf diese Haltung der englischen Öffentlichkeit hin. Und er berichtete immer von neuem über Gespräche mit englischen Diplomaten, in denen diese eine deutsch-englische Übereinkunft über eine beiderseitige Begrenzung der Flottenrüstung anregten. Metternich machte deutlich, dass er die Situation für sehr ernst hielt und deshalb eine Rüstungsbegrenzung befürwortete. Auch Ballin und später Holstein beschworen Bülow, sich für eine Rüstungsbegrenzung einzusetzen.

Wilhelm II. und Tirpitz nahmen die Berichte Metternichs mehr und mehr mit großer Verärgerung auf. Zu einem Bericht vom 15. Juli 1908 schrieb der Kaiser: Das deutsche Flottengesetz werde »bis ins letzte Tüttelchen ausgeführt; ob es den Briten paßt oder nicht ist egal! Wollen sie den Krieg, so mögen sie ihn anfangen; wir fürchten ihn nicht!« [74]

Bülow war mittlerweile klar geworden, dass Deutschland die kostspielige Flottenrüstung nicht endlos weitertreiben konnte. Am 23. August 1908 schrieb er an Holstein: »Ich habe mich in den letzten Wochen viel mit Reichsfinanzreform und Finanzlage im Reich beschäftigt [...] Wir können nicht gleichzeitig das erste Heer der Welt haben [...] die großzügigste und kostspieligste Sozialpolitik unter allen Völkern treiben und eine Riesenflotte bauen und erneuern.« [75]

In einem Brief an Wilhelm II. nahm Bülow drei Tage später Wolff-Metternich in Schutz. Er warnte Wilhelm davor, die Idee einer deutsch-englischen Verständigung über die Flottenrüstung pauschal abzulehnen. Eine stetige Weiterführung der deutschen Flottenrüstung werde schließlich zum Krieg mit England führen, in den dann auch Frankreich und Russland eingreifen würden. [76]

Am 8. September 1908 meldete sich dann ein Mann zu Wort, der einen unheilvollen Einfluss auf die interne Verständigung über ein eventuelles Flottenabkommen nehmen sollte: Wilhelm von Stumm, derzeit Erster Sekretär an der deutschen Botschaft in London. Stumm schrieb an Bülow, die Sorge der Engländer vor der deutschen Flottenrüstung wäre ein hervorragendes Druckmittel. Auf eine beiderseitige Begrenzung der Schiffsbauten solle man sich nur dann einlassen, wenn die englische Regierung auf anderen Gebieten Zugeständnisse machen würde. Er meinte: »Das russisch-englische Abkommen über Zentralasien [...] lehrt, wie gewinnbringend sich englische Zwangsvorstellungen ausnutzen lassen.« Bülow schrieb an den Rand: »Sehr beachtenswert.« [77]

Partiell freilich zeigte die Politik Bülows nun realistische Züge. So machte er sich Auffassungen des Vizeadmirals a. D. Karl Galster zu eigen und forderte seinen Pressechef Hammann auf, unauffällig diese Ideen zu verbreiten. Er schrieb: »Wenn wir bei unseren Flottenrüstungen den Akzent mehr auf die Defensive (Küstenbefestigungen, Unterseeboote, Minen usw. usw.) legen, so fällt der Hauptgrund für die Spannung mit England weg und vielleicht ist es auch für unsere eigne militärische Sicherheit (wie für unsere Finanzen) besser.«[78]

Tirpitz war emsig bemüht, Wolff-Metternich entgegenzuwirken. Dabei sandte er Bülow am 25. November 1908 einen Auszug aus dem berüchtigten Artikel der »Saturday Review« vom 11. September 1897 zu. Am 30. November 1908 entwickelte der Kanzler in einem Schreiben an Tirpitz folgenden Gedanken: Die Furcht der Engländer vor der deutschen Flottenrüstung sei eine Tatsache, mit der man rechnen müsse. Bei einem weiteren Ausbau der deutschen Flotte werde in England die Idee eines Angriffskrieges gegen Deutschland allmählich die Oberhand gewinnen. Er fragte deshalb, ob Deutschland einem englischen Angriff »mit Ruhe und Vertrauen entgegensehen« könne.[79]

Tirpitz antwortete am 17. Dezember 1908 mit einem klaren »Nein« und legte von neuem seine bekannte These dar, je stärker die deutsche Flotte in den folgenden Jahren würde, desto geringer werde die Kriegsgefahr, weil für die Engländer das Risiko wachse. Bülow gab sich mit dieser Behauptung nicht zufrieden. Er bezweifelte, dass die deutsche Schlachtflotte im Kriegsfall überhaupt in Aktion treten könne und regte eine Umorientierung der Rüstungsanstrengungen von den Schlachtschiffen auf Küstenbefestigungen und U-Boote an. Er schlug dann vor, in den nächsten drei Jahren jeweils statt der geplanten vier Schlachtschiffe nur drei zu bauen und anschließend statt zwei jeweils drei.[80]

Auf diese Empfehlung reagierte Tirpitz am 4. Januar 1909 mit einer Rücktrittsdrohung![81] Das ist natürlich nur vor dem Hintergrund der »Daily-Telegraph«-Affäre zu verstehen. Wilhelm II. war ja bereits entschlossen, Bülow bei nächster Gelegenheit zu entlassen, und Tirpitz wusste das wahrscheinlich. Bülow gab nach, zumal Wolff-Metternich ihm erklärt hatte, die angeregte geringfügige Verlangsamung der Schiffsbauten werde in England keine nennenswerte Wirkung haben.

BOSNISCHE KRISE UND KANZLERSTURZ 1908/09

Am 8. Dezember 1908 fand Bülow auf seinem Schreibtisch einen Brief Karl Helfferichs aus dem fernen Konstantinopel vor. Der Verfasser hatte sein Schreiben am 30. November an Arthur Gwinner, den Direktor der Deutschen Bank, gerichtet. Gwinner reichte den Brief an das Auswärtige Amt weiter und Staatssekretär Wilhelm von Schoen, der im Oktober 1907 Tschirschky abgelöst hatte, legte ihn dem Kanzler vor. Helfferichs Schreiben gipfelte in dem Satz: »Der Traum der ›deutschen Bagdadbahn‹ bis zum Golf ist ausgeträumt.« [1] Woraus resultierte der Schreckensruf?

Ende Juli 1908 hatte die Jungtürkische Revolution [2] gesiegt. Das despotische Regime des Sultans Abd-ül Hamid II., der die deutsche Expansionspolitik begünstigt hatte, wurde beseitigt. In Konstantinopel kamen nun nationalistische Politiker ans Ruder, die vorrangig mit den Briten und Franzosen zusammenarbeiten wollten. Für die deutschen Wirtschaftskreise zog in der Türkei die reale Gefahr herauf, dass sie selbst im Eisenbahnbau und im Waffengeschäft durch ihre britischen und französischen Rivalen verdrängt würden.

Staatssekretär Schoen fügte dem Brief Helfferichs eine Aufzeichnung bei, in der es hieß, Gwinner befürchte wie Helfferich, dass die Briten in Konstantinopel auf eine Annullierung der Verträge über den Bau der Bagdadbahn hinarbeiten würden. Es sei deshalb ratsam, mit den Engländern Verhandlungen aufzunehmen und ihnen den geplanten Streckenabschnitt Bagdad – Basra bei einer deutschen Beteiligung von 30 Prozent zu überlassen. [3] Bülow erklärte sich damit einverstanden. [4] Bereits Mitte Oktober hatte Botschafter Marschall das Auswärtige Amt beschworen, dafür zu sorgen, dass die deutsche Presse nicht etwa die britische Türkeipolitik attackiere. [5] Man solle vielmehr abwarten, bis sich bei den Jungtürken von selber Ernüchterung gegenüber England einstellen werde. [5] Bülow verfasste am 28. Oktober 1908 in diesem Sinne Direktiven für die Presse, in denen es hieß: »Jedes Zusammengehen von England und Frankreich [...] zwecks Stärkung der Türkei [...] ist eher nützlich für uns, denn es trennt beide von Rußland [...] wir dürfen in der Presse aber nichts gegen ein solches Zusammengehen sagen [...].« [6]

Mit der Zeit erregten unverhohlene Eingriffe des englischen Botschafters in die türkische Politik mehr und mehr den Unwillen der Jungtürken. Als sich dann im April 1909 die von den Briten unterstützte liberale Partei »Ahrar« an einem Putschversuch beteiligte, begann unter den Jungtürken der Einfluss prodeutsch eingestellter Offiziere zuzunehmen. Ein deutliches Indiz hierfür war die Bitte der türkischen an die deutsche Regierung vom Mai 1909, den Generaloberst Colmar Frh. von der Goltz von neuem zur Reorganisierung der türkischen Armee zur Verfügung zu stellen. Als Unterstaatssekretär Stemrich hierzu am 17. Mai 1909 schrieb: »Freiherr von der Goltz dürfte ausdrücklich zur Pflicht zu machen sein, sich politischer Betätigung gänzlich zu enthalten«, [7] präzisierte Bülow: »cum grano salis! Er darf sich nicht bloßstellen, soll uns aber die Türken militärisch, politisch und wirtschaftlich heben, gewinnen und an uns ketten.« [8] Goltz hatte dann entscheidenden Anteil daran, dass die türkische Regierung schließlich neue Rüstungsaufträge nach Deutschland vergab und die bestehenden Konzessionsverträge über den Bau der Bagdadbahn anerkannte.

Die zeitweilige Schwächung der Positionen des Deutschen Reiches in der Türkei hing auch mit dessen Haltung bei der Annexion von Bosnien und der Herzegowina zusammen. Diese beiden von Südslawen bewohnten Provinzen unterstanden seit 1878 österreichischer Militär- und Verwaltungshoheit. Sie gehörten jedoch formell weiterhin zum Osmanischen Reich. Nach dem Sieg der Jungtürkischen Revolution wurden in der Türkei Parlamentswahlen ausgeschrieben, die auch in Bosnien und der Herzegowina abgehalten werden sollten. Das bildete für die österreichische Regierung den Anlass, am 19. August 1908 die förmliche Annexion beider Provinzen zu beschließen. Die regierenden Kreise Österreich-Ungarns verfolgen mit der Annexion das Ziel, einen Schlag gegen Serbien und gegen die gesamte südslawische Befreiungsbewegung zu führen. Gleichzeitig hofften sie, das angeschlagene Prestige der Donaumonarchie durch eine erfolgreiche Machtdemonstration wieder aufbessern zu können. [9] Die geplante Annexion stellte eine einseitige Verletzung des Berliner Vertrages von 1878 dar.

Im September 1908 verschaffte die österreichische Regierung sich zunächst die Rückendeckung der deutschen Reichsregierung. Der österreichische Außenminister, Alois Frh. Lexa von Aehrenthal, suchte am 5. September Staatssekretär Schoen in Berchtesgaden auf und unterrichtete ihn über sein Vorhaben. Dabei teilte er ihm

Generalfeldmarschall Colmar von der Goltz

auch mit, dass er eine »vollständige Aufhebung des serbischen revolutionären Nestes« – also schlicht einen Angriffskrieg – anstrebe.[10] Serbien solle zwischen Österreich-Ungarn und Bulgarien aufgeteilt werden. Schoen informierte am gleichen Tage Bülow.

Aehrenthal traf sich nun am 16. September in Buchlau (Mähren) mit dem russischen Außenminister Alexander Petrowitsch Iswolski. Aehrenthal versicherte, Österreich werde sich dafür einsetzen, dass die türkischen Meerengen für russische Kriegsschiffe geöffnet würden. Iswolski stimmte daraufhin der geplanten Annexion zu. Aehrenthal schrieb am 26. September erneut direkt an Bülow, er rechne »mit vollem Vertrauen auf Deutschlands Unterstützung«.[11] Ohne sich mit den Regierungen Englands und Frankreichs verständigt zu haben, vollzog die österreichische Regierung nun am 5. Oktober 1908 die Annexion. Dieser Schritt rief in Serbien große Erregung hervor. Serbien begann sich auf einen Krieg vorzubereiten.

Bülow hatte in seinem Zirkularerlass vom 25. Juni 1908 betont: »Rußland ist infolge des japanischen Krieges noch für längere Zeit wenig aktionsfähig.«[12] Jetzt, am 30. Oktober, kam er auf Aehrenthals Ankündigung zurück, er werde möglicherweise gegen Serbien losschlagen – und erteilte dem Österreicher eine Blankovollmacht: »Ich werde [...] die Entscheidung, zu der Sie schließlich gelangen werden, als die durch die Verhältnisse gebotene ansehen.«[13]

Im Verlauf der Bosnischen Krise prägte Bülow bekanntlich das Wort, das Deutsche Reich wahre gegenüber der Donaumonarchie »Nibelungentreue«.[14] Der Kanzler folgte dabei natürlich nicht etwa sentimentalen Regungen. 1908 unterstütze er Aehrenthals Annexionspläne, weil Österreich-Ungarn mittlerweile der einzige zuverlässige Verbündete Deutschlands war und weil die deutsche Hauptexpansionslinie Berlin – Bagdad nur durch eine Stärkung des Bünd-

Bülow als Generalmajor in der Uniform des Husarenregiments Nr. 7, 1908

nisses mit Österreich-Ungarn gesichert werden konnte. In diesem Sinne schrieb er am 11. Januar 1909 an Wilhelm II.:

»Worauf es jetzt ankommt ist, den Österreichern Mut zu machen, die nicht nur für sich selbst, sondern am letzten Ende auch für uns gegen die Entente-Mächte Front genommen haben. Es kommt darauf an, die Österreicher mit der Überzeugung zu erfüllen, daß die Russen noch für Jahre hinaus nicht völlig aktionsfähig sind; die Italiener nicht die Kraft noch den Schneid haben, Österreich anzugreifen; England den Österreichern nicht viel tun kann und aus wirtschaftlichen wie aus politischen Gründen auch Ursache hat, einen Waffengang mit uns nicht vom Zaune zu brechen; Frankreich noch immer unsere Überlegenheit fürchtet [...] Österreich kann uns gegen England sehr wohl unterstützen und es liegt auf der Hand, daß eine österreichische Kooperation gegen Rußland durch die letzte Wendung der österreichischen Politik sicherer geworden ist als sie vor der Annexion von Bosnien und der Herzegowina war.«[15]

Nach dem 5. Oktober 1908 demonstrierte Bülow in seinen offiziellen Verlautbarungen »Nibelungentreue«. Gleichzeitig ließ er aber in der von ihm gelenkten Presse klar zum Ausdruck bringen, dass die Reichsregierung in der Türkei und auf dem Balkan in Konkurrenz zum österreichischen Bündnispartner energisch eigene politische und ökonomische Ziele verfolgte.[16]

Wie Bülow richtig vorausgesehen hatte, hielt sich Serbiens Schutzmacht Russland zurück. Obendrein gab es zwischen Russland und seinen Verbündeten England und Frankreich Differenzen. Beide Westmächte lehnten die Forderung der russischen Regierung, die türkischen Meerengen für russische Kriegsschiffe zu öffnen, ab.

Im November 1908 holte Bülow dann Alfred von Kiderlen ins Auswärtige Amt. Er hatte sich bereits im Vorjahr bemüht, dessen Ernennung zum Staatssekretär durchzusetzen, war aber bei Wilhelm II. nicht damit durchgekommen. Kiderlen fungierte nun zunächst als Stellvertretender Staatssekretär, später formell nur als »Hilfskraft«. Tatsächlich war er bis März 1909 in der Außenpolitik Bülows rechte Hand. Kiderlen war ein fähiger, dabei ausgesprochen eigenwilliger Mann mit einem gefährlichen Hang, bei außenpolitischen Aktionen mit hohem Risiko zu pokern (im Jahre 1911 sollte er dann durch den riskanten »Panthersprung« von sich reden machen). Der »schwäbische Bismarck«, wie er von seinen Kritikern genannt wurde, frönte stark den geistigen Getränken. Bülow nannte er in seinen Privatbriefen nur den »Aal«[17], politisch zog er aber mit ihm am gleichen Strang.

Der österreichische Generalstabschef, Franz Frh. Conrad von Hötzendorf, drängte unterdessen seine Regierung, gegen Serbien einen Angriffskrieg zu beginnen.[18] Im Einvernehmen mit Bülow sicherte Generalstabschef Helmuth von Moltke am 21. Januar 1909 Conrad zu, dass er mit deutscher Hilfe rechnen könne, falls Russland in einen österreichisch-serbischen Krieg eingreifen würde.[19] Am 15. März teilte der österreichische Botschafter in Berlin dem Reichskanzler mit, dass Österreich militärische Maßnahmen gegen Serbien vorbereite. Daraufhin verlangte am 22. März der deutsche Botschafter in St. Petersburg im Auftrage Bülows vom russischen Außenminister eine eindeutige Auskunft, ob Russland der Annexion zustimme oder nicht.[20] Er deutete dabei an, dass die deutsche Reichsregierung im Falle einer Ablehnung Österreich ermuntert werde, Serbien zu überfallen. Bülow und Kiderlen gingen bewusst das Risiko eines großen Krieges ein. Sie rechneten dabei fest darauf, dass Russland noch nicht aktionsfähig sei und deshalb der militärischen Konfrontation ausweichen werde.[21] Die russische Regierung sah sich gezwungen, vor dieser Drohung zurückzuweichen und die Annexion anzuerkennen. Die Regierung Österreich-Ungarns beschloss nun am 29. März die Mobilmachung gegen Serbien. Zwei Tage später musste auch Serbien in die Annexion einwilligen.

Bülow hat viel später, am 26. November 1924, in einem Brief an Tirpitz behauptet, die bosnische Krise habe keineswegs zu einer Verschlechterung der deutsch-russischen Beziehungen geführt.[22] Die Wirklichkeit sah aber anders aus. In den herrschenden Kreisen Russlands empfand man das Zurückweichen vor den Drohungen der deutschen Seite als demütigend. So berichtete der britische Botschafter in St. Petersburg, Sir Arthur Nicolson, nach dem deutschen Ultimatum seinem Außenminister: »Mir ist von Persönlichkeiten, die viele Phasen der jüngsten Geschichte Rußlands miterlebt haben, versichert worden, daß es nie zuvor einen Augenblick gegeben habe, da das Land so gedemütigt wurde. Obwohl Rußland seine äußeren und inneren Schwierigkeiten und Prüfungen erlebt und Niederlagen im Felde erlitten hat, war es bisher nie gezwungen, sich dem Ultimatum einer ausländischen Macht zu beugen.«[23] Und Zar Nikolaus II. schrieb an seine Mutter: »[...] das deutsche Vorgehen uns gegenüber ist brutal gewesen, und wir werden es nicht vergessen.«[24]

Bülow und Kiderlen hatten einen Prestigeerfolg gegen die Triple-Entente errungen. Aber dieser Erfolg war teuer erkauft. Der deutschrussische und der österreichisch-serbische Gegensatz verschärften sich weiter. Die Tripleentente aber festigte sich. Italien, das bei der Annexion leer ausgegangen war, entfernte sich noch weiter von seinen Dreibundpartnern. Und die südslawische Befreiungsbewegung nahm einen neuen Aufschwung.

Dass Bülow und Kiderlen zwar hoch gepokert, dann aber doch am Kriege vorbeigesteuert hatten, war einem Mann wie Goltz auch wieder nicht recht. Der General schrieb nämlich am 12. April 1909 an seinen Sohn Fritz: »Der Friede ist nun ja wieder einmal gesichert, und im Vaterlande herrscht eitel Freude darüber. Bülows Ansehen ist sehr gestiegen. Ohne Zweifel hat er auch mit großem Geschick operiert, wenn man die Vermeidung des Krieges als aller Weisheit letzten Schluß ansieht.«[25]

In seinem Zirkularerlass vom 25. Juni 1908 hatte Bülow hervorgehoben, dass Deutschland neben der militärischen auch nicht die »finanzielle und wirtschaftliche Rüstung« vernachlässigen dürfe.[26] Die Aufrüstung, namentlich der Schlachtflottenbau, verschlang enorm viel Geld und trieb die Staatsverschuldung in die Höhe. Die Reichsregierung wollte deshalb eine Anzahl neuer Steuern einführen und dadurch die jährlichen Staatseinnahmen um etwa 500 Millionen Mark steigern. Davon sollten 347,5 Millionen Mark durch indirekte Steuern auf Bier, Branntwein, Tabak, Wein, Gas und elektrischen Strom und 92 Millionen Mark durch eine Ausdehnung der Erbschaftssteuer auf Ehegatten und Nachkommen aufgebracht werden. Der Löwenanteil an den neuen Abgaben sollte somit den Verbrauchern aufgebürdet werden. Die Erbschaftssteuer hingegen betraf vor allem die Großgrundbesitzer.

Eine Erbschaftssteuer war von der Nationalliberalen Partei und von den linksliberalen Parteien, hinter denen große Teile des Bürgertums standen, gefordert worden. Die bürgerlichen Politiker und Bülow selber rechneten so: Die geplante Abwälzung der Rüstungslasten auf die Masse der Bevölkerung musste bei dieser naturgemäß heftige Proteste auslösen. Es war zu erwarten, dass die sozialdemokratische Partei als die entschiedenste Gegnerin der Rüstungspolitik bei den nächsten Reichstagswahlen große Erfolge erringen würde. Belastete man aber bei den Steuererhöhungen auch die Junker etwas, dann würde der Widerstand gegen die neuen indirekten Steuern weniger groß sein.

Aus den gleichen taktischen Erwägungen heraus hatten die Liberalen verlangt, das preußische Dreiklassenwahlrecht, das die Junker in extremer Weise begünstigte, zu reformieren, und Bülow hatte sich vorsichtig zugunsten einer solchen Reform ausgesprochen.[27] Er hatte während seiner Amtszeit den Forderungen der Großagrarier stets in starkem Maße Rechnung getragen. Und er hoffte nun, diese würden sich im Gesamtinteresse der herrschenden Kreise mit Erbschaftssteuer und Wahlrechtsreform abfinden. Das aber sollte sich als Irrtum erweisen.

Die Junker waren zwar sehr für die Aufrüstung – bezahlen sollten sie aber andere. Man hat ausgerechnet, dass ein Großgrundbesitzer, der ein Gut im Werte von 400 000 Mark erbte, die vorgesehene Erbschaftssteuer in 20 Jahresraten zu je 420 Mark zahlen konnte[28], doch schon das war den Herren von Zitzewitz und Itzenplitz zuviel. Obendrein befürchteten die Agrarier, die Einziehung der Erbschaftssteuer werde die riesigen Steuerhinterziehungen ans Licht bringen, welche viele von ihnen zu begehen pflegten. Die Reichsregierung legte die Entwürfe der neuen Steuergesetze am 3. November 1908 dem Reichstag vor. Doch die Interessenvertreter der Großgrundbesitzer, die zeitig über diese Entwürfe informiert worden waren, hatten sich bereits am 2. September 1908 bei einer geheimen Zusammenkunft in Kolberg darauf festgelegt, die Erbschaftssteuer zu Fall zu bringen.[29]

Als die Wogen der »Daily-Telegraph«-Affäre sich langsam geglättet hatten, begannen heftige Auseinandersetzungen um die Reichsfinanzreform. Kanzler Bülow verband demonstrativ sein politisches Schicksal mit dem der Erbschaftssteuer. Die führenden konservativen Politiker waren zunächst unschlüssig. Sie wussten ja nicht einmal, ob Wilhelm II. gewillt war, Bülow im Falle eines Scheiterns der

Erbschaftssteuer-Vorlage zu entlassen. Der Kaiser wütete sozusagen im stillen Kämmerlein gegen den Kanzler. Als Bülow am 13. Februar 1909 in einem Brief beteuerte, er habe im November des Vorjahres »im Interesse Euerer Majestät, der Krone und des Landes« gehandelt, pinselte Wilhelm an den Briefrand »unerhörte Verblendung!«[30] Und am 22. Februar schrieb der Kaiser an den Gesandten Felix von Müller, Bülow habe »das ganze deutsche Volk, Bundesrat und Ministerium angelogen, wenn er behauptete, daß er den Inhalt des Interviews nicht gelesen habe«.[31] Zur selben Zeit erweckte Wilhelm II. jedoch in der Öffentlichkeit nach wie vor den Eindruck, er und Bülow seien ein Herz und eine Seele.

Und wenn es dennoch gelingen sollte, den Kanzler zu stürzen, so überlegten die Konservativen, was dann? Der virtuose Taktiker Bülow hatte, insgesamt gesehen, die Interessen der herrschenden Kreise erfolgreich vertreten. Wen würde der unberechenbare Kaiser zum Nachfolger ernennen? Würde man da nicht womöglich vom Regen in die Traufe kommen?

In dieser Situation bildete sich am Hofe eine kleine Clique von Intriganten heraus, die sich die »Kaisertreuen« nannten. Zu dieser Gruppe gehörten unter anderem der mit Wilhelm II. eng befreundete Oberstmarschall Maximilian Egon Fürst von Fürstenberg (gewissermaßen der Nachfolger Eulenburgs) und der reichlich zwielichtige Publizist Rudolf Martin. Die »Kaisertreuen« bestärkten Wilhelm II. emsig in seinen Hassgefühlen gegen Bülow und drängten in geheimen Zusammenkünften führende Politiker der Zentrumspartei und der Deutschkonservativen Partei, den Kanzler zu stürzen.

Wilhelm II. und Maximilian Egon Fürst von Fürstenberg

Das Treiben der »Kaisertreuen« blieb Bülow nicht verborgen. Auch wurden ihm einige feindselige Äußerungen Wilhelms II. zugetragen. Schon am 6. Dezember 1908 hatte Eugen Zimmermann ihm berichtet, dass »inaktive Minister mit weitreichender Verbindung, Magnaten etc.« auf seinen Sturz hinarbeiteten. Diese Leute würden nicht davor zurückschrecken, dem Kaiser einzureden, die Veröffentlichung des »Daily-Telegraph«-Artikels sei »auf Befehl des Kanzlers erfolgt, der ein Übergewicht anstrebte und nun auch erhielt«.[32] Im Februar 1909 erfuhr der Kanzler von Renvers, dass Wilhelm ihn gegenüber Einem einen »Verräter an der Krone« genannt hatte.[33] Bülow führte nun am 11. März 1909 eine Aussprache mit dem Kaiser herbei – und Wilhelm »verzieh« ihm von neuem und führte eine theatralische »Versöhnungs«-Szene auf. Unmittelbar nach der Unterredung aber sagte er zum Diensttuenden Flügeladjutanten Oberst Hans von Gontard: »Mit dem Bülow bin ich fertig!«[34] Und zum Oberhof- und Hausmarschall August Graf zu Eulenburg: »Nach der Finanzreform nehme ich einen andern Kanzler.«[35]

Die konservativen Politiker nahmen die »Versöhnungs«- Gesten Wilhelms jedoch für bare Münze. Da rief Kronprinz Wilhelm am 19. März 1909 Elard von Oldenburg-Januschau, einen der ärgsten Scharfmacher unter den politisierenden Junkern, zu sich und sagte ihm klipp und klar, dass der Kaiser Bülow in absehbarer Zeit entlassen werde – wie auch immer die Finanzreform ausgehen sollte. Die Konservativen verloren keine Zeit. Bereits am 24. März teilte der Vorsitzende der deutschkonservativen Reichstagsfraktion, Oskar von Normann, der Nationalliberalen Partei offiziell mit, dass seine Partei sich im Reichstag gegen die Erbschaftssteuer wenden werde.

Die Mehrzahl der Konservativen arbeitete nun zielstrebig daraufhin, nicht nur die geplante Nachlassteuer, sondern auch den Kanzler zu Fall zu bringen. Treibende Kraft war dabei der Bund der Landwirte. Am 23. März 1909 konnte man in der »Korrespondenz des Bundes der Landwirte« über Bülow und die Erbschaftssteuer lesen: »Es war dieser Kanzler, welcher für die Sozialdemokratie die erste bahnbrechende Kerbe in die durch völkische Tradition geheiligten Bande engster Familiengemeinschaft im deutschen Bauernstande schlug.«[36] Schon das Vokabular lässt erkennen, in welcher Traditionslinie die militanten Agrarkonservativen standen.

Eine Minderheit innerhalb der deutschkonservativen Reichstagsfraktion trat allerdings gegen die Sprengung des Bülow-Blocks auf. Am 29. März 1909 machten die Deutschkonservativen eine Probeabstimmung, und dabei votierten 16 Abgeordnete für die Regierungsvorlage. Das war ein Viertel der Fraktion. Es gelang der Parteiführung erst nach monatelangen Auseinandersetzungen, zehn dieser

Abgeordneten auf ihre Linie zu bringen. Ohne diese zehn Stimmen hätte sie keine Mehrheit bilden können. Am 28. April sprach Bülow mit den deutschkonservativen Parteiführern Ernst von Heydebrand und der Lasa, Otto Frh. von Manteuffel und Normann. Er erinnerte sie vergebens daran, dass er »während der ganzen Zeit seiner Kanzlerschaft mit der konservativen Partei konservativ-agrarisch regiert« habe.[37] Ein so durch und durch konservativ eingestellter Mann wie Karl Graf Wedel schrieb am 13. Mai besorgt an den preußischen Gesandten in Karlsruhe, Carl von Eisendecher: »Die Konservativen treiben [...] ein gefährliches Spiel, das sich bitter rächen muß und wird.«[38] Wenige Tage zuvor hatte Bülow dem »ungekrönten König von Preußen«, Heydebrand, prophezeit, ein Bündnis der Konservativen mit dem Zentrum werde nicht von langer Dauer sein. Der Bruch zwischen Konservativen und Nationalliberalen aber werde einem Bündnis zwischen Zentrum, Linksliberalen und Sozialdemokratie den Weg bereiten – und genau so ist es dann im Jahre 1917 gekommen.

Bülow musste nun mit seinem baldigen Sturz rechnen und ging daran, in politischer Hinsicht sein Haus zu bestellen. Am 20. Januar hatte Tirpitz ihm mitgeteilt, er sei gar nicht gegen ein Flottenabkommen mit England, sofern darin ein Kräfteverhältnis von 3:4 festgelegt würde.[39] Am 3. April 1909 gewann der Admiral Wilhelm II. für diese Formel, und daraufhin kam es zwischen Bülow und Tirpitz zu einem offenen Konflikt. Bülow gab aber nicht auf, sondern berief für den 3. Juni eine Besprechung ein, an der unter anderem Tirpitz, Bethmann Hollweg, Wolff-Metternich und Generalstabschef Moltke teilnahmen.[40] Tirpitz war auf dieser Besprechung völlig isoliert. Auch Moltke erklärte, Deutschland könne keinen erfolgreichen Krieg gegen England führen, und er sei dafür, das Tempo der Schiffsbauten zu reduzieren. Tirpitz brachte die Konferenz aber zum Scheitern, indem er sich weigerte, eine Formel zu nennen, auf deren Basis deutsch-englische Verhandlungen über eine Rüstungsbegrenzung geführt werden sollten. Er behauptete allen Ernstes, die Gefahr eines Krieges mit England habe sich bereits von Jahr zu Jahr verringert und 1914/15 werde sie endgültig vorüber sein.[41]

Während der Besprechung am 3. Juni hielt sich Stumm im Auftrag des Auswärtigen Amtes in England auf und führte sondierende Gespräche mit Außenminister Grey und Unterstaatssekretär Charles Hardinge. Es lag von deutscher Seite der Entwurf für ein allgemeines Abkommen mit England in den drei Varianten Defensivbündnis, Neutralitätsabkommen und gar deutsch-englische Entente vor.[42] Dieser Entwurf zeigt, dass Bülow gegenüber England bereits das gleiche Ziel vorschwebte, dem sein Nachfolger Bethmann Hollweg dann vergeblich nachjagen sollte. Schoen notierte in diesen Tagen, es müssten Entwürfe für ein Flotten-, ein Handels- und ein Kolonialabkommen sowie eine Vereinbarung über die Bagdadbahn ausgearbeitet werden[43], doch dazu kam es zur Amtszeit Bülows nicht mehr.

Im Mai/Juni 1909 sorgte Bülow dafür, dass der Moltke-Harden-Prozess, der so viel Staub aufgewirbelt hatte, durch einen außergerichtlichen Kompromiss beendet wurde. Dabei fungierte Ballin als Vermittler. Bülow schrieb am 29. Mai an den Großreeder eigenhändig einen Brief, in dem er bescheinigte, dass »Herr Harden nicht aus Sensationslust, sondern aus patriotischen Erwägungen gehandelt« habe und »nicht leichtfertig dabei zu Werke gegangen« sei.[44] Es war vereinbart, dass Ballin den Brief an Harden übergeben solle mit der Maßgabe, ihn nicht zu veröffentlichen, sondern lediglich im Bekanntenkreis zu zeigen. Auf dem Umweg über Ballin zahlte die Reichskanzlei Harden 40 000 Mark aus und entschädigte ihn so für seine Prozesskosten. Als Gegenleistung verzichtete der streitbare Publizist auf eine Revisionsverhandlung gegen Kuno Moltke.

Am 8. Mai 1909 starb Holstein. Auf dem ganzen politischen Lebensweg Bülows, der nun schon mehr als 35 Jahre währte, war die »Graue Eminenz« als ein gewichtiger Faktor präsent gewesen. Wie viele Wenden hatte es in ihren Beziehungen gegeben! In den letzten zweieinhalb Jahren hatte Holstein als geheimer Berater überwiegend einen positiven Einfluss auf den Kanzler ausgeübt. Bülow hatte den Todgeweihten zum letzten Male am 3. April in dessen Wohnung in der Großbeeerenstraße aufgesucht. In diesem letzten Gespräch beschwor Holstein den Kanzler, in seinem Amt auszuharren. Mit letzter Kraft rief er mehrmals aus: »Bleiben, bleiben!«[45]

Am 16. Juni 1909 sprach Bülow dann zum letzen Male im Reichstag. Er fand bittere Worte dafür, dass die Konservativen sich aus kurzsichtigen Erwägungen heraus entschlossen hatten, ihn zu stürzen. Warnend rief er den Junker-Vertretern zu: »Ich glaube, meine Herren, Sie werden lange warten, bis Sie wieder einen Kanzler bekommen, der die konservativen und agrarischen Interessen und die wirklichen und dauernden Bedürfnisse der Landwirtschaft so konsequent – und ich füge hinzu – so erfolgreich fördert wie ich. [...] Ihr Unannehmbar, meine Herren, würde die Erbschaftssteuer vielleicht in diesem Augenblick zu Fall bringen, für die Zukunft aber nur neuen Erbschaftssteuern den Weg bahnen, die ohne Sie und gegen Sie kommen und den Gesichtspunkten, den Wünschen der konservativen Partei weniger Rechnung tragen werden, als die Ihnen heute vorgeschlagene Besteuerung.«[46]

Acht Tage später, am 24. Juni, brachten die Konservativen gemeinsam mit der Zentrumspartei, den Antisemiten und Welfen sowie der polnischen Fraktion im Reichstag die Erbschaftssteuer-Vorlage zu Fall. 194 Abgeordnete hatten gegen die Vorlage gestimmt, 186 Nationalliberale, Linksliberale und Sozialdemokraten dafür. Bülow hatte die Abstimmungsniederlage auf sich zukommen sehen, ohne etwas dagegen tun zu können. Theoretisch hätte er die Möglichkeit gehabt, den Kaiser zu veranlassen, den Reichstag aufzulösen und Neuwahlen auszuschreiben. Es konnte freilich kein Zweifel daran bestehen, was solche Neuwahlen gebracht hätten: eine vernichtende Niederlage der Konservativen und einen großen Sieg der Sozialdemokratie, wie es ja dann Anfang 1912 in der Tat geschehen sollte. Nein, Neuwahlen konnten für Bülow keine echte Alternative sein. Als ein etwas begriffsstutziger Zeitgenosse Bülow dennoch fragte, weshalb er den Reichstag nicht aufgelöst habe, da antwortete der Fürst ihm gar nicht – sondern erzählte die folgende Geschichte:

Der türkische Sultan beehrte einmal eine der zahlreichen Inseln seines Reiches mit seinem hohen Besuch. Als er an Land ging, da musste er feststellen, dass die Küstenbatterien stumm blieben und ihm nicht Salut geschossen wurde. Zornfunkelnd stellte er den Kommandanten der Insel zur Rede und fragte ihn, aus welchen Gründen er seinem erhabenen Herrscher die übliche Begrüßung versagt habe. Der Kommandant aber war nicht auf den Mund gefallen. Er antwortete schlicht: »Ich könnte viele Gründe dafür angeben, aber ich will nur einen nennen: ich habe keine Munition mehr!«[47] Das war in der Tat eine passende Geschichte – auch dem Reichskanzler Bülow war im Juni 1909 die Munition ausgegangen.

Nach dem 24. Juni zog der Kanzler sich von sämtlichen Amtsgeschäften zurück. Er bat Wilhelm II. telegraphisch um eine Audienz, auf der er sein Abschiedsgesuch vorlegen könne. Der Kaiser bestellte ihn daraufhin für den 26. Juni nach Kiel, wo gerade die Kieler Woche stattfand. Das war ein Spektakel, welches Wilhelm sich grundsätzlich nie entgehen ließ. Jahr für Jahr fand er sich, von Fürsten und Industriebaronen, den ranghöchsten Admiralen und Generälen flankiert, im Juni in dem Ostseehafen ein. Dort pflegte er sich am Anblick seiner Kriegsschiffe zu weiden und der besorgten Welt zu demonstrieren, dass die kaiserliche Marine schon wieder vergrößert worden war. Gleichzeitig riss in Kiel, wie der Kaiser es liebte, der Reigen der Empfänge und Paraden nicht ab.

Als Bülow, der die Nacht in der Eisenbahn verbracht hatte, am Morgen des 26. Juni in Kiel eintraf, da empfing Wilhelm ihn am Fallreep der Kaiserlichen Jacht »Hohenzollern« »nervös, zappelig, ungeduldig, mit einem Anflug von Verlegenheit«.[48] Von 9.30 bis 12.00 Uhr wanderten nun Wilhelm, Bülow und der Chef des Geheimen Zivilkabinetts, Rudolf von Valentini (der Berater des Kaisers in zivilen Personalfragen) auf dem Deck der »Hohenzollern« auf und ab. Der Kaiser weigerte sich, Bülow sofort zu entlassen. Erst solle er noch die Reichsfinanzreform zum Abschluss bringen. Vergebens bemühte Bülow sich, Wilhelm auf die Auswahl eines neuen Reichskanzlers festzulegen sowie ihn dafür zu gewinnen, mit England Verhandlungen über die Begrenzung der Flottenrüstung aufzunehmen. Wilhelm hörte nur halb zu und schaute immer wieder ungeniert auf seine Armbanduhr. Er hatte sich nämlich für Mittag auf der Jacht des reichen französischen Schokoladenfabrikanten Meunier zum Essen angesagt, und die Sorge, er könne womöglich einige Minuten zu spät kommen, beschäftigte ihn sehr. Bülow hatte Mühe, seinen aufsteigenden Zorn zu zügeln und die höfische Form zu wahren.

Nach Berlin zurückgekehrt, scherte der Kanzler sich überhaupt nicht um die Reichsfinanzreform. Er überließ es völlig Bethmann Hollweg, mit der neuen Reichstagsmehrheit von Konservativen und Zentrum zu verhandeln. »Selbstverständlich« hielten auch die Agrarier und Klerikalen daran fest, dass die Verbraucher den größten Teil der neuen Steuern aufbringen sollten. Anstelle der vorgesehenen Erbschaftssteuer aber setzten Konservative und Zentrum im Reichstag eine Stempelsteuer auf Wertpapiere durch, belasteten also statt der Junker nunmehr das Großbürgertum.

Wilhelm II. hatte sich zwar seit mehreren Monaten darauf festgelegt, Bülow zu entlassen. Auf die Frage, wer denn an Bülows Stelle treten solle, hatte er aber nur wenige Gedanken verschwendet. Das Personalkarussell drehte sich einige Tage lang hektisch, bis endlich am Nachmittag des 7. Juli die Entscheidung fiel. Wilhelm hätte am liebsten den ehemaligen Botschafter Monts berufen, doch ließ er sich diese Idee von Valentini ausreden. Drei weitere Kandidaten, die Grafen August zu Eulenburg, Botho zu Eulenburg und Karl von Wedel, lehnten von sich aus ab. Wilhelm versteifte sich nun darauf, Goltz zum Kanzler zu ernennen. Er beauftragte Valentini, mit dem Orientexpress nach Konstantinopel zu fahren und dort mit Goltz zu verhandeln. Valentini studierte gerade das Kursbuch, als Wilhelm ihn von neuem zu sich rufen ließ. Der Kaiser war auf dem Wege zu einem Tennisspiel und erklärte Valentini ganz nebenbei, er hätte sich alles noch einmal überlegt und wolle doch Bethmann Hollweg – den Bülow und Valentini von Anfang an vorgeschlagen hatten – als Reichskanzler nehmen. Valentini suchte nun am 8. Juli Bethmann Hollweg in Berlin auf. Bethmann nahm sein Schicksal »mit schwermütiger Miene, aber doch nicht ungern« [49] auf sich. Und am 14. Juli fand dann der Kanzlerwechsel statt.

Die Sprengung des Bülow-Blocks und der Sturz des Kanzlers lösten in den herrschenden Kreisen des Kaiserreiches einen heftigen »Familienkrach« aus. Henry Axel Bueck, ein eifriger Befürworter des Bündnisses zwischen »Rittergut und Hochofen«, rief am 23. November 1909 auf der Generalversammlung des Vereins deutscher Eisen- und Stahlindustrieller unter dem Beifall der Stahlkönige aus: »Kein Wort des Tadels kann stark genug sein für das Vorgehen der Konservativen, die das Werk des Fürsten Bülow, die Vereinigung der bürgerlichen Parteien im Block gegen Zentrum und Sozialdemokraten, zum Zerfall gebracht haben und selbst den Reichskanzler, der ja gerade außerordentliche Erfolge in unserer auswärtigen Politik zu verzeichnen hatte, zum Sturz gebracht haben.« [50]

Auch Bülow selbst hatte für einen effektvollen Abgang gesorgt. Just am 14. Juli erschien nämlich im »Hamburgischen Correspondenten« ein Interview des Fürsten. Darin erklärte Bülow, die Konservativen hätten bei den Auseinandersetzungen um die Reichsfinanzreform »ein frivoles Spiel mit den Interessen der Monarchie und des Landes« getrieben. Und er rief ihnen mit Blick auf die künftigen Reichstagswahlen zu: »Bei Philippi sehen wir uns wieder.« [51]

Bülow mit seinem Nachfolger Theobald von Bethmann Hollweg auf dem Lehrter Bahnhof, 17. Juli 1909

IN ROM UND KLEIN-FLOTTBEK 1909–1914

Am 17. Juli 1909 verließ Bülow mit seiner Frau Berlin. Wie 19 Jahre zuvor Bismarck fuhr er vom Lehrter Bahnhof mit dem Zug nach Nordwesten. Von Hamburg reiste er dann zu Schiff nach Norderney. Die Godeffroysche Erbschaft hatte es Bülow seinerzeit ermöglicht, seiner Frau einen großen Wunsch zu erfüllen und in Rom für zwei Millionen Mark die zwischen der Via Veneto und der Spanischen Treppe gelegene Villa Malta zu kaufen.[1] Das war ein berühmtes Palais, von dem aus man eine großartige Aussicht auf ganz Rom hatte. Im Garten standen Palmen, Pinien und Zypressen, Orangen-, Zitronen- und Lorbeerbäume. Die Bülows beschlossen, ihren Hauptwohnsitz in der Ewigen Stadt am Tiber aufzuschlagen. Am 31. Oktober 1909 trafen sie in Rom ein. Der Fürst las wieder viel, vor allem historische Werke und antike Schriftsteller. Er pilgerte zu den berühmten klassischen Stätten, sammelte Material über die bewegte Geschichte und die reichen Kunstschätze Roms. Doch diese Pensionistenidylle war trügerisch.

Bülow hatte sehr bald feststellen müssen, dass Wilhelm II. an seiner verbissenen Feindseligkeit festhielt. Im September 1909 brachten das Zentrumsblatt »Märkische Volkszeitung« und die konservative »Kreuzzeitung« noch einmal die »Daily-Telegraph«-Affäre aufs Tapet. In diesen Zeitungen wurde behauptet, Bülow habe das so genannte »Daily-Telegraph«-Interview von Anfang an gekannt und trage deshalb alle Schuld an diesem Skandal. Der Fürst wandte sich an Staatssekretär Schoen und Kanzler Bethmann und verlangte eine amtliche Richtigstellung dieser Fabel. In seinem Brief an den Kanzler sagte er dabei über seine Amtszeit: »Ich habe einen großen Teil meiner Zeit und Arbeitskraft darauf verwenden müssen, die stattgefundenen Entgleisungen und Indiskretionen [Wilhelms II. – d. V.] wiedergutzumachen.«[2] Bethmann empfahl jedoch dem Kaiser, kein Dementi zu bringen – um dann seinem Vorgänger mitzuteilen, Wilhelm habe »ganz spontan«, eine solche Erklärung abgelehnt und deshalb könne er, Bethmann, leider nichts tun.[3]

Als Trostpflaster erhielt Bülow für den 22. Oktober 1909 eine Einladung an den Hof, wo der Kaiser ihn aber demonstrativ schnitt.

Einige Monate später, in der Nacht vom 2. zum 3. März 1910, erklärte Wilhelm gegenüber einigen Hofgeneralen, seit Cesare Borgia habe es »einen so heuchlerischen und verlogenen Menschen« wie Bülow nicht mehr gegeben.[4] Der Exkanzler erfuhr von derlei Äußerungen des Kaisers und bemerkte am 29. Januar 1912 gegenüber Loebell empört, Wilhelm habe »jede Scheußlichkeit« über ihn verbreitet und ihm »jede Kränkung« zugefügt.[5] Ansonsten vermied er aber nicht nur in der Öffentlichkeit, sondern auch in Briefen und Gesprächen jegliche Kritik am Kaiser.

Bülow war zu sehr politischer Mensch und zu sehr an die Macht gewöhnt, als dass er auf die Dauer mit dem Leben eines Rentiers zufrieden gewesen wäre. So wusste eine Tochter der Fürstin Marie Radziwill schon im März 1910 aus Rom zu berichten, dass der Exkanzler »sich tödlich langweilt und mehr schauspielert als je.«[6]

Bülows Nachfolger Bethmann Hollweg setzte in der Grundlinie dessen Innen- und Außenpolitik fort. Gegen Ende der Amtszeit Bülows hatte sich im deutschen Kaiserreich viel sozialer und politischer Zündstoff angesammelt. Die Lebensmittelpreise stiegen. Die Verbrauchssteuern wurden erhöht. Die Affären der Jahre 1908/09 diskreditierten die regierenden Kräfte. Besonderen Unmut erregte das preußische Dreiklassenwahlrecht. Seit Anfang 1910 verschärften sich deshalb die sozialen Auseinandersetzungen, und es reifte eine politische Krise heran. Gleichzeitig wuchs die Arbeiterbewegung weiter gewaltig in die Breite.

Mit einer geradezu erstaunlichen Selbstverständlichkeit ignorierte Bülow diese objektiven Bedingungen, unter denen sein Nachfolger zu agieren hatte. Schon 1909 notierte er: »In der inneren Politik wurde ein anderer Kurs eingeschlagen, und es geht schlecht.«[7] Der Exkanzler kritisierte freilich Bethmann nur in seinen Aufzeichnungen und hielt sich auch bei seinen brieflichen und mündlichen Äußerungen strikt zurück.

Die Reichstagswahlen von 1912 brachten dann – wie Bülow es 1909 vorausgesagt hatte – einen großen Wahlsieg der Sozialdemokratie und eine empfindliche Niederlage der Konservativen. Die Skepsis des Exkanzlers gegen Bethmann verstärkte sich weiter, doch er schwieg noch immer. Nach dem innenpolitischen Debakel von 1912 begannen sich einige einflussreiche Vertreter der herrschenden Kreise für ein Comeback Bülows einzusetzen. So drängte Ballin zur Jahreswende 1912/13 den Kaiser, Bülow wieder als Reichskanzler zu berufen. Bülows einstiger Intimfeind Harden bestärkte den

Großreeder in seinem Bestreben. Am 26. Januar 1914 beendete der Fürst sein Schweigen und schrieb an Loebell: »B. [Bethmann] faßt die Dinge zu wenig geschickt an, hat keine glückliche Hand [...] Alles stecken wir ruhig ein [...] Ich fürchte, wir rutschen mit diesem System immer weiter bergab [...]«[8] Bald darauf, am 19. März 1914, schrieb Bassermann an Bülow: »der letzte Teil des Einflusses der Regierung auf die Parteien und die innere Politik ist geschwunden [...] Ob der Kaiser sich entschließen könnte, seinen bewährten Ratgeber zurückzurufen [...]?«[9] Bülow ging in seiner Antwort vom 14. April nicht auf die Eventualität einer Rückkehr ins Amt ein. Er bekundete aber keinerlei Ablehnung dagegen und dankte dem Schreiber für die »sehr interessanten Zeilen«.[10] Innerlich war er wieder auf dem Weg in die Wilhelmstraße 77.

Angesichts der krisenhaften inneren Entwicklung und der weiteren Zuspitzung der internationalen Situation bemühte Bülow sich, zwischen seiner Amtszeit und der seines Nachfolgers eine Chinesische Mauer aufzurichten. Schon um die Jahreswende 1909/10 zog er eine geradezu groteske Erfolgsbilanz seiner Amtszeit: »Ausw. Lage glänzender als je seit 1890 (bzw. 1878) [...] Wir dominieren 1909 auf dem Kontinent [...] In innerer Politik Chaos nur scheinbar. Centrum ›erzogen‹, nationaler Gedanke belebt, Sozialdemokratie geschwächt und in rückläufiger Bewegung, Finanzreform durchgebracht nach Abwendung des Schlimmsten [...] Was ich noch wollte: Verhältnis zu England und Flottenfrage regeln; 3 Kaiserbund erneuern [...]; Ostmarkenpolitik fördern. Block noch 2 Jahre halten. Ich habe nicht alles ausgeführt, was ich hatte erreichen wollen. Aber ich habe keine Ruinen hinterlassen.«[11]

Die Hauptursache für die politischen Fehlschläge seit 1909 sah Bülow in subjektivem Unvermögen Bethmanns. Daneben erteilte er auch den Konservativen schlechte Zensuren. Im Jahre 1911 legte Loebell ihm nahe, die harsche Kritik, die er 1909 an den Konservativen geübt hatte, abzuschwächen. Doch Bülow weigerte sich rundweg und berief sich dabei auf die »historische Wahrheit« und auf seine »Stellung in der Geschichte«.[12] Ja, er zog eine Parallele zu den finsteren Zeiten der »Heiligen Allianz«: »Als die Konservativen den Block sprengten, Erbschaftssteuer & Wahlreform verhinderten & einer maßvollen Liberalisierung widerstrebten, begingen sie denselben Fehler, den sich nach 1815 die Reaktion in Preußen zu Schulden kommen ließ. In beiden Fällen hatte das Volk das Gefühl, daß es wohl geben, aber nicht empfangen solle [...].«[13]

Fürstenpostkarte von Kaiser Wilhelm II. im Jubiläumsjahr 1913

Im Jahre 1913 jährte sich dann die Thronbesteigung Wilhelms II. zum 25. Male. Der Berliner Verleger Reimar Hobbing nahm das zum Anlass, ein voluminöses dreibändiges Werk über die bisherige Regierungszeit dieses Hohenzollern herauszubringen. Er fragte bei Bülow an, ob dieser bereit sei, einen einleitenden Abschnitt über die »Deutsche Politik« zu übernehmen. Der Fürst sagte zu. Wie so viele spätere Politiker auch, verfasste er den Text überwiegend nicht selbst, sondern zog einen Ghostwriter heran. Am 27. September 1912 berichtete er Loebell, dass der konservative Publizist Herbert von Berger einige Tage lang auf Norderney bei ihm gewesen sei. Er habe »sehr eingehend« mit Berger gesprochen, und der Journalist habe »auf Grund dieser Gespräche und zum Teil unter meinem Diktat« das »Gerippe« des geplanten Beitrags entworfen.[14]

Berger schrieb nun eine erste Fassung des Textes nieder. Bülow arbeitete diesen Entwurf gemeinsam mit Loebell gründlich um. Noch in der Druckfahne änderte er etliche Formulierungen. So strich er in einer Passage, die vom Kampf gegen die Arbeiterbewegung handelte, die Formulierung »bis die Sozialdemokratie überwunden ist« und ersetzte sie durch die Wendung »bis die Sozialdemokratie niedergerungen oder eine andere geworden ist.«[15] Das Honorar von 2 000 Mark überließ Bülow dann Berger. Das Jubiläumswerk erschien schließlich im Dezember 1913.[16]

In Bülows Beitrag stand die Person Wilhelms II. nicht, wie eigentlich zu erwarten gewesen wäre, im Mittelpunkt, sondern ganz am Rande! Die unumgänglichen Lobhudeleien für den Kaiser waren äußerst knapp gehalten. Den Dreh- und Angelpunkt des Abschnitts bildete ganz eindeutig die Politik Bülows zwischen 1897 und 1909. Der Exkanzler hatte sich gewissermaßen ein Denkmal errichtet – und sich für eine neue Amtsperiode empfohlen. Die »Deutsche Politik« wurde vom Leserpublikum überwiegend mit Beifall aufgenommen. Der namhafte Nationalökonom und Historiker Gustav von Schmoller schrieb gar an Loebell, die »Deutsche Politik« trete den Memoiren Bismarcks »ebenbürtig an die Seite.«[17] Bülow bereitete eine Separatausgabe seiner Publikation vor, doch der Kriegsausbruch durchkreuzte diesen Plan erst einmal.

IM ERSTEN WELTKRIEG

Im Sommer 1914 mündeten die Expansionspolitik und das Wettrüsten der rivalisierenden europäischen Großmächte in einen weltumfassenden Krieg ein. Die Reichsregierung unter Bethmann Hollweg stellte der österreichischen Regierung am 5. Juli den berüchtigten »Blankoscheck« für die Entfesselung eines Krieges aus; sie trieb Österreich-Ungarn regelrecht in einen Angriffskrieg gegen Serbien hinein. Am 1. und 3. August erklärte das Deutsche Reich dann an Russland und Frankreich den Krieg.

Reichskanzler Bethmann Hollweg und sein Staatssekretär des Auswärtigen Amtes, Gottlieb von Jagow, kamen während der Julikrise nicht auf die Idee, Bülow, der ihnen an diplomatischer Erfahrung so viel voraus hatte, um Rat zu fragen. Bülow hielt sich zu dieser Zeit wie gewohnt auf Norderney auf. Von dem Ultimatum der

Leutnant von Viebahn bei der Verkündung des »Zustands drohender Kriegsgefahr« am 31. Juli 1914 in Berlin

österreichisch-ungarischen Regierung an Serbien vom 23. Juli, das den Vorwand für einen Angriffskrieg schaffen sollte, erfuhr er erst aus der Zeitung. Nach Kriegsbeginn siedelte er nach Hamburg über.

Als der Krieg im Gange war, verbreitete auch Bülow die unwahre Behauptung, das deutsche Volk müsse sich gegen eine Welt von Feinden, die ihm seinen Aufstieg neideten, zur Wehr setzen. Am 6. August veröffentlichte der Fürst in den »Hamburger Nachrichten« einen Artikel, in dem es hieß: »Wir sind im Recht wie 1870 [...] Denken wir an das Ziel, das wir erreichen müssen: Einen Frieden, wert der ungeheuren Opfer, die das Vaterland in dieser Stunde fordert [...] Und wenn die Welt voll Teufel wär', unser Volk wird seinen Platz an der Sonne verteidigen und behaupten.«[1]

Bülow fuhr am 11. August nach Berlin, wo er bis Ende Oktober blieb. Der Fürst hatte am 13. August eine Unterredung mit Bethmann, blieb aber ansonsten ohne Kontakt zu den Regierenden. Er sprach sich in den folgenden Wochen mit etlichen wohlinformierten Leuten aus, so mit Ballin, Lerchenfeld, Lichnowsky (der von 1912 bis 1914 Botschafter in London gewesen war), Bassermann und Erzberger. Ballin hatte am 1. August mit Bethmann Hollweg gesprochen. Er berichtete Bülow, dass Bethmann an diesem Tage auf die Frage, weshalb er es mit der Kriegserklärung an Russland so eilig habe, geantwortet hatte: »Sonst kriege ich die Sozialdemokraten nicht mit.«[2] Bülow lernte auch den Inhalt des Briefes kennen, den Jagow am 18. Juli 1914 an Lichnowsky geschrieben hatte.[3] Er erfuhr gleichfalls von dem Bericht, den der bayerische Geschäftsträger in Berlin, Hans von Schoen, am 18. Juli für seinen Ministerpräsidenten Georg Graf von Hertling verfasst hatte.[4] Beide Schreiben sind Schlüsseldokumente für die geheime Geschichte der Julikrise.

Bülow hatte in seiner Amtszeit auf Expansion und Hochrüstung, zeitweise auch auf Konfrontation gesetzt und so objektiv nicht wenig dazu beigetragen, Deutschland und die Welt der Katastrophe eines großen Krieges näher zu bringen. Bethmann hat den außenpolitischen Kurs Bülows fortgesetzt und ihn später treffend als eine »Politik äußersten Risikos, und zwar eines sich mit jeder Wiederholung steigernden Risikos« charakterisiert.[5] Bülow bezog – wie das die Regierenden seiner Zeit durchweg taten – den Krieg sehr wohl in sein politisches Kalkül ein. So umriss er am 25. Juli 1912 in seinem Merkbuch E die »großen Linien« seiner Außenpolitik und schrieb zum Schluss: »Ein Krieg, wenn überhaupt, nur unter günstigen Bedingungen!«[6]

Auf die Idee, welche Bethmann und seine Ratgeber im Sommer 1914 verfolgten – Russland analog dem Vorgehen Bülows 1909 während der Bosnischen Annexionskrise durch eine verschleierte Kriegsdrohung zum Rückzug zu zwingen – wäre Bülow an deren Stelle sicher nicht verfallen. Er hatte nämlich am Vorabend des Krieges erkannt, dass sich die Situation gegenüber 1909 erheblich verändert hatte. Zum einen konstatierte er am 14. Mai 1914, dass Russland sich mittlerweile »finanziell, wirtschaftlich, politisch und namentlich militärisch rasch und glänzend erholt« hatte.[7] Zum anderen wusste er aus den Gesprächen, die er am 18. Februar und 12. Juni 1914 mit dem russischen Botschafter in Rom, Anatol N. Krupenski, geführt hatte, dass die russische Regierung entschlossen war, bei einer neuerlichen Machtprobe nicht wieder wie im März 1909 zurückzuweichen.[8]

Seitdem der Fürst im Herbst 1914 erfahren hatte, wie Bethmann und die Seinen unter denkbar ungünstigen Bedingungen den Weltkrieg ausgelöst hatten, kritisierte er diese Politik intern auf schärfste. Bis an sein Lebensende sollte das Thema Kriegsausbruch 1914 Bülow nicht mehr loslassen. In zahllosen Gesprächen, Tagebuchaufzeichnungen, Briefen und später auf vielen Seiten seiner »Denkwürdigkeiten« sollte er fortan immer wieder erklären: Bethmann und seine Ratgeber hätten 1914 keinen großen Krieg gewollt, ihn aber dennoch durch Leichtfertigkeit und Dummheit herbeigeführt. Die Vorwürfe, welche der Exkanzler in seinen »Denkwürdigkeiten« gegen die Politik Bethmanns erhob, sind in der Literatur zumeist als gehässige, reinweg persönlich motivierte Kritik ex post abgetan worden.[9] Quellen wie die »Merkbücher« Bülows sowie die Tagebücher Theodor Wolffs zeigen aber, dass Bülow bereits im Jahre 1914 ein ernstzunehmender Kritiker Bethmanns war.

Bei Bülow überwog tatsächlich der Eindruck, Bethmann und seine Ratgeber hätten mit der Möglichkeit gerechnet, ein Überfall Österreich-Ungarns auf Serbien könne »lokalisiert« werden. In seinem Merkbuch F notierte der Exkanzler im Oktober 1914: »Hammann [der auch unter Bethmann Hollweg Pressechef geblieben war – d. V.] im Okt. 14 an Lichnowsky: ›Wir hofften, daß wir ohne Krieg Rußland demütigen würden; es wäre doch ein schöner Erfolg gewesen.‹ «[10]

Hin und wieder ahnte Bülow jedoch etwas von der Doppelgleisigkeit der Politik Bethmanns, der neben einem lokalisierten Krieg gegen Serbien auch einen Kontinentalkrieg gegen Russland und Frankreich ins Kalkül zog. In diesem Sinn formulierte er in seinen

Merkbüchern wiederholt, so schon im Herbst 1914, Deutschland führe einen »prophylaktischen Krieg« – also einen Angriffskrieg. Und in der Tat hat (was Bülow nicht wissen konnte) einer der engsten Mitarbeiter Bethmanns, Unterstaatssekretär Arthur Zimmermann, bereits Anfang Juli 1914 zu dem Kabinettschef im österreichisch-ungarischen Außenministerium, Alexander Graf Hoyos, gesagt: »Ja, 90 Prozent Wahrscheinlichkeit für einen europäischen Krieg, wenn Sie etwas gegen Serbien unternehmen.«[11]

Am 15. Dezember 1914 geißelte Bülow in einem Gespräch mit dem liberal eingestellten Publizisten Theodor Wolff die Politik, die Bethmann während der Julikrise verfolgt hatte, mit den Worten: »Dieser fünfte Juli war ein schlimmer Tag für Deutschland [...] ein Unglückstag. Wie konnte Bethmann das tun! [...] Wie will er vor dem Jüngsten Gericht antworten, wenn man ihn fragt: Hast Du das österreichische Ultimatum vorher gekannt? Ja? – und dann hast du nicht begriffen, daß es zum Kriege führen mußte und hast nicht die gefährlichen Punkte daraus entfernt? – Nein? – und warum hast Du dich nicht darum gekümmert, wie konntest Du 67 Millionen Deutsche mit ihrem Gut und Blut dann engagieren, wie konntest Du das Deutsche Reich auf diese Karte setzen?«[12]

In einem Brief an Bethmann bemerkte Bülow dann am 12. Mai 1915: »Die Ursache des furchtbaren Krieges, der inzwischen ausgebrochen ist, liegt zum Teil natürlich weit zurück. Der englisch-deutsche Gegensatz musste sich verschärfen, seitdem unsere Industrie und unser Handel sich in früher nicht geahnter Weise erweitert hatten, seitdem wir zur See gegangen waren und namentlich, seitdem wir uns eine Flotte bauten.«[13] Der Fürst wies dann noch auf deutsch-russische und deutsch-französische Gegensätze hin, betonte aber: »Mit diesem Schwergewicht belastet, hat die deutsche Politik trotzdem während langer Jahre den Frieden zu wahren vermocht. Die Frage, ob es notwendig war, mit dieser Politik zu brechen, wird sich schwerlich für immer ausschalten lassen.«[14] Im Klartext hieß das: Bülow warf Bethmann vor, eine andere Außenpolitik als seine Vorgänger betrieben zu haben, eine Außenpolitik, die in den großen Krieg einmündete.

Bülow widersprach auch entschieden der Behauptung Bethmanns, der Krieg sei unabwendbar gewesen. 1915 notierte er: »Den Weltkrieg damit erklären zu wollen, daß er unvermeidlich gewesen wäre wie ein Erdbeben oder ein Platzregen oder irgend ein anderes Naturereignis, hat etwas Kindliches.«[15] Bülow hatte eine weitge-

Reichskanzler Bethmann Hollweg, Staatssekretär Gottlieb von Jagow und Vizekanzler Karl Helfferich

hend zutreffende Vorstellung darüber, welche der führenden Politiker in den Ententestaaten zu den jeweiligen »Kriegsparteien« gehörten und welche nicht. Den britischen Außenminister Sir Edward Grey, den russischen Außenminister S. D. Sasonow und den Zaren Nikolaus II. rechnete er ausdrücklich nicht zu den Kriegstreibern. Im Jahre 1916 schrieb er: »Wollten wir diesen Krieg als einen prophylaktischen führen, so mußten wir ihn richtig vorbereiten. War er uns überhaupt unerwünscht und ihn herbeizuwünschen, wäre ja heller Wahnsinn gewesen, so mußten wir diplomatisch geschickt genug sein, um ihm auszuweichen [hier fügte Bülow nachträglich ein: ›wie ich dies 1905/06, 1908/09 erreichte‹]. Wir haben ihn aber ja selbst herbeigeführt mit dem von uns (zugelassenen oder inspirierten) Ultimatum an Serbien.« [16]

Der Fürst kritisierte auch scharf, dass Bethmann Hollweg an Russland und Frankreich den Krieg erklärt hatte. Die Reichsregierung hätte vielmehr, so Bülow, abwarten müssen, ob die Ententemächte von sich aus Deutschland den Krieg erklären würden. Der Grund: In diesem Falle wären die Dreibundpartner Italien und Rumänien verpflichtet gewesen, auf der deutschen Seite in den Krieg einzutreten. [17]

Bülow übersah hierbei jedoch eine wesentliche Tatsache oder wollte sie übersehen: Die deutsche Militärführung würde eine solche Politik, die ihrer gesamten Kriegsplanung widersprach, einfach nicht geduldet haben. Der entscheidende militärische Vorteil des kaiserlichen Deutschland bestand 1914 darin, dass seine Armee schneller mobilisiert werden konnte als die Armeen der Entente, insbesondere die russische. Dieser Vorteil konnte aber nur gewahrt werden, wenn nach der Mobilmachung unverzüglich die Kriegshandlungen aufgenommen wurden. [18]

Generell ist zu der Kritik, die Bülow an der Politik der Reichsregierung übte, zu sagen: Der Exkanzler hatte erkannt, dass Bethmann Hollweg und seine Ratgeber während der Julikrise die begrenzten Möglichkeiten, noch am Krieg vorbeizusteuern, nicht nutzten. Dabei überschätzte er freilich den Handlungsspielraum der Reichsregierung. In Wirklichkeit lag im Sommer 1914 die Entscheidung über Krieg und Frieden nicht im alleinigen Ermessen des Reichskanzlers. Zu diesem Zeitpunkt glaubten maßgebliche Vertreter von Militärführung und Reichsregierung, der große Krieg werde über kurz oder lang zwangsläufig kommen, und angesichts der großen Rüstungsprogramme, welche in den Ententestaaten liefen, würden die Erfolgsaussichten Deutschlands immer geringer. [19] Diese Zwangsvorstellung und der Automatismus der Militärbündnisse und Aufmarschpläne bestimmten letztlich die Politik Bethmanns.

Da Deutschland und Österreich-Ungarn den Krieg ausgelöst hatten, war Italien nach den Artikeln 2 und 3 des Dreibundvertrages nicht verpflichtet, sie militärisch zu unterstützen. Die italienische Regierung besaß somit eine unanfechtbare Handhabe, sich nicht von ihren Bundesgenossen in den Krieg hineinziehen zu lassen. In der Berliner Wilhelmstraße war man aber guten Mutes, dass Italien schließlich doch auf der deutsch-österreichischen Seite zu den Waffen greifen würde. Bülow hatte lange Zeit die Stabilität des Dreibundes überschätzt. Mittlerweile war ihm aber klar geworden: Die herrschenden Kreise Italiens würden kühl rechnend ihren Vorteil suchen. Da ihr Expansionsstreben sich vor allem gegen Österreich-Ungarn richtete, war die Waffenhilfe und selbst die bloße Neutralität Italiens nur unter der Bedingung zu haben, dass Österreich-Ungarn handfeste territoriale Zugeständnisse machte. Die Politiker der Entente entfalteten am Tiber große Aktivität. Wollte Deutschland nicht ins Hintertreffen geraten, dann musste es in Rom durch einen besonders versierten Diplomaten vertreten werden. Anfang August 1914 übermittelte Ballin dem Kaiser: Bülow sei bereit, als Vertreter des Deutschen Reiches nach Rom zu gehen.[20] Im Klartext hieß das: Der Fürst schlug vor, den derzeitigen deutschen Botschafter in Rom, den Schwachmatikus Hans von Flotow, abzulösen und ihn selber zu berufen. Doch Wilhelm II., Bethmann und Jagow waren strikt dagegen. Sie argwöhnten, ein Erfolg Bülows in Rom werde dessen politisches Comeback einleiten und womöglich sei dann nicht einmal dessen neuerliche Berufung zum Reichskanzler zu vermeiden.

Im September 1914 scheiterte in der Marneschlacht die deutsche Blitzkriegsstrategie. Damit war klar, dass der Krieg sich in die Länge ziehen würde und die Zeit gegen Deutschland arbeitete. Es sank nicht nur der Stern des Generalstabschefs Moltke, sondern auch der Flotows. Immer lauter erscholl in der deutschen Öffentlichkeit der Ruf, Bülow nach Rom zu schicken. Bethmann und Jagow wehrten sich erbittert. Jagow telegraphierte am 22. November an das Auswärtige Amt, man solle gegebenenfalls verbreiten, Bülow sei einer solchen Aufgabe »gesundheitlich [...] nicht gewachsen.«[21] Doch Unterstaatssekretär Zimmermann, der die Ernennung Bülows für notwendig hielt, versetzte Bethmann am gleichen Tage mit einem Telegramm in Schrecken, in dem er ausführte: Werde anstelle Bülows ein anderer Botschafter ernannt und löse der seine Aufgabe nicht, dann werde »die öffentliche Meinung unzweifelhaft gegen Euere Exzellenz den Vorwurf erheben, Seine Majestät nicht über die Stimmung im Volke unterrichtet und daher die Entsendung des geeigneten Vertreters versäumt zu haben«.[22] Bethmann telegraphierte daraufhin vergeblich an Zimmermann, hinter der Kampagne zugunsten Bülows stehe eine »Intrige zur allgemeinen Diskreditierung der Politik der letzten fünf Jahre. Der Erfolg dieser Intrige kann für Geschicke des Landes unheilbringend werden«.[23]

Sehr unfreiwillig schlug nun Bethmann am 29. November dem Kaiser vor, Bülow zu ernennen. Wilhelm II. schrieb lapidar auf das Telegramm: »Einverstanden«.[24] Am folgenden Tage informierte Bethmann dann Bülow. Der Fürst eilte nach Berlin. Er wurde übrigens nicht zum Nachfolger Flotows – der sich krank gemeldet hatte – ernannt, sondern zum außerordentlichen Botschafter, gewissermaßen zum zeitweiligen Vertreter Flotows. Am 17. Dezember traf er in Rom ein.

In Rom erhielt Bülow einen Brief seines Vertrauensmannes Eugen Zimmermann vom 31. Dezember, in dem eine erstaunliche Mitteilung enthalten war: »Staatssekretär von Jagow sagte hier unmittelbar nach Ihrer Abfahrt von Berlin, Italiens seien wir vollkommen sicher, es werde eingreifen und zwar auf Deutschlands Seite, darüber sei kein Zweifel.«[25] Doch Bülow hatte unterdessen feststellen müssen, dass mit einer Waffenhilfe Italiens für den deutsch-österreichischen Block nicht mehr zu rechnen war. In den viereinhalb Monaten, die seit Kriegsbeginn verstrichen waren, hatte die Entente in Rom viel politisches Terrain gewonnen.

Die italienische Öffentlichkeit war in zwei Lager geteilt: in »Interventionisten« und »Neutralisten«.[26] Die Interventionisten wollten an der Seite der Entente in den Krieg eingreifen. Sie verfolgten Kriegsziele, die sich nicht nur gegen Österreich-Ungarn, sondern auch gegen nationale Interessen der südslawischen Völker richteten. Ihr militantester Wortführer war Benito Mussolini. Ministerpräsident Antonio Salandra und Außenminister Sidney Sonnino neigten innerlich zu den Interventionisten, hielten sich aber vorerst bedeckt. Die Neutralisten besaßen im Parlament ein starkes Übergewicht. Ihr Führer war der große alte Mann der italienischen Politik, der frühere Ministerpräsident Giovanni Giolitti. Dieser Politiker rechnete mit einem langwierigen und verlustreichen Krieg und wollte Italien heraushalten. Dabei wollte er jedoch die Zwangslage

Österreich-Ungarns energisch ausnutzen und von ihm territoriale Zugeständnisse erzwingen. Giolitti kannte Bülow schon seit vielen Jahren und schätzte ihn.[27]

Im Unterschied zu den österreichischen und den meisten deutschen Politikern hielt Bülow sich nicht damit auf, über den angeblichen »Treuebruch« der Italiener zu lamentieren. Er drängte vielmehr seit dem 29. Dezember die deutsche Reichsregierung immer wieder, die österreichische Regierung zur Abtretung des Trentino (Südtirols) an Italien zu zwingen und so den Interventionisten den Wind aus den Segeln zu nehmen.

Bülow nutzte seine weitreichenden gesellschaftlichen Verbindungen und versuchte mit großem Einsatz, die Neutralisten zu stärken und auf die italienische Öffentlichkeit Einfluss zu nehmen. Zu seiner Unterstützung kam Erzberger nach Rom, der freilich mehr Eifer als Fingerspitzengefühl zeigte. Flotow hingegen, der in Italien geblieben war, korrespondierte hinter Bülows Rücken mit dem Auswärtigen Amt und mit Angehörigen der Botschaft, intrigierte nach Kräften gegen seinen unerwünschten Vertreter. Vor dem Eintreffen des Fürsten hatte er zu dem Botschaftsrat Herbert von Hindenburg gesagt: »Es würde für Ihre Karriere nicht förderlich sein, wenn Sie zu viel Eifer für B. [Bülow] an den Tag legten.«[28]

In den folgenden Monaten bemühte die deutsche Reichsregierung sich dann, die regierenden Kreise Österreich-Ungarns zu Konzessionen an Italien zu bewegen. Dabei zeigte sich freilich, dass Bethmann Hollweg und Jagow der Durchtriebenheit des österreichisch-ungarischen Außenministers Stephan Frh. Burián einfach nicht gewachsen waren. Bis Mai 1915 wiederholte sich ständig der gleiche Vorgang: Die deutsche Regierung übte Druck auf die österreichische Regierung aus, diese gab zähneknirschend schließlich nach, machte die Zugeständnisse durch Obstruktion unwirksam – und es verging jeweils einige Zeit, bis die Reichsregierung das durchschaute.

Schon am 1. Februar 1915 hatte Burián an den österreichisch-ungarischen Botschafter in Rom, Karl Frh. von Macchio, geschrieben, Bülow müsse unschädlich gemacht werden. Macchio verkündete in seinem Bekanntenkreis: »Die Italiener sind schlau, aber wir san noch schlauer, wir versprechen ihnen alles, aber sie bekommen nix.«[29] Die italienische Regierung erfuhr davon, was Bülows Mission natürlich nicht gerade erleichterte.

Am 8. März 1916 beschloss die österreichisch-ungarische Regierung, einen Teil des Trentino (etwa zwei Drittel des von Italienern bewohnten Gebietes) an Italien abzutreten.[30] Zu diesem Zeitpunkt waren die italienischen Neutralisten um Giolitti einem Sieg über die Interventionisten sehr nahe. Doch Burián ließ nicht weniger als 19 Tage verstreichen, bevor er der italienischen Regierung sein Angebot übermittelte. In der Zwischenzeit waren sich Salandra und Sonnino mit den Ententemächten, die weitaus mehr als Burián anboten, weitgehend einig geworden.[31] Als die italienische Regierung dann am 8. April ihre Forderungen an Österreich-Ungarn fixierte, war sie insgeheim bereits zum Krieg gegen Österreich entschlossen.

Die österreichisch-ungarische Regierung beschwerte sich in Berlin immer wieder darüber, dass Bülow den Italienern angeblich zu sehr entgegenkomme, und der Kanzler lieh diesen Klagen allzu willig sein Ohr. Am 16. März schlug er in einem Brief an Bülow einen reichlich schulmeisterlichen Ton an. Der Sonderbotschafter antwortete am 23. des Monats mit einem sehr ausführlichen Bericht, in dem er eine umfassende Analyse der deutschen Italienpolitik seit Sommer 1914 lieferte. Er wandte sich gegen eine moralisierende Betrachtung der italienischen Politik und erinnerte daran, dass König Friedrich II. in den Schlesischen Kriegen und Bismarck im Jahre 1866 auch nicht gerade von moralischen Skrupeln geplagt worden seien.[32]

Am 10. Mai 1915 nötigte Bülow schließlich Macchio, den Forderungen der italienischen Regierung in einer Note weit entgegenzukommen und die Abtretung aller italienischsprachigen Gebiete im Trentino und am Isonzo zuzusagen sowie die Abtretung einiger Adriainseln in Aussicht zu stellen.[33] Salandra und Sonnino arbeiteten auf Zeitgewinn hin und verleugneten gegenüber Bülow und sogar gegenüber den eigenen Ministerkollegen die Abmachungen, die sie bereits mit der Entente getroffen hatten. Wiederum schien der Sturz der Regierung Salandra durch die Neutralisten bevorzustehen. Doch Burián weigerte sich auch jetzt, am 18. Mai, schroff, die entscheidende italienische Forderung – die nach sofortiger Übergabe jener Gebiete, die an Italien abgetreten werden sollten – zu erfüllen und entschied dadurch letztlich den innenpolitischen Streit in Italien zugunsten der Interventionisten. Damit waren nun endgültig die Würfel gefallen und Bülows Mission gescheitert. Am 23. Mai 1915 erklärte die italienische Regierung Österreich-Ungarn den Krieg.

Nach seiner Rückkehr aus Rom wurde Bülow nicht vom Kaiser empfangen, was ihn denn doch ärgerte. Der Fürst wohnte fortan in der Elbparkvilla in Klein-Flottbek. Er kam aber des Öfteren nach Berlin, wo er im Hotel Adlon abzusteigen und zahlreiche Parlamentarier und Journalisten zu empfangen pflegte. Bülow hatte nun wieder viel Zeit. Sein Denken und seine schriftlichen Reflexionen kreisten vor allem um die Frage, wie der Krieg erfolgreich beendet werden könne und welche Ziele dabei zu verfolgen seien. Bereits ab August 1914 arbeiteten in Deutschland – wie in den anderen kriegführenden Staaten auch – führende Politiker Kriegszielprogramme aus. Im Oktober 1914 fixierte auch Bülow in seinem Merkbuch F ein solches Programm, auf das er in den folgenden Monaten immer wieder zurückgekommen ist:

»Was wir im Frieden verlangen müssen: Antwerpen (Dünkirchen, Boulogne, Calais), Flandern (belgisches & französisches), die alte belgisch-holländische Festungsbarriere: (Lunéville, Toul, Verdun), Montmédy, Charleville, Maubeuge, Lille – die Maaslinie, die militärisch-strategisch notwendig ist, denn zum 2ten Mal können wir nicht über Lüttich-Namur einbrechen. Die Minettelager von Briey. Das belgisch-französische Kohlenbecken. Damit wäre Fkch [Frankreich], das sonst weder Erze noch Kohlen hat, [...] wirtschaftlich erledigt. Die Ostseeprovinzen & ihr Hinterland (Suwalki, Kowno, Wilna).«[34]

Bülows Annexionsforderungen entsprachen ungefähr denen, die in dem geheimen amtlichen Kriegszielprogramm Bethmann Hollwegs vom 9. September 1914 fixiert waren.[35] Dieses »Septemberprogramm« stellte einen Kompromiss zwischen den alldeutsch-schwerindustriellen Kriegszielprogrammen (die riesige direkte Annexionen vorsahen) und den Kriegszielen der liberalisierenden Kräfte (die vor allem eine indirekte Vorherrschaft über Europa erstrebten) dar. Bülows Programm enthielt auch ökonomische Kriegsziele, die aber deutlich machtpolitischem und militärstrategischem Kalkül untergeordnet waren. Auffällig ist, dass der einstige »Weltpolitiker« keine Kolonialforderungen erhob und kein Mitteleuropa-Konzept entwickelte.

Den diversen Plänen deutscher Politiker, Kongresspolen zu annektieren oder einen polnischen Satellitenstaat zu errichten[36], stand Bülow strikt ablehnend gegenüber. Bereits im Oktober 1914 notierte er in seinem Merkbuch F: »Ein wiederhergestelltes Polen wäre der natürliche Bundesgenosse für Fkch. [Frankreich], England, Österreich, Italien, alle außer uns. Es hätte von Rßld. [Russland] wenig, von uns Großes zu gewinnen! Ein von russischem Druck befreites Österreich würde sich mit den Westmächten zusammenfinden; die Angliederung Polens würde diese Tendenz verstärken, der Klerikalismus sie begünstigen.«[37]

Mitte 1916 erschien eine überarbeitete Separatausgabe der »Deutschen Politik«, und hier trat Bülow öffentlich mit Kriegszielforderungen hervor. Er verlangte gegenüber Russland und Frankreich »Grenzkorrekturen« und bekundete »Verständnis« dafür, dass »viele Patrioten« die Angliederung Belgiens forderten.[38] Zu den Motiven Bülows mutmaßte Theodor Wolff am 2. Juli 1916: »Er will sich teils den Konservativen, Bassermännern etc. empfehlen, teils hinterher sagen können: wenn der Krieg diese notwendigen Resultate nicht gebracht hat, so war es ein doppeltes Verbrechen, es zum Kriege kommen zu lassen.«[39]

1915 hatte Bülow ganz à la Treitschke vermerkt: »Männer machen die Geschichte, und durch ihre Überlegenheit oder Unzulänglichkeit werden die Ereignisse bestimmt. So war es auch im Juli 1914.«[40] Zu diesem Zeitpunkt war Bülow längst davon überzeugt, dass Bethmann nicht etwa zu den »überlegenen«, sondern eindeutig zu den »unzulänglichen« Männern gehörte. Sympathisch waren der schwerblütige, grüblerische Bethmann und der weltgewandte Bülow einander nie gewesen. Am 4. August 1914, so stand für Bülow fest, hatte Bethmann sich als Diplomat selbst gerichtet. Damals hatte der Kanzler gegenüber dem britischen Botschafter Sir Edward Goschen erklärt: Jene völkerrechtlichen Verträge, welche die Neutralität Belgiens garantieren, seien nur ein »Fetzen Papier«.[41] Die Entente hatte aus dieser unvorsichtigen Äußerung großes propagandistisches Kapital geschlagen.

Die Reibereien, zu denen es im Zusammenhang mit seiner Römischen Mission gekommen war, hatten Bülows Distanz zu Bethmann weiter verschärft. Am 9. Oktober 1916 sagte Bülow zu Wolff: »Ich frage mich doch [...], ob wir mit diesem Reichskanzler überhaupt zu einem Frieden kommen werden.«[42] Das war gewiss seine wirkliche Meinung. Die beiden weiteren Sätze aber, die er an Wolff richtete, dienten einzig und allein der Tarnung: »Ich versichere Sie, auf mein Wort, ich denke nicht an mich. Wenn man mir heute das Amt des Kanzlers anböte, ich würde es nicht haben wollen.«[43]

Die Frage, ob es ein neuerliches Comeback Bülows geben werde, beschäftigte nicht nur in Deutschland, sondern auch im Ausland viele Gemüter. So war 1916 in einer französischen Propagandaschrift zu lesen: »Es ist ganz klar, daß an dem Tage, an dem Deutschland über den Frieden zu verhandeln haben wird, Herr von Bülow von selbst den untergeordneten Bethmann ersetzen wird [...]«[44] Der österreichisch-ungarische Botschafter in Berlin, Gottfried Prinz zu Hohenlohe-Schillingsfürst (er hatte 1914 den greisen Szögyényi abgelöst), verfolgte die Aktivitäten Bülows mit großer Besorgnis. Am 23. November 1916 etwa berichtete er an Burián, Bülow wolle »um jeden Preis (natürlich vor allem auf unsere Kosten ...)« den Frieden herbeiführen.[45]

In den Wintermonaten der Jahre 1915 bis 1917 hielt Bülow sich jeweils ganz privat einige Wochen lang mit seiner Frau in Luzern auf. Ausländische Beobachter konnten es sich verständlicherweise nicht vorstellen, dass die Reichsregierung den prominentesten deutschen Diplomaten völlig ignorierte. Sie vermuteten vielmehr, Bülow verhandle in der Schweiz insgeheim mit russischen Diplomaten über einen Separatfrieden. Einen solchen Separatfrieden befürwortete Bülow – wie auch Bethmann – in der Tat. Er war dafür, Russland die Rückgabe aller besetzten Gebiete, notfalls sogar das österreichische Galizien anzubieten.[46] Die Reichsregierung freilich machte im November 1916 alle Bemühungen um einen Separatfrieden zunichte, indem sie unter dem Druck der Militärführung das besetzte Russisch-Polen in ein angeblich selbständiges »Königreich Polen« umwandelte.

Im Frühsommer 1917 wurde die Frage einer eventuellen Berufung Bülows akut. Reichskanzler Bethmann Hollweg hatte – vor allem auf dem Felde der Kriegsziele und der Innenpolitik – zwischen den Bestrebungen der konservativen und der liberalen Strömung der herrschenden Kreise[47] lavieren müssen und dabei schließlich das Vertrauen aller politischen Kräfte verloren. Besonders aktiv arbeiteten die 3. Oberste Heeresleitung (Generalstabschef Paul von Hindenburg und Generalquartiermeister Erich Ludendorff), der Großindustrielle Carl Duisberg, die Parteiführer Erzberger und Gustav Stresemann sowie der rechte Sozialdemokrat Eduard David auf den Sturz Bethmanns hin.[48] Bülow hatte seit 1914 sowohl zu Exponenten der konservativ-annexionistischen Strömung (so zu Bassermann und Tirpitz) als auch zu Vertretern der flexiblen Strömung (so zu Ballin und Erzberger) Kontakt gehalten, ohne sich auf deren jeweilige Forderungen festzulegen.[49] So setzte man denn 1917 in beiden Fraktionen ganz unterschiedliche Erwartungen in einen Kanzler Bülow. Rechtskonservative Kreise erwarteten, er werde alle oppositionellen Kräfte brutal unterdrücken und einen »Siegfrieden« erkämpfen. Liberale Kräfte hingegen hofften, er werde innenpolitische Reformen durchsetzen und einen Verständigungsfrieden aushandeln. Hindenburg und Ludendorff zwangen den widerstrebenden Wilhelm II. schließlich durch eine Rücktrittsdrohung, Bethmann am 13. Juli zu entlassen.

Kaiser Wilhelm II., Generalstabschef Paul von Hindenburg und Generalquartiermeister Erich Ludendorff

Insbesondere Erzberger, Stresemann und der Oberstleutnant Max Bauer (der engste Mitarbeiter Ludendorffs und zugleich dessen Verbindungsmann zu den Montanindustriellen) setzten sich dafür ein, Bülow als Reichskanzler zu berufen.[50] Auch Ballin, Loebell (der seit 1914 preußischer Innenminister war), Hausminister August Eulenburg, der Kronprinz und Kaiserin Auguste Viktoria wirkten im gleichen Sinne.

Kaiser Wilhelm II. war schon bald nach Kriegsbeginn zu einem bloßen Schattenkaiser herabgesunken. Andere fällten seitdem die militärischen und politischen Entscheidungen. Wilhelm unterschrieb bereitwillig fast alles, was Generalstabschef und Kanzler ihm vorlegten. Er war aber fest entschlossen, eines nicht zu unterschreiben: die Ernennungsurkunde für einen Reichskanzler Bülow. Kabinettschef Valentini stärkte seinem Herrn eifrig den Rücken.[51] Auch die führenden Sozialdemokraten und das Gros der Zentrumspolitiker lehnten eine Kanzlerschaft Bülows ab.

In seiner Ratlosigkeit ernannte der Kaiser den Unterstaatssekretär Georg Michaelis zum Kanzler. Das war ein farbloser Verwaltungsbeamter, der durch das neue Amt total überfordert war. Bereits am 23. Oktober erzwang die Reichstagsmehrheit von Zentrum, Freisinnigen und Sozialdemokratie die Entlassung dieses Mannes.[52] Wenige

Tage zuvor hatte Botschafter Botho Graf von Wedel, ein Gegner Bülows, vorsorglich aus Wien berichtet, in Österreich-Ungarn halte man Bülow »geradezu für einen Feind der [Donau-]-Monarchie, der dem Zusammenbruch und der Teilung Österreich-Ungarns zum mindesten gleichgültig zusehen würde«. Wilhelm II. unterstrich die Worte »Feind der Monarchie« und vermerkte am Rand »ja! auch der deutschen!«[53]

Bülow verhandelte unterdessen mit zahlreichen Politikern unterschiedlicher Couleur wegen seiner Berufung, so mit den Sozialdemokraten Philipp Scheidemann und Wolfgang Heine, dem Linksliberalen Otto Fischbeck, dem Konservativen Hans Graf von Schwerin-Löwitz und dem 2. Vorsitzenden der rechtsextremistischen Deutschen Vaterlandspartei, Wolfgang Kapp.[54] Er war sich seiner Sache diesmal ziemlich sicher. Hatten sich nicht 1914 Kaiser und Kanzler heftig gegen seine Entsendung nach Rom gesträubt und letztendlich doch nachgeben müssen?

Der wohlinformierte Lerchenfeld schrieb am 20. Oktober 1917 an Hertling, es müsse »stark mit Fürst Bülow als dem kommenden Mann gerechnet werden.«[55] Zwei Tage später meinte der Gesandte, es sei ihm »sehr zweifelhaft«, dass Wilhelm II. sich einer Berufung Bülows widersetzen werde.[56]

Doch Bülow sollte wiederum nicht zum Zuge kommen. Mit Zustimmung der OHL ernannte der Kaiser am 1. November 1917 den greisen, geistig und körperlich völlig verbrauchten Hertling zum Kanzler. Der rechte Sozialdemokrat Heine hatte maßgeblich dazu beigetragen, eine Berufung Bülows zu verhindern, indem er der OHL und Valentini eine tendenziöse Darstellung über seine Verhandlungen mit dem Fürsten zuspielte.[57] Auch nach der Entlassung Hertlings Ende September 1918 wurde Bülow nicht berufen. Übrigens hatte die österreichisch-ungarische Regierung sich 1917/18 bei den Kanzlerwechseln jeweils in dreister Form eingemischt und in Berlin vor Bülow »gewarnt«.[58]

Und wie sah Bülows politisches Programm 1917/18 aus? Im Juli 1917 hatte der Fürst ein Gespräch mit Rathenau. Der Industrielle erinnerte den Kanzlerkandidaten daran, dass der listenreiche französische Diplomat Charles Maurice de Talleyrand im Jahre 1814 Frieden machte, indem er Napoleon opferte. Er hatte den Eindruck, dass der Gedanke, solchem Vorbild zu folgen, Bülow ein »ungeahntes Vergnügen« bereitete.[59] Bald darauf, am 1. August 1917, sprach der Schriftsteller Philipp Hiltebrandt mit dem Fürsten. Er berichtete später über diese Unterredung: »B. [Bülow – d. V.] sah mit klarem Blick, wie Deutschland der Katastrophe entgegeneilte [...] ›Wissen Sie, wie viele Tote wir schon haben? Über eine Million!‹ [...] Man müsse diesem sinnlosen Gemetzel mit allen Mitteln ein Ende machen. Drei Dinge seien notwendig: dem Feind durch Zusammenfassung aller moralischen und materiellen Kräfte ›die Zähne zu zeigen‹, die Militärs im Zaum zu halten und durch geeignete Vermittler den Frieden zu sichern, der Deutschlands Stellung im großen und ganzen unberührt ließe.«[60] Im Herbst 1917 arbeitete Bülow dann den Entwurf eines Immediatschreibens an Wilhelm II. aus, in dem er sein Regierungsprogramm umriss. Er führte aus: Der Krieg werde möglicherweise noch ein Jahr, vielleicht sogar noch zwei Jahre andauern. Die Hoffnung, Großbritannien durch den U-Boot-Krieg in die Knie zwingen zu können, habe sich nicht erfüllt. Es sei notwendig, die »ausgezeichneten Kräfte, die in der mit Unrecht beargwöhnten demokratischen Bewegung unserer Tage stecken, zum Vorteil des Staatsganzen zur Mitarbeit heranzuziehen.«[61] Der Ausgang des Krieges werde »für die Nation gegenüber den hochgespannten Erwartungen des Jahres 1914 unter allen Umständen einen schweren Rückschlag bedeuten.«[62] Es gelte, in »vertrauensvoller Zusammenarbeit« mit dem Reichstag »im Geist der Notwendigkeiten der Zeit« folgende Forderungen zu erfüllen: 1. Im Hinblick auf die Beendigung des Krieges: Bekenntnis der Regierung zur – bewusst sehr vage formulierten – deutschen Note an den Papst vom September 1917; 2. Wahlreform in Preußen; 3. Beseitigung der politischen Zensur, Fernhaltung der Armee (lies: der OHL) von der Politik; 4. Erlass eines Arbeitskammergesetzes, Aufhebung des gewerkschaftsfeindlichen § 153 der Gewerbeordnung.[63] Dies waren allesamt Forderungen der Reichstagsmehrheit, die übrigens auch Kanzler Hertling akzeptiert hat.

Ludendorff und die konservativ-annexionistischen Kräfte jagten bis zum Sommer 1918 dem Phantom eines »Siegfriedens« nach. Bülow glaubte ganz wie Erzberger, mittlerweile sein Förderer, seit 1917 nicht mehr an die abenteuerlichen Ludendorffschen Siegesrezepte. Er wollte die bestehende soziale Ordnung über die drohende Niederlage hinweg retten und strebte deshalb einen Verständigungsfrieden an – notfalls gegen den Widerstand der OHL und des Kaisers. Dabei verfolgte Bülow wie Erzberger nach wie vor ein Minimalprogramm imperialistischer Kriegsziele. Ob es ihm hätte gelingen können, einen »Verständigungsfrieden« herbeizuführen, ist sehr fraglich. Doch der mit allen Wassern gewaschene Bülow war für eine solche Aufgabe zweifellos weitaus besser als die drei unbedarften Nachfolger Bethmanns geeignet.[64] Scheidemann hatte sich 1917/18 gegen eine Ernennung Bülows ausgesprochen. Im Jahre 1929 aber sollte er erklären: »Wenn man zurückschaut und dann die Fähigkeiten Bülows vergleicht mit denen der Michaelis, Hertling und des Prinzen Max, dann darf man der Überzeugung Ausdruck geben, daß er es unter allen Umständen verstanden haben würde, ein weniger schreckliches Kriegsende herbeizuführen.«[65]

Zu Beginn der 30er Jahre behauptete dann der ehemalige rechte Sozialdemokrat August Winnig, Bülow habe sich 1918 an »Umsturzplänen« beteiligt. Er berichtete, Richard Witting – ein Bruder Maximilian Hardens, der während des Ersten Weltkrieges mit pazifistischen Kreisen in Verbindung stand – habe ihm gegenüber Anfang 1918 erklärt: Die »regierende Clique« Deutschlands sei nicht bereit, den Krieg zu beenden. Sie müsse deshalb durch Streiks dazu gezwungen werden. Hinter ihm, Witting, stehe neben anderen Bülow, der an die Spitze einer neuen Regierung treten solle. Bülow habe ihm gesagt, falls Wilhelm II. sich der »notwendigen Neuordnung« widersetze, werde er über den Kaiser »hinweggehen«.[66]

Das Kriegsende kam am 11. November 1918. Die grausige Bilanz des Krieges lautete: Zehn Millionen Menschen, darunter zwei Millionen Deutsche, hatten auf den Schlachtfeldern den Tod gefunden, mehre Millionen waren an Hunger und Seuchen zugrunde gegangen. Blühende Regionen hatten sich in öde Wüstenlandschaften verwandelt und unersetzbare Schätze der Weltkultur waren vernichtet worden.

DAS LETZTE JAHRZEHNT

Am 9. November 1918 hatten deutsche Arbeiter und Soldaten das Regime Wilhelms II. hinweggefegt und dadurch die Beendigung des Völkermordens beschleunigt. Bülow erlebte die Novemberrevolution in Berlin mit. Er stand der Volkserhebung und ihren Akteuren voller Feindschaft und Unverständnis gegenüber. Das zeigte sich noch 1921/22, als er den ersten Band seiner »Denkwürdigkeiten« diktierte. Bülow überbot sich hier geradezu in gehässigen, bösartigen Äußerungen über Karl Liebknecht, Rosa Luxemburg und Clara Zetkin, aber auch Georg Ledebour und Luise Zietz, wobei die ärgsten dieser Stellen dann 1930/31 nicht gedruckt worden sind.[1]

Band 1 der »Denkwürdigkeiten« enthält auch einige abfällige Bemerkungen über Friedrich Ebert und Philipp Scheidemann.[2] Das ist zum Teil aus persönlicher Verärgerung zu erklären. Bülow hatte nach dem 9. November 1918 den sozialdemokratischen Führern angeboten, sich an den Friedensverhandlungen zu beteiligen, war aber abgewiesen worden.[3] Am 22. Juli 1923 unterhielt Bülow sich zum ersten Male eingehend mit Ebert, und seitdem äußerte er sich wohlwollend über diesen.[4] Im Band 3 seiner »Denkwürdigkeiten« erklärte der Fürst dann, er betrachte es »als ein Glück im Unglück, dass die Welle der Revolution auf den Präsidentenstuhl gerade diesen Mann trug. Er lieferte jedenfalls den Beweis, dass in unserem, ach! so unpolitischen Deutschland der Arbeiterstand starke politische Talente, aller Achtung würdige Charaktere und hervorragende Parteiführer zu stellen vermag«.[5]

Im letzten Jahrzehnt seines Lebens hielt Bülow sich zumeist von Juli bis September in Klein-Flottbek auf, die übrige Zeit in Rom. Der Fürst turnte morgens eine halbe Stunde lang, ging täglich einige Stunden lang spazieren und erfreute sich eines guten Gesundheitszustandes. Die Honorare, die der Verlag Ullstein ihm für die »Denkwürdigkeiten« zahlte, hatten ihn wieder zu einem wohlhabenden Mann gemacht (er hinterließ ein Barvermögen von rund 350 000 Mark).[6]

Politisch betätigte sich Bülow nicht mehr. Er verfolgte aber aufmerksam das Zeitgeschehen und kommentierte es in vertraulichen

Briefen auch. Das außenpolitische Abenteurertum der Konservativen (die sich jetzt in der Deutschnationalen Volkspartei zusammengefunden hatten) lehnte er entschieden ab. Dagegen identifiziert er sich mit der Außenpolitik Gustav Stresemanns, der geschickt darauf hinarbeitet, die Ergebnisse des Ersten Weltkrieges schrittweise zu revidieren und die 1918 verlorengegangene Großmachtstellung Deutschlands zurückzugewinnen. Am 26. Dezember 1925 beglückwünschte der Fürst Stresemann dazu, dass dieser mit dem Locarno-Abkommen »den ersten großen Stein zum friedlichen Wiederaufbau gelegt« habe.[7] Und am 17. April 1926 schrieb er dem Außenminister: »Seit Sie die ausländischen Geschäfte unseres Landes übernommen haben, sind unsere Beziehungen zu allen unseren Kriegsfeinden besser geworden. Jeder Patriot muss wünschen, dass Sie mit dem Prestige, das Sie sich erworben haben, unsere auswärtige Politik noch lange leiten werden.«[8] Auf innenpolitischem Gebiet befürwortete Bülow eine Große Koalition, die von den Deutschnationalen bis zur SPD reichen sollte. An seinen Vertrauten Loebell schrieb er am 19. Mai 1924: »Eine solche Regierung hätten wir schon 1914 bilden sollen, und von einer solchen Regierung sind die Franzosen, die Engländer, die Belgier zum Sieg geführt worden.«[9]

1924 wurde Bülow 75 Jahre alt. Reichspräsident Ebert, Reichskanzler Wilhelm Marx, Außenminister Stresemann und der preußische Ministerpräsident Otto Braun sandten ausführliche Glückwunschtelegramme. Die führenden Deutschnationalen hingegen ignorierten das Jubiläum geflissentlich.

Am 16. Januar 1929 starb Bülows Frau, mit der er 43 Jahre lang eine harmonische Ehe geführt hatte. Der Fürst verkaufte jetzt die Villa Malta, wobei er sich vertraglich auf Lebenszeit ein Wohnrecht darin sicherte. Als Bülow 80 wurde, da schrieb Stresemann ihm, er habe zusammen mit dem ganzen Auswärtigen Amt »mit aufrichtiger Herzlichkeit dieses Jubelfest begleitet, stolz der unvergesslichen Zeit gedenkend, da Euer Durchlaucht die auswärtige Politik des Deutschen Reiches geleitet haben.«[10] Ende September 1929 machte der Fürst auf der Reise von Klein-Flottbek nach Rom für einige Tage in Berlin Station. Hier unterhielt er sich ausführlich mit Theodor Wolff und dem ehemaligen Außenminister Friedrich Rosen. Beide fanden, er sei geistig rege wie je und sehe gesund aus.[11] Doch in der dritten Oktoberwoche erlitt Bülow in Rom einen Schlaganfall. Am 28. Oktober gegen 7.00 Uhr morgens starb er. In Klein-Flottbek fand

Bülow im Garten der Villa Malta, 1929

am 5. November in der Elbparkvilla die Trauerfeier statt, an der auch Reichskanzler Hermann Müller und Reichstagspräsident Paul Löbe teilnahmen. Auf dem Friedhof des benachbarten Nienstedten wurde die Urne Bülows beigesetzt. Wenige Wochen zuvor hatte der Fürst sich aus dem 39. Psalm als Grabinschrift ausgewählt:

»Ich bin Beides, dein Pilgrim und dein Bürger,
wie alle meine Väter!«

DIE »DENKWÜRDIGKEITEN«

Am 22. Oktober 1900 schrieb Philipp zu Eulenburg an Wilhelm II.: »Ew. Majestät sagten mir, ›Bernhard soll einmal mein Bismarck werden‹. Ja, das wird er auch werden, aber – ›Gedanken und Erinnerungen‹ werden nicht geschrieben werden [...]«[1] »Phili« war hier ein schlechter Prophet. Sein Protegé Bülow sollte dereinst Memoiren verfassen, in denen er mit dem Kaiser noch viel schärfer ins Gericht ging als das der »Eiserne Kanzler« getan hatte.[2]

Schon im Jahre 1909 fragten Verleger bei dem gestürzten Bülow an, ob er Memoiren schreiben werde. Der Fürst winkte ab. Doch im Januar 1921 schloss er dann mit dem Verlag Ullstein einen Vertrag, in dem er sich verpflichtete, ein dreibändiges Memoirenwerk auszuarbeiten. Am 7. Juli 1921 entstanden die ersten Seiten. Der Verlag stellte Bülow eine Sekretärin, und der Fürst diktierte nun Tag für Tag durchschnittlich zehn Seiten Text. Im Frühjahr 1923 lagen die Memoiren für den Zeitraum 1897 bis 1909 (die späteren Bände 1 und 2) im Manuskript vor. Der Fürst diktierte anschließend den späteren Band 3, als letzten den Band 4, der seine Jugendzeit und seine Diplomatenjahre bis 1897 umfasste.

Als Bülow den Text der Bände 1 und 2 diktierte, waren die entsprechenden Bände des Aktenwerks »Die Große Politik der Europäischen Kabinette« noch nicht veröffentlicht. Merkwürdigerweise verzichtete Bülow aber in den folgenden Jahren darauf, seinen Text anhand der mittlerweile vorliegenden »GP« zu prüfen. So blieben im Text etliche Versehen und Ungereimtheiten stehen, die eigentlich hätten korrigiert werden können.

Zum psychologischen Hintergrund von Bülows Memoiren ist zu sagen: Bülow hatte seit der »Daily Telegraph«-Affäre und schließlich seinem Sturz immer wieder heftige publizistische Angriffe erlebt, die sich frontal gegen seine gesamte Amtstätigkeit richteten. Bald nach der Novemberrevolution wurden Bücher veröffentlicht, in denen Bülow die Hauptschuld für die politische Isolierung Deutschlands und für das Anwachsen der Kriegsgefahr vor 1914 aufgebürdet wurde, so die Memoiren Bethmann Hollwegs[3] und Eckardsteins[4] sowie Johannes Hallers »Aera Bülow«[5]. Schon seit 1909, besonders aber seit 1914, hatte Bülow sich mehr und mehr in eine Art Autosuggestion hineingesteigert. Er suchte sich vor sich selber zu rechtfertigen und glorifizierte sein politisches Wirken so lange, bis er selbst an seine Unfehlbarkeit glaubte. Seine Nachfolger und Gegner mochten tun, was sie wollten – Bülow sah in ihrem Tun bald nur noch Unfähigkeit oder gar Niedertracht. Dass er nicht wieder zum Reichskanzler berufen wurde, erschien ihm schließlich als ein nationales Unglück. Mit seinen Memoiren verfolgte Bülow vor allem das Ziel, ein Bollwerk aufzurichten, an dem die Angriffe seiner Gegner zerschellen würden. Der Exkanzler hoffte, in der Frage, welcher Platz ihm im Buch der Geschichte gebühre, selbst das entscheidende Wort sprechen zu können.

Bülow schildert in den »Denkwürdigkeiten« sein Leben und seine Zeit in epischer Breite. Dabei stellt er sein politisches Wirken als eine Serie großer Erfolge dar. Selbstkritik fehlt fast völlig. Die Beschreibung des eigenen Lebens und des Zeitgeschehens bleibt zumeist an der Oberfläche. Es werden Haupt- und Staatsaktionen in ihrem äußeren Hergang geschildert, und es werden die agierenden Minister und Monarchen vorgestellt. Analysiert wird das politische Geschehen nur gelegentlich. Auch eigene konzeptionelle Vorstellungen Bülows werden nur nebenher sichtbar.

Zwei Personen sind in den »Denkwürdigkeiten« allgegenwärtig: Wilhelm II. und Bethmann Hollweg. Das Bild, welches Bülow vom Kaiser zeichnet, ist vielschichtig. Der Fürst zeigt die mannigfachen Charakterschwächen und Fehlleistungen Wilhelms auf, bescheinigt ihm aber auch immer wieder positive Eigenschaften. Das Fazit freilich ist vernichtend. Ein namhafter zeitgenössischer Kritiker Bülows, der Historiker Fritz Hartung, kam nicht umhin zu erklären, man müsse das »Bülowsche Kaiserbild[...] wohl als richtig anerkennen«.[6] Bülows Bethmann-Bild hingegen ist ganz in grau und schwarz gehalten und sichtlich von Hass geprägt.

Die »Denkwürdigkeiten« sind außerordentlich plastisch und bilderreich geschrieben, ja oft amüsant. Meisterhaft ist die Schilderung von Personen. Solche Zeitgenossen freilich, die er hasste, wusste der Verfasser mit wenigen Strichen als lächerliche Figuren hinzustellen. Im Manuskript der »Denkwürdigkeiten« stehen etliche Formulierungen, die dann doch nicht gedruckt worden sind. So hat Bülow dort den Kaiser als »Ochsenfrosch« bezeichnet, Bethmann Hollweg als »Schlappschwanz« und den Historiker Friedrich Thimme als den »dümmsten Menschen«.[7]

Die bleibende Bedeutung der »Denkwürdigkeiten« liegt vor allem in der Vermittlung der Atmosphäre, welche in der Hofgesellschaft Wilhelms II. bestand. Niemand konnte den Byzantinismus um Wilhelm II. besser schildern als der Byzantinist Bülow. »Die ›Denkwürdigkeiten‹«, so schrieb damals der liberale Historiker Veit Valentin, »sind ein reiches farbiges Buch; man wird sie noch lesen, wenn alle aufgeregten, geärgerten, beleidigten Kommentatoren und Kritiker von heute vergessen sind. Hier ist einmal das vorhanden, was deutschen Memoiren sonst fehlt, das Wechselvolle, das vielfältig Gespiegelte, der Rhythmus der Zeit, das subjektiv nur allzu Wahre bei viel objektiver Unzuverlässigkeit.«[8]

Der namhafte liberale Publizist Theodor Wolff urteilte: »Wahrscheinlich wird eine spätere Zeit finden, daß von den Erinnerungswerken, in denen hohe Mitwirkende die wilhelminische schilderten und sich selbst verteidigten oder verherrlichten, wenige so lesbar und so lesenswert wie das Buch des Fürsten Bülow seien. Trotz Klatschsucht und Selbstgefälligkeit, trotz Taschenspielerkünsten und allen trüben Wassern, die in dem Buch zusammenfließen, ist aus diesem Zeitgemälde mehr für das Verständnis der Epoche zu entnehmen als aus den grautönigen Arbeiten ehrbarer Historienmalerei.«[9]

Nach der Veröffentlichung der »Denkwürdigkeiten« (1930 und 1931) setzte sehr schnell eine wahre Sturzflut von Anti-Bülow-Pamphleten ein. Die wirkungsvollste unter diesen Kampfschriften war der Band »Front wider Bülow«.[10] In diesem Sammelband kamen neben den Historikern Friedrich Thimme, Haller und Bernhard Schwertfeger vor allem solche Politiker der Kaiserzeit zu Wort, die Bülow in seinen »Denkwürdigkeiten« scharf attackiert hatte. Sie alle verdammten die Politik Bülows und zeichneten insbesondere ein rabenschwarzes Bild seines Charakters. Die gleiche Tendenz hatte der stockkonservative Haller schon in den 20er Jahren verfolgt.

Man muss aber doch die Frage stellen, von welchen Motiven sich Haller und sein Mitstreiter leiten ließen. Gewiss waren diese Autoren empört darüber, dass der Exkanzler sich in seinen »Denkwürdigkeiten« selbst beweihräucherte, Dinge vorsätzlich verdrehte, etliche seiner Standesgenossen in ausgesprochen boshafter Weise schilderte. Aber diese Empörung war doch nur ein nachgeordnetes Motiv, und sie wirkt mitunter auch aufgesetzt. Haller und die Seinen verdammten Bülow vor allem deshalb, weil in dessen Memoiren eben auch jede Menge peinlicher Enthüllungen über Kaiser Wilhelm II., die

»gute Gesellschaft« der Kaiserzeit und namentlich über den Ausbruch des Ersten Weltkrieges zu finden waren. So schrieb etwa Botho Wedel am 12. Dezember 1930 an Bernhard Wilhelm von Bülow, den Neffen des Exkanzlers: »Die Franzosen nutzen schon die 2 ersten Bände [der »Denkwürdigkeiten« – d. V.] für ihre Propaganda aus, und ich fürchte, der 3te Band liefert ihnen noch willkommeneres Material.«[11] Und Haller erklärte 1931 kategorisch, daß Bülow »Kaiser und Reich in [...] empörender Weise verraten« habe.[12]

Diese Kritiker Bülows meinten ganz genau zu wissen, wie ein deutscher Staatsmann beschaffen sein musste: wie Otto von Bismarck. Dabei stand ihnen freilich nicht der wirkliche Bismarck vor Augen – der Realpolitiker, der sich nach 1871 allen Präventivkriegsplänen schroff widersetzt hatte –, sondern ein mythischer Bismarck nach ihrer Fasson, der angeblich zu allen Zeiten auf »Blut und Eisen« als Mittel der Politik gesetzt hatte.[13] Haller und die Seinen maßen Bülow an solchem Mythos und befanden ihn als zu leicht, ja als »undeutsch«.[14] Diese Kreise hatten schon 1923 den ehemaligen Hofmarschall Robert Graf von Zedlitz-Trützschler wegen seiner Memoiren in Acht und Bann getan, obwohl der nun wahrhaftig kein Byzantinist und kein Intrigant, sondern persönlich ein integrer Mann war. Im Übrigen nimmt sich das Scherbengericht, das Haller gegenüber Bülow veranstaltete, doch etwas merkwürdig aus, wenn man es mit seinem Versuch einer Reinwaschung Eulenburgs einige Jahre zuvor vergleicht.

Zu der aufgeregten Kritik, die konservative Kreise an den »Denkwürdigkeiten« übten, schrieb damals Eckart Kehr, ein brillanter linker Außenseiter der Historiker-Zunft treffend: »Der Personalismus der Kritik feiert Orgien, man sucht Bülow als Person zu diffamieren, ohne zu bedenken, daß man einen Typus diffamiert und einen Repräsentanten. Man fragt nicht, unter welchen Voraussetzungen, zur Vollstreckung welcher Aufgabe Bülow ins Auswärtige Amt und dann ins Reichskanzlerpalais berufen wurde. Man freut sich, daß man den persönlichen Sündenbock gefunden hat und die Kritik von der sozialen Struktur des Kaiserreichs und damit von der eigenen Grundlage abgelenkt hat.«[15]

SCHLUSSBETRACHTUNGEN

Bernhard von Bülow war zwölf Jahre lang der leitende Politiker des deutschen Kaiserreiches und hatte zuvor bereits viele Jahre lang wichtige Posten im diplomatischen Dienst bekleidet. Mit seinem Namen ist vor allem die expansive deutsche »Weltpolitik« verbunden. Bülow hat diese Politik nicht etwa erfunden. Aber er brachte sie auf griffige Formeln, und er gewann rasch bestimmenden Einfluss auf die »weltpolitischen« Aktionen der Reichsregierung. Bülow trug dabei, auch in seinen öffentlichen Erklärungen, den Forderungen des Großbürgertums nach Unterstützung seiner ökonomischen Expansion in starkem Maße Rechnung.

Die von ihm geprägte imperialistische »Weltpolitik« folgte offenkundig keinem geheimen »Bülow-Plan«. Sie war vielmehr vor allem darauf ausgerichtet, vorteilhafte Konstellationen der internationalen Politik improvisierend zu überseeischer Expansion zu nutzen (Erwerbung Samoas, der Marianen, der Karolinen und Palaus). Innerhalb der »Weltpolitik« nahm der Bau der Bagdadbahn als eine strategische Konstante eine Sonderstellung ein. Bülow war als typischer »Wilhelminist« in seiner Außenpolitik stets darauf aus, vorzeigbare Prestigeerfolge zu erringen. Diese sollten integrierend auf die herrschenden Kreise sowie auf die Mittelschichten wirken und gleichzeitig die persönliche Machtposition Bülows festigen.

Der außenpolitische Spielraum Bülows wurde bald durch die deutsche Flottenrüstung stark eingeschränkt. Initiatoren der Flottenrüstung waren Kaiser Wilhelm II. und Admiral Tirpitz. Bülow trug diese Politik mit, wobei er ihre verhängnisvollen Auswirkungen auf die deutsch-englischen Beziehungen zunächst nicht erkannte. Er setzte darauf, die Spannungen, die zwischen den Weltmächten England und Russland bestanden, möglichst lange ausnutzen zu können (»Politik der freien Hand«). Für den hypothetischen Fall, sich zwischen England und Russland entscheiden zu müssen, kam für ihn stets nur die prorussische Option in Frage.

Bülow, der viele Jahre lang unter der Leitung Bismarcks gearbeitet hatte, hat in den 80er und 90er Jahren in vielen seiner Berichte und Briefe fundierte politische Analysen und beachtliche politischstrategische Überlegungen formuliert. Seine schnelle Karriere und die Erfolge in den ersten Jahren seiner Kanzlerschaft verleiteten ihn jedoch allmählich dazu, eine überzogene Selbstsicherheit zu entwickeln und häufig seinen politischen Handlungsspielraum zu überschätzen. Seine Analysen fielen nun nicht selten recht oberflächlich aus.

Die »Weltpolitik« Bülows erwies sich schließlich als Fehlkalkulation und trug zur Isolierung Deutschlands bei (Bildung der Entente und der Triple-Entente). Der Versuch des Kanzlers, sich 1908/09 mit England über eine Begrenzung des Flottenwettrüstens zu verständigen, wurde von Tirpitz und Wilhelm II. durchkreuzt. Entsprach Bülow mit seiner »Weltpolitik« und Flottenrüstung den Interessen großbürgerlicher Kreise, so stellte er mit seiner protektionistischen Zoll- und Agrarpolitik (Zolltarif von 1902) die Mehrzahl der Junker zufrieden.

1900/01 stellte Bülow die Autorität des Reichskanzleramtes innerhalb des politischen Systems zügig wieder her. Nach dem Sturz Miquels (1901) setzte er eine weitgehende Homogenität der Politik von Reichsregierung und preußischem Staatsministerium durch. In der Innenpolitik vollzog Bülow gemeinsam mit Posadowsky 1900/01 einen Kurswechsel. Dabei verließ er sich im Kampf gegen die Sozialdemokratie vorwiegend auf flexible Methoden. So ermöglichte er dem Revisionisten Bernstein die Rückkehr nach Deutschland und nahm die 1896 unterbrochene Sozialgesetzgebung wieder auf. Dagegen verschärfte er die Unterdrückung der polnischen nationalen Minderheit.

Wie keiner der Reichskanzler vor und nach ihm verstand Bülow es in den ersten Jahren seiner Amtszeit, Wilhelm II. durch eine Kombination von Schmeichelei und vorsichtiger Beharrlichkeit weitgehend zu lenken. Seine Methode, dem Kaiser keine solchen Vorschläge zu machen, bei denen er mit einer Ablehnung rechnen musste, konnte Bülow als Reichskanzler natürlich nicht auf Dauer durchhalten. 1905 kam es zwischen Bülow und Wilhelm II. erstmalig zu ernstlichen Differenzen (Björkö-Vertrag, Entlassung Podbielskis). Derlei Differenzen und die außenpolitischen Misserfolge seit 1904 schwächten nach und nach die Position Bülows bei Wilhelm II.

Ausgesprochen »modern« mutet das große propagandistische Geschick Bülows an. Dieser Kanzler bediente sich sehr erfolgreich der Presse und war auch selbst in der Lage, seine Politik in Wort und Schrift effektvoll zu vertreten. Die vagen »weltpolitischen« Visionen, die Bülow beschwor, riefen Erwartungen hervor, welche die Reichsregierung gar nicht einlösen konnte. Die militanten Agitationsverbände, allen voran der Alldeutsche Verband, hatten zunächst den Übergang zu einer »Weltpolitik« begeistert begrüßt. Als aber die erhofften »weltpolitischen« Aktionen ausblieben, begannen diese Kräfte die Politik Bülows heftig zu kritisieren. Die Unzufriedenheit der nationalistischen Verbände eskalierte zu einer »populistischen Attacke auf die Regierung und die alte Rechte«.[1] Die konservativen Parteien und die ihnen nahestehende Presseorgane griffen selbst Forderungen der militanten Agitationsverbände auf und richteten sie an die Regierung.[2] Ganz allmählich wurde der Treiber Bülows so zu einem Getriebenen.

Bülows Charakterbild ist zunächst von einzelnen Rivalen und Kritikern, später dann von der »Front-wider-Bülow«-Literatur in den schwärzesten Farben gezeichnet worden. Der Vorwurf, Bülow habe sich oft der Intrige bedient, ist berechtigt, kann aber auch gegen viele andere Vertreter der Hofgesellschaft Wilhelms II. erhoben werden. Bei der verbreiteten Behauptung, Bülow sei durchweg unaufrichtig gewesen, dürften – neben gezielter Diffamierung eines »Nestbeschmutzers« – auch Vorurteile eine Rolle gespielt haben. Die Umgangsformen dieses Mannes waren in erheblichem Maße durch seinen langjährigen Aufenthalt in Paris, St. Petersburg, Bukarest und Rom geprägt worden. Dieser Diplomat war, um ein aus der Mode gekommenes Wort zu gebrauchen, ausgesprochen liebenswürdig. Bei seinem Hang etwa, während der Konversation freigiebig Komplimente zu verteilen, war oft Berechnung mit im Spiel. Deutsche, zumal norddeutsche Gesprächspartner fühlten sich dadurch zunächst geschmeichelt, wurden aber mit der Zeit oft misstrauisch. Ihnen stand da wohl das Goethe-Wort vor Augen: »Im Deutschen lügt man, wenn man höflich ist.« Der bayerische Gesandte in Berlin Graf Lerchenfeld, der Bülow aus jahrzehntelangem Umgang kannte, ihm keineswegs unkritisch gegenüberstand und ein wirklicher Menschenkenner war, wies in seinen Memoiren auf das pauschale Misstrauen hin, das Bülow so bei vielen Zeitgenossen wachrief. Er selber aber erklärte: »Viele halten ihn [Bülow – d. V.] für falsch. Ich habe persönlich in meinem langjährigen Verkehr mit ihm gute Erfahrungen gemacht und ihn stets als einen Mann von anständiger und ehrlicher, sogar wohlwollender Gesinnung befunden, der das Beste wollte.«[3] Ein Zeugnis, das man nicht ganz außer Acht lassen sollte.

1914 hatte Bülow, der ja schon fünf Jahre lang nicht mehr im Amt war, keinerlei Anteil an der unmittelbaren Auslösung des Ersten Weltkrieges. Doch er hatte zwischen 1897 und 1909 auf Expansion und Hochrüstung, zeitweise auch auf Konfrontationspolitik gesetzt und so maßgeblich zur Verschärfung der Gegensätze zwischen den Großmächten und dem Anwachsen der Kriegsgefahr beigetragen. Deshalb gehört er neben Wilhelm II., Tirpitz und Bethmann Hollweg zu jenen Exponenten des deutschen Kaiserreiches, welche im weiteren Sinne eine Hauptverantwortung für die Katastrophe der Jahre 1914 bis 1918 tragen.

NACHWORT

Über Bernhard von Bülow – *den* Protagonisten der unheilvollen wilhelminischen »Weltpolitik« – existieren wesentlich weniger wissenschaftliche Veröffentlichungen als etwa über seine Zeitgenossen Tirpitz, Holstein und Bethmann Hollweg (von Wilhelm II. ganz zu schweigen). Lange Zeit gab es lediglich eine Biographie Bülows, die freilich völlig überholt ist: die 1921 erschienene knappe Lebensbeschreibung von Wilhelm Spickernagel, der ein unkritischer Bewunderer Bülows war. Der Journalist Sigmund Münz lieferte 1930 eine Folge von Impressionen, die zum Teil durchaus interessant und aufschlussreich sind, aber keine Biographie ersetzen können. [1]

Die Interpretation der Politik Bülows und namentlich der Versuch, sein Charakterbild zu kennzeichnen, werden durch eine Eigenart dieses späten Vertreters der klassischen Geheimdiplomatie ungemein erschwert: Dieser Politiker wahrte in seinen Äußerungen, selbst in seinen Briefen und Privatgesprächen, eine ungewöhnliche Selbstkontrolle. Auch scheinbar vertrauliche schriftliche und mündliche Äußerungen dieses Mannes waren zumeist genau auf den Adressaten ausgerichtet und zielten auf ganz bestimmte Zwecke hin. Der Nachlass Bülows ist sehr umfangreich und enthält reiches Material. Nachweislich hat der Exkanzler jedoch verschiedene Dokumente, die ein ungünstiges Licht auf ihn warfen, ausgesondert und vernichtet. [2]

1991 erschien im Deutschen Verlag der Wissenschaften, Berlin unter dem Titel »Reichskanzler Bernhard Fürst von Bülow. Eine Biographie« die von mir verfasste Biographie Bülows. Ich lege den seit langem vergriffenen Band nunmehr mit etwas veränderten Titel und mit freundlicher Genehmigung des Verlags Hüthig, Heidelberg (des Rechtsnachfolgers des Deutschen Verlags der Wissenschaften) in überarbeiteter und erweiterter neuer Ausgabe vor. Die erste Ausgabe ist von der Fachwelt überwiegend positiv aufgenommen worden. So nannte Jost Dülffer (Köln) das Buch ein »lebensnahes Porträt«, das sich sehr »an neuem oder wenig bekanntem Archivmaterial« orientiere. [3] Volker Ullrich (Hamburg) kennzeichnete den Band als »erste brauchbare Biographie« Bülows. [4] Lothar Machtan (Bremen) schrieb: »Wer etwas über Bülow wissen will, der wird sich jetzt zunächst bei Fesser zu orientieren haben und – nicht enttäuscht werden.«[5] Gerhard Müller (Jena) bezeichnete die Biographie als »ausgewogene, handwerklich filigrane Arbeit von intimer Quellenkenntnis«.[6] Lediglich Peter Winzen (Bergisch Gladbach), der ein Jahr später Bülows »Deutsche Politik« mit einer ausführlichen biografischen Einleitung neu herausgab und sich gewissermaßen in einer Konkurrenzsituation befand, behauptete, ich würde in meinem Buch »stark zur Apologie und Verharmlosung der insgesamt doch außerordentlich verhängnisvollen Rolle Bülows« neigen.[7]

Im April 2003 veröffentlichte Peter Winzen in der Reihe »Persönlichkeit und Geschichte« des Verlags Muster-Schmidt eine Biographie Bülows.[8] Der Autor wiederholt hier ausführlich seine These vom Jahre 1977, Bülow habe ein so genanntes »Weltmachtkonzept« gehabt und das Ziel verfolgt, im Bündnis mit Russland große Teile des britischen Weltreiches zu erobern.[9] Es fehlt freilich jeder Hinweis darauf, dass andere Forscher starke Zweifel an der Existenz eines Bülowschen »Weltmachtkonzepts« hegen.[10] Überhaupt neigt Winzen dazu, Bülow zu dämonisieren und seine Rolle im Führungskreis des Kaiserreiches überzubetonen. So erklärt er etwa, Bülow habe für die deutsche Intervention in China im Jahre 1900 die »Alleinige Verantwortung« getragen.[11] Das ist schlichtweg falsch. Treibende Kraft und damit Hauptverantwortlicher für die China-Intervention war nicht Bülow, sondern Kaiser Wilhelm II.[12]

Wo Winzen etwas über persönliche Eigenschaften Bülows aussagt, gebraucht er fast immer moralisierende Wendungen. So bescheinigt er ihm »abnormen Ehrgeiz«.[13] In der Überschrift des Kapitels über die »Daily Telegraph«-Affäre ist vom »Verrat am Kaiser« die Rede.[14] Es folgt der Vorwurf, Bülow habe seit 1915 mit »unseriösen Mitteln« sein politische Comeback angestrebt.[15]

Winzen leitet seinen Band mit Ausführungen über das »Mysterium um den Menschen Bülow« ein. Hier verkündet er, Bülow sei homosexuell gewesen.[16] Da das Buch wie die ganze Reihe, zu der es gehört, nicht mit Anmerkungen versehen ist, kann der Leser diese Behauptung nicht nachprüfen.

Einige Indizien, die Winzen für eine Homosexualität Bülows benennt, erweisen sich als dürftig. So verweist er zweimal mit Nachdruck darauf, dass Bülows Ehe kinderlos war.[17] Das beweist nichts, da zum Beispiel die Ehe des homosexuellen Philipp zu Eulenburg sehr wohl mit Kindern gesegnet war. Auch ein Brief Bülows an Eulenburg vom 13. März 1893, aus dem Winzen zitiert,[18] beweist lediglich, dass Bülow den schwülstigen Stil Eulenburgs zu kopieren verstand. Dass Bülow sich aber in seinem Brief »geoutet« habe, ist eine bloße Behauptung. Es ist ja möglich, dass Bülow schwul war. Nachgewiesen hat Winzen es jedoch nicht. Im Übrigen: Ob Bülow homosexuell war oder nicht, ist für die Beurteilung seiner Politik ohne Bedeutung. Und im eigentlichen Text von Winzen spielt diese Frage auch nur eine sehr geringe Rolle. Der Verfasser hat sie wohl bewusst an den Anfang seines Bandes gestellt, um damit den Eindruck zu erwecken, ihm sei eine bedeutsame Entdeckung gelungen.

Dass Bülow homosexuell sei, hatte der Literat Adolf Brand im Jahre 1907 behauptet, vor Gericht aber nicht beweisen können.[19] Johannes Haller[20], ein verbissener Kritiker der Politik Bülows, hat vergeblich nach solchen Beweisen gesucht. Auf eine entsprechende Anfrage Hallers antwortete der frühere Gesandte Ludwig Raschdau am 5. August 1931: »Ihre Frage kann ich nur insoweit beantworten, als das, was mir Holstein persönlich zu einer Zeit, wo Bülow noch im Außendienst stand, die Möglichkeit seiner Verwendung in Berlin aber besprochen wurde, aus dessen Vergangenheit mitgeteilt hat, mit sexuellen Verirrungen (§ 175) nichts zu tun hat. Verzeihen Sie den geschachtelten Satz, verständlich dürfte er immerhin sein. Ich habe auch sonst von solchen Neigungen nur andeutungsweise in Verbindung mit dem bekannten Prozeß gehört, in dem er sich öffentlich gegen eine solche Beschuldigung gewehrt hat. Die unmännliche Sprache seiner Briefe an Vertraute mag auch dazu Veranlassung gegeben haben. Aber ich wiederhole, mir liegt kein Anzeichen vor, aus dem ich auf die Richtigkeit einer unerfreulichen Möglichkeit schließen könnte.«[21]

DOKUMENTENANHANG
BRIEFE BÜLOWS AN KAISER WILHELM II.

Semmering, 19. August 1898

Euere Kaiserliche und Königliche Majestät
habe ich erst vor wenigen Tagen mit einem so langen Brief in der Sommerruhe gestört, daß ich kaum wage, wieder zur Feder zu greifen. Aber einerseits weiß ich, daß Eure Majestät keine Muse kennen, während es mir andererseits ein Bedürfnis ist zu sagen, wie dankbar ich für das an Seine Königliche Hoheit den Prinzen Heinrich [1] gerichtete Telegramm bin. Es war meines allerunterthänigsten Dafürhaltens nicht möglich, die Gesamtlage unserer internationalen Beziehungen und insbesondere Werdegang und derzeitigen Stand unseres Verhältnisses zu England, in gleichzeitig erschöpfenderer, knapperer und markiger Weise dazulegen, wie es in dieser meisterhaften Instruktion geschehen ist, durch welche Euere Majestät meinen bescheidenen Bemühungen behufs Klärung unserer Position einen mächtigen Coup d'épaul gegeben haben.

Während sich Salisbury [2] einbildete, daß Deutschland in Ostasien und anderswo die Zirkel der englischen Politik störe, hat er selbst Rußland gegenüber das englische Spiel so schlecht gespielt, so viele Stiche vergeben und so viele Robber verloren, daß John Bull [3] im Gefühl der erlittenen Demütigungen augenscheinlich immer nervöser und reizbarer wird. Meines unvorgreiflichen Erachtens steht ein Krieg zwischen England und Russland noch immer in weiter Ferne, aber ganz unmöglich ist es doch nicht, daß John Bull schließlich seinem Ärger nach irgendeiner Seite Luft macht. Für diesen Fall kommt es darauf an, daß wir uns nicht gerade vor das Spundloch des englischen Fasses stellen, in welchem es so stark gärt und rumort. Darum ist es nützlich, daß Euere Majestät zu vielen maßgebenden Engländern nach wie vor vortreffliche Beziehungen unterhalten und in dem gesunden Theil des englischen Volks wahre Achtung, Bewunderung und Sympathie genießen.

Das Ideal für uns bleibt stets die von Euerer Majestät vorgezeichnete feste und independente Stellung zwischen England und Rußland, unabhängig nach beiden Seiten hin, aber mit der Möglichkeit, sobald es Eurer Majestät paßt mit diesem oder jenem zu gehen. Daß auch mit den Russen schwer ein ewiger Bund zu flechten ist, beweist das auch nach der Audienz von Radolin[4] bei Kaiser Nikolaus fortgesetzte Hetzen der russischen Presse gegen uns. Die Freiheit, welche die Russische Regierung der russischen Presse uns gegenüber lässt, ist und bleibt der Gradmesser für die eigentlichen russischen Absichten und die innere russische Gesinnung. Daß nichts desto weniger Seine Königliche Hoheit der Prinz Heinrich auf russischem Boden einen russenfreundlichen Ton anschlägt, ist durchaus ersprießlich.

Radowitz[5] hat Weisung, im Sinne der von Euerer Majestät im Frühjahr erteilten Direktiven, auf eine Abtretung der Karolinen-Gruppe an uns gegen Geldentschädigung hinzuwirken. Er hält die Sache nicht für aussichtslos, falls unsere diesbezüglichen Bemühungen und Anträge ganz geheim bleiben und namentlich die Engländer nichts davon erfahren.

Heute erhielt ich das Programm der Orientreise.[6] Ich kann gar nicht sagen, wie froh ich bin, diese herrliche Reise mitzumachen. Es war immer mein Traum, einmal Konstantinopel, das gelobte Land und Egypten kennenzulernen, über die ich von Kindesbeinen an soviel gehört und wohin zu fahren ich bisher niemals Gelegenheit gehabt hatte. Aber wie glücklich ich bin, die geweihten Stätten, wo unser Erlöser in irdischer Gestalt gewandelt hat, und den Bosporus, der von Kaiser Konstantin dem Großen an bis auf die Janitscharen so viele Völkerschicksale gesehen hat und das uralte Egypten mit seinen Pyramiden, Tempeln und dem sagenreichen Nil im Gefolge meines Kaiserlichen Herrn zum ersten Mal sehen zu dürfen! Eine Bitte wage ich Eurer Majestät vorzutragen. Unter meinen Räthen im Auswärtigen Amt ist ein Beamter, Legationsrath Klehmet,[7] der in allen orientalischen und Kolonial-Fragen besonders bewandert ist. Ich glaube, er könnte sich auf der Reise nicht sowohl mir als Euerer Majestät auswärtigem Dienst nützlich machen. Er ist ein ganz bescheidenes und diskretes Männchen, der sicherlich in keiner Weise stören wird. Darf ich denselben neben dem Chiffreur mitnehmen? Wenn Euere Majestät die unendliche Gnade hätten, dies zu erlauben, würde ich so sehr dankbar sein. Ich lese schon allerlei, um mich auf die schöne Reise vorzubereiten. Ebers[8] und den älteren Bädecker für Egypten Herodot.[9] Meine Damen freuen sich mit mir, daß mir der Genuß einer solchen Reise zu Theil wird. Meine Frau wird während meiner Abwesenheit bei ihrer Mutter in Rom weilen.

Aus Konstantinopel schreibt man mir, daß an dem Ausbau der Wege in Palästina rüstig gearbeitet werde. Manche neue Brücke wurde fertiggestellt, die Anlegestelle in Haifa aus Stein ausgeführt. Die deutsche Kolonie Kleinasiens werde daher vom Besuche Eurer Majestät dauernden Vortheil haben. Auch in Konstantinopel sei man thätig. [...]

(GStA PK Berlin, Brandenburg-Preußisches Hausarchiv, Rep. 53 J, NL Wilhelm II., Lit. B. Nr. 16a, vol. I, Bl. 26–31.)

Semmering, 6. August 1899

Geheim.
Euerer Kaiserlichen und Königlichen Majestät
bitte ich vor Allem sagen zu dürfen wie von Herzen ich wünsche, daß die Nordlandreise rechte Erquickung gebracht haben möge. Euere Majestät haben eine so harte Winterkampagne hinter sich, daß Erholung in diesem Sommer doppelt nothwendig war. [...]

Mit ehrfurchtsvollem Dank habe ich das Telegramm erhalten, wonach Euere Majestät Münster[10] die Kette zu Euerer Majestät Hausorden zu Hohenzollern verliehen haben. Münster hat diese hohe Auszeichnung durch seine vernünftige Haltung auf der Konferenz[11] wie durch seine Leistungen in Paris vollauf verdient. Die Verhandlungen dieser Konferenz sind und bleiben ein häßliches Denkmal menschlicher Kurzsichtigkeit und Unvernunft. Diese konfusen Diplomaten, Zeitungsschreiber, Börsenjobber und alten Weiber, welche sich einbilden, daß sie durch Reden und Resolutionen die seit dem Sündenfall und durch den Sündenfall waltende göttliche Weltordnung ändern könnten, erinnern mich an die Menschlein zu Babel, die einen Thurm bauen wollten, um in den Himmel hineinzukommen. Euerer Majestät Weisheit, Selbstbeherrschung und Fernblick ist es aber gelungen, über diese Episode wegzukommen, ohne daß die Russen, und Kaiser Nikolaus, Grund zu berechtigter Klage hätten. Diese Selbstbeherrschung Euerer Majestät bewundere ich um so aufrichtiger, als ich weiß, wie schwer es dem männlichen und geraden Sinn Euerer Majestät fällt, derartige halb albernen halb perfiden Schäferspiele mitzumachen.

Aus Berlin schreibt man mir, Ihre Majestät die Königin Viktoria habe Lascelles[12] gegenüber mit Lebhaftigkeit erklärt, sie könne Euere Majestät nur deshalb nicht nach Balmoral einladen, weil bei der dortigen Engigkeit Euere Majestät nicht unterzubringen wären. Lascelles deutete auch an, wie die Königin Werth darauf lege, daß Euerer Majestät Besuch in England nicht vor Mitte November stattfinde, da Ihre Majestät sonst den (:Ihrer Majestät besonders wohlthätigen:) Aufenthalt in Balmoral würde abkürzen müssen. Salisbury hat sich gegenüber Sir Frank dahin ausgesprochen, daß er sich zwar von dem Besuch Euerer Majestät in England für die Familien-Beziehungen viel Befriedigendes verspreche, dagegen von einer politischen Konversation mit Euerer Majestät bei der Verschiedenheit der Auffassungen nicht viel zu hoffen wage, worauf ihm Sir Frank versicherte, er werde zweifellos mit Euerer Majestät zu bestem wechselseitigem Verständniß gelangen. Es giebt wohl kaum einen Menschen in Europa, auf den ich innerlich so geladen bin, wie auf den feisten englischen Premier. Nie werde ich ihm den Ärger verzeihen, den er Euerer Majestät namentlich in der Samoa-Sache bereitet hat. Ich denke aber wie Odysseus, als er von den Freiern gereizt wurde bevor er alle Pfeile in seinem Köcher zusammen hatte.

»Nichts erwiderte ihnen der kluge Odysseus,
Schweigend nur bewegt' er das Haupt voll argen Entwurfes.«

Als Odysseus erst sein Pfeile zusammen hatte und den Bogen dazu, streckte er die unverschämten Freier alle in den Sand und herrschte fortan zufrieden, glücklich und unbehelligt in Ithaka. Vorher ließ er seine Feinde nichts von seinen Absichten merken. Wenn es Euerer Majestät mit AllerhöchstIhrer ungemeinen Geschicklichkeit in der Behandlung der Engländer gelingt, Salisbury zu gewinnen und zu ihm leidliche politische Beziehungen aufrecht zu erhalten bis unsere Flotte (:um mit Scharnhorst zu reden:) aus dem Gröbsten heraus ist, wäre das ein politischer Meister-Coup.

Hatzfeldt[13] hält noch daran fest, daß es wegen Transvaal trotz aller ups and downs schließlich doch nicht zum Kriege kommen werde. Sollte es in Süd-Afrika wirklich losgehen, so würde England wenigstens für einige Zeit in Asien und Polynesien weit weniger aktionsfähig und dadurch mehr auch auf uns angewiesen sein. Anderseits haben wir kein Interesse an der völligen Niederwerfung der Boeren und Afrikanders womit die Mensur voraussichtlich endigen würde. Soweit ich die Dinge zu übersehen vermag, meine ich, es wäre das Richtigste, wenn wir uns gegenüber den Streitigkeiten zwischen England und Transvaal vorläufig völlig neutral und still verhalten. Euerer Majestät Besuch auf der »Iphigenie« war ein brillanter Schachzug und großer Erfolg, über den ich mich ungeheuer gefreut habe. Daß Euere Majestät das erreichen würde, hätte ich – das sage ich ganz offen – nicht für möglich gehalten. Es macht mich so glücklich, daß Euerer Majestät genialer Initiative immer wieder Dinge gelingen, welche außerhalb des Bereichs der Wahrscheinlichkeit und selbst Möglichkeit zu liegen scheinen. Wenn Euere Majestät die Persönlichen Beziehungen weiter sorgsam pflegen – und dadurch der Revanche-Partei in Paris die Möglichkeit verschließen, die eine oder die andere dieser beiden Weltmächte gegen uns ins Feuer zu bringen – wird la belle France mehr und mehr ein wirksamer Appoint in Euerer Majestät Hand werden. Wegen der Reise von Delcassé[14] nach St. Petersburg habe ich vertrauliche Ermittlungen in St. Petersburg, Paris und London (:via Hatzfeldt-Rothschild:) angeordnet. [...]

Mit nochmaligen treuesten Wünschen für Euerer Majestät Wohlergehen ersterbe ich in tiefster Ehrfurcht als Euerer Kaiserlicher und Königlicher unterthänigster Diener
Bernhard Bülow

(GStA PK Berlin, Brandenburg-Preußisches Hausarchiv, Rep. 53 J, NL Wilhelm II., Lit. B Nr. 16a, vol. I, Bl. 10–18.)

Berlin, 8. November 1899

Euerer Kaiserlichen und Königlichen Majestät melde ich in tiefster Ehrfurcht, daß ich nach langwierigen Verhandlungen und Ueberwindung großer Schwierigkeiten an's Ziel gelangt bin. Upolu und Sawaii[15] gehören Euerer Majestät. Salisbury erhob, wie ich nur für Euere Majestät hinzufüge, bis zuletzt Einwände über Einwände und thürmte Hindernisse über Hindernisse. Im letzten Augenblick suchte er noch die Amerikaner gegen uns aufzustacheln. Endlich haben wir ihn doch auf die Knie gebracht.

Also Upolu und Sawaii fallen beide an Euere Majestät, während wir nur die kleineren Salomons-Inseln (:Choiseul und Izabel:) an England abtreten und keine weiteren Ansprüche auf die Tonga-Inseln erheben, wo der englische Einfluß in kommerzieller und politischer Beziehung den unsrigen ohnehin seit lange mehr und mehr verdrängt hatte. Wir behalten trotz allen Drängens von Chamberlain[16] und Salisbury die größte Salomons-Insel, Bougainville. In Afrika theilen wir die neutrale Zone bei Togo in der Weise, daß wir Yendi und Chakofi erhalten. Unsere (:ohnehin in zwei Jahren ablaufende:) Exterritorialität in Zanzibar geben wir nur dann auf, wenn auch andere Mächte in die Aufhebung ihrer dortigen Exterritorialität einwilligen. Diese wichtige Restriktion habe ich noch im letzten Moment durchgedrückt. Gleichzeitig habe ich den günstigen Augenblick genutzt, um zwei für die Zukunft Euerer Majestät afrikanischer Besitzungen nützliche, vorläufig noch sekrete Abmachungen zu finalisieren. Ein Abkommen mit der Chartered-Kompagnie, wonach jede südafrikanische Transversal-Bahn (:von Delagoa nach Tiger-Bay:) unbedingt durch Euerer Majestät Gebiet gehen muß, sowie ein günstiges Telegraphen-Abkommen, durch daß der durch Deutsch-Ostafrika zu legende Telegraph Kapstadt-Kairo unseren Zwecken dienstbar gemacht wird. Selbstverständlich haben wir den Engländern hinsichtlich unserer weiteren Gesammthaltung insbesondere gegenüber dem südafrikanischen Kriege nicht die allermindesten Zusagen gemacht und unsere Gesamtpolitik in keiner Weise vinkuliert. Euere Majestät behalten nach wie vor nach allen Seiten freie Hand. Es ist ein großer Erfolg Euerer Majestät, an dem selben Tage, wo zum ersten Male Kaiser Nikolaus II. in Euerer Majestät Residenz Potsdam erscheint, die schwierigste überseeische Frage, die zwischen Euerer Majestät und England stand, in zufriedenstellender Weise gelöst zu haben.

So sind denn mit Gottes Hülfe und durch Euerer Majestät Thatkraft, Zähigkeit und Weisheit Upolu und Sawaii für Deutschland gewonnen, auf beiden wird Euerer Majestät glorreiches Banner wehen! Groß ist der kommerzielle Werth dieser Inseln als Schauplatz langjähriger und emsiger deutscher Arbeit und als Stützpunkt für unseren Handel im Stillen Ozean mit Polynesien, Australien und Westamerika. Größer noch ist die maritime Bedeutung der Inseln für unsere interozeanische Schiffsverbindung, im Hinblick auf den künftigen Panama-Kanal und für den einstigen deutschen Weltkabel. Aber noch höher ist der Werth, den diese Inseln für das Herz der Nation haben: Sie waren die Wiege unserer Kolonialbestrebungen, seit 22 Jahren wurde ihr Besitz angestrebt, kein fernes Land ist so eng verbunden mit der Geschichte Euerer Majestät Marine als diese Inseln, wo zahlreiche brave Seeleute für Kaiser und Reich vor dem Feinde gefallen oder in das nasse Fluthengrab gesunken sind. Diese von Euerer Majestät gewonnenen Inseln waren seit langem durch unvergessliche Erinnerungen und theures Blut mit Deutschland verbunden. Ihr Verlust würde von Marine und Volk nie verschmerzt worden sein; ihr Gewinn werden beide aneifern, Euerer Majestät weiter zu folgen auf der Bahn, die zu Weltmacht, Größe und ewigem Ruhm führt.

Mit innigen Wünschen für das stete Glück meines allergnädigsten Herrn bin ich Euerer Majestät Allerunterthänigster treu ergebender Diener
Bernhard Bülow
(GStA PK Berlin, Brandenburg-Preußisches Hausarchiv, Rep. 53 J, NL Wilhelm II., Lit. B Nr. 16a, vol. I, Bl. 1–4.)

Norderney, 22. August 1900

Euere Kaiserlichen und Königlichen Majestät
gnädiges Telegramm vom gestrigen Abend habe ich soeben erhalten. Ich verstehe sehr gut, wie sehr die Unsicherheit des Zaren und die traditionelle Selbstsucht der russischen Politik Euere Majestät verstimmen mußten. Auch ich hatte mich über die letzten Telegramme von Radolin namenlos geärgert.

Die Situation in Rußland ist eben dieselbe geblieben, wie ich sie Euerer Majestät im Juni und Juli wiederholt dargelegt habe. Alle in Rußland maßgebenden Faktoren sind von den Wirren in China auf das Unangenehmste überrascht worden. Alle miteinander haben sich nur sehr ungern zur Gegenwehr gegenüber diesen Wirren entschlossen, alle möchten jede irgendwie geeignete Gelegenheit benutzen, um sich mit den Chinesen zu arrangieren. Beim Zaren gehen diese Tendenzen aus der indolenten Natur des hohen Herren und daraus hervor, daß er der Welt überall als Friedensengel erscheinen möchte; bei Witte[17] aus bekannten finanziellen und wirthschaftlichen Erwägungen und speziell aus Sorge für die Goldwährung; bei Lamsdorff[18] und fast allen russischen Diplomaten aus der Ansicht, daß eine Ajournirung der China-Krisis dem russischen Staatsinteresse entspreche und Rußland nicht so viel Menschen und Geld auf den fernen Osten verwenden dürfe.

Gerade durch diese Sachlage war unsere diplomatische Aufgabe von Anfang an eine sehr schwierige und ist sie es nach der Aussendung von Waldersee und Einnahme von Peking noch mehr geworden. Meines ehrfurchtvollsten Erachtens müssen wir

1., Alles thun um die Einleitung von Friedens-Unterhandlungen bis zum Eintreffen von Waldersee und dem Expeditions-Korps hinauszuziehen. Wir können dabei darauf hinweisen, daß noch niemand da sei, mit dem rite verhandelt werden könne; daß die Boxer-Bewegung gründlich ausgerodet werden müsse sofern sie nicht sofort wieder aufflackern solle; daß es im Interesse aller Mächte liegt, ernsthafte und umfassende Garantien gegen die Wiederkehr derartig gefährlicher revolutionärer Bewegungen in China zu schaffen; daß ausreichende Sühne für die begangenen Unthaten gewährt werden müsse, sofern nicht die Gefahr entstehen solle, daß es bei nächster Gelegenheit wieder zu ähnlichen Exzessen komme; dass die Pacifikation in ganz China noch größere Fortschritte machen müsse usw. usw. Auch lassen sich Punkte in die Diskussion werfen, welche längere Debatten und Berathungen zwischen den Mächten nach sich ziehen dürften, wie z. B. die Verlegung der Hauptstadt, die Sanirung der chinesischen Finanzen, Erleichterung für den europäischen Handel usw.

2., Müssen wir nach wie vor mit allen Mächten trotz der perfiden Absichten, welche dieselben innerlich natürlich zum Theil hegen, möglichste Fühlung halten. Wenn wir die Russen brüskiren, riskiren wir, daß sie sich direkt mit Salisbury über schleunigen Friedensschluß mit China verständigen. Wir müssen so lange als möglich mit Rußland einig bleiben im Zeichen der monarchischen Solidarität wie in unserer freundlichen Haltung gegenüber Rußland in allen nordchinesischen Fragen. Wenn wir uns andererseits ganz von England abwendeten, würde das unsere Lage auch nicht verbessern. Mit England, Amerika, Japan und (:soweit es geht:) auch mit Frankreich müssen wir auf der Basis der Wiederherstellung dauernder Möglichkeit von Handel und Verkehr in China zusammengehen. Li-Hung-Chang[19] festzunehmen wäre ein vorzüglicher Coup, nur darf dies unsere Beziehungen zu Rußland und England nicht ernstlich kompromitiren vielleicht gelingt es uns aber doch dem gräulichen alten Fuchs irgendwo eine Falle zu legen, in die er hineinspaziert.

Ich füge ehrfurchtsvollst Abschrift eines Briefes des Fürsten von Monaco[20] sowie eines Briefes von Waldersee an mich und von mir an Waldersee bei. Ich sehe, daß die sozialistische und radikale Presse, Eugen Richter[21] an der Spitze, die vorzeitige Einberufung des Reichtags verlangt. Ein Eingehen auf diese Wünsche würde meines Erachtens der Krone nur als Schwäche ausgelegt werden. Jedenfalls sollte von der Zusammenberufung des Reichtags nicht die Rede sein bevor Waldersee und des Expeditionskorps in China eingetroffen sind.

Mit den innigsten Wünschen für Euerer Majestät Wohlergehen bin ich in treuer Hingebung Euerer Kaiserlichen & Königlichen Majestät allerunterthänigster Diener
Bernhard Bülow

(GStA PK Berlin, Brandenburg-Preußisches Hausarchiv, Rep. 53 J, NL Wilhelm II., Lit. B Nr. 16a, vol. 1, Bl. 50–52R.)

ABKÜRZUNGEN

BA	Bundesarchiv
GP	Die Große Politik der Europäischen Kabinette 1871 bis 1914. Sammlung der Diplomatischen Akten des Auswärtigen Amtes. Hrsg. von Johannes Lepsius, Albrecht Mendelssohn Bartholdy, Friedrich Thimme, 40 Bde., Berlin 1922 ff.
GStA PK	Geheimes Staatsarchiv Preußischer Kulturbesitz, Berlin
HHStA	Haus-, Hof- und Staatsarchiv Wien
NL	Nachlass
PA/AA	Politisches Archiv des Auswärtigen Amtes, Berlin

ANMERKUNGEN

Anmerkungen zum Kapitel: Die ersten 24 Jahre

1 Bei Jean-Pierre Cartier (Der Erste Weltkrieg 1914–1918, München-Zürich 1984, S. 172) heißt es irrig, Karl von Bülow sei ein Bruder des Reichskanzlers gewesen.

2 Über Ernst Bernhard von Bülow (1815–1879) siehe Allgemeine Deutsche Biographie, Bd. 47: Nachträge bis 1899, Leipzig 1903, S. 350 ff.

3 Adolf Wilhelm Emil von Bülow (1850–1897), Generalmajor, seit 1879 Flügeladjutant des Prinzen Wilhelm.

4 Alfred Otto Viktor Ernst von Bülow (1851–1916), Gesandter in Bern.

5 Carl Ulrich Stephan Wilhelm von Bülow (1862–1914), Generalmajor, Flügeladjutant Kaiser Wilhelms II.

6 Friedrich Wilhelm von Bülow (geb. 1865), Vertreter der Firma Krupp für England.

7 Otto Fürst von Bismarck. Die gesammelten Werke, Bd. 14/I, Berlin 1933, S. 222.

8 Bernhard Fürst von Bülow. Denkwürdigkeiten, Bd. 4, Berlin 1931, S. 7.

9 BA Koblenz, NL Bülow, Nr. 2, Bl. 5.

10 Siehe Karl-Heinz Börner, Die Krise der preußischen Monarchie von 1858 bis 1862, Berlin 1976.

11 Siehe Eugene N. Anderson: The social and political conflict in Prussia 1858–1864), Lincoln/Nebraska 1954; Heinrich August Winkler, Preußischer Liberalismus und deutscher Nationalstaat. Studien zur Geschichte der deutschen Fortschrittspartei 1861–1866, Tübingen 1964; Gerd Fesser, Linksliberalismus und Arbeiterbewegung. Die Stellung der Deutschen Fortschrittspartei zur Arbeiterbewegung 1861–1866, Berlin 1976.

12 BA Koblenz, NL Bülow, Nr. 2, Bl. 422.

13 Bernhard von Bülow. Denkwürdigkeiten, Bd. 4, S. 72.

14 Ebenda, S. 74.

15 Siehe Ernst Engelberg: Bismarck. Urpreuße und Reichskanzler, Berlin 1985, S. 549, 568.

16 Siehe Jürgen Frölich: Die Berliner »Volkszeitung« 1853 bis 1867, Frankfurt a. M./Bern/New York 1990, S. 281 ff.

17 Bernhard Fürst von Bülow. Denkwürdigkeiten, Bd. 4, S. 87.

18 Siehe Gerd Fesser, 1866. Königgrätz-Sadowa. Bismarcks Sieg über Österreich, Berlin 1994.

19 BA Koblenz, NL Bülow, Nr. 2, Bl. 47.

20 Ebenda, Bl. 59R.

21 Ebenda, Bl. 52.

22 Wilhelm Roscher (1817–1894), seit 1848 Professor in Leipzig. Siehe: Vademecum zu einem Klassiker der Historischen Schule. Hg. von Bertram Schefold, Düsseldorf 1994.

23 Heinrich Rudolf Hermann Friedrich von Gneist (1816–1895), seit 1858 Professor in Berlin, 1859–1893 Mitglied des preußischen Abgeordnetenhauses, 1867–1884 Reichstagsabgeordneter (Nationalliberale Partei). Siehe: Erich J. Hahn: Rudolf von Gneist 1816–1895. Ein politischer Jurist in der Bismarckzeit, Frankfurt am Main 1995.
24 Bernhard Fürst von Bülow. Denkwürdigkeiten, Bd. 4, S. 121.
25 Franz Ludwig Prinz von Arenberg (1849–1907), Diplomat (seit 1876 Legationssekretär), 1890–1906 Reichstagsabgeordneter (Zentrum).
26 Bernhard Fürst von Bülow. Denkwürdigkeiten, Bd. 4, S. 278 ff.

Anmerkungen zum Kap.: Politische Lehr- und Wanderjahre 1873–1888

1 Maria Anna Zoë Gräfin Dönhoff (1848–1929) war eine Tochter des italienischen Fürsten Domenico di Camporeale und Stieftochter von Marco Minghetti (1863–1864 und 1873–1876 Ministerpräsident).
2 Bernhard Fürst von Bülow. Denkwürdigkeiten, Bd. 4, S. 528 f.
3 Ebenda, S. 419.
4 Siehe Winfried Baumgart: Europäisches Konzert und nationale Bewegung. Internationale Beziehungen 1830–1878, Paderborn/München/Wien/Zürich 1999, S. 416 ff. = Handbuch der Internationalen Beziehungen, Bd. 6.
5 Siehe ebenda, S. 425 ff.
6 Zit. nach: Wilhelm Spickernagel, Fürst Bülow, Hamburg 1921, S. 12.
7 Zur »Krieg-in-Sicht-Krise« siehe Klaus Hildebrand: Das vergangene Reich. Deutsche Außenpolitik von Bismarck bis Hitler 1871–1945, Stuttgart 1995, S. 28 ff.; Heinz Wolter, Bismarcks Außenpolitik 1871–1881. Außenpolitische Grundlinien von der Reichsgründung bis zum Dreikaiserbündnis, Berlin 1983, S. 168 ff.
8 Siehe Lothar Gall, Bismarck. Der weiße Revolutionär, Frankfurt a. M./Berlin/Wien 1980, S. 503 ff.; Ernst Engelberg, Bismarck. Das Reich in der Mitte Europas, Berlin 1990, S. 642 f.; Bismarcks Sturz. Zur Rolle der Klassen in der Endphase des preußisch-deutschen Bonapartismus 1884/85 bis 1890. Von einem Kollektiv unter Leitung von Gustav Seeber, Berlin 1977, S. 14 ff.
9 Zit. nach: Heinz Wolter, S. 276.
10 Bernhard Fürst von Bülow: Denkwürdigkeiten, Bd. 4, S. 508 f.
11 Über Hohenlohe siehe Sönke Neitzel, Chlodwig Fürst zu Hohenlohe-Schillingsfürst (1819–1901). In: Das Kaiserreich. Portrait einer Epoche in Biographien. Hg. von Michael Fröhlich, Darmstadt 2001, S. 77 ff.
12 PA/AA, NL Eisendecher, Nr. 2/1, Bl. 15R.
13 Max Franz Guido Frh. von Thielmann (1846–1929), 1880–1882 Erster Botschaftssekretär in Paris, 1895–1897 Botschafter in Washington, 1897–1903 Staatssekretär des Reichsschatzamts.
14 Philipp Eulenburgs politische Korrespondenz. Hg. von John C. G. Röhl, Bd. 1, Boppard a. Rh. 1976, S. 126.
15 Helmuth Rogge: Holstein und Hohenlohe, Stuttgart 1957, S. 179.
16 Die geheimen Papiere Friedrich von Holsteins. Hg. von Norman Rich u. M. H. Fisher, Bd. 3, Göttingen-Berlin-Frankfurt am Main 1961, S. 64.
17 Ebenda, S. 72.
18 Denkwürdigkeiten des Fürsten Chlodwig zu Hohenlohe-Schillingsfürst, Bd. 2, Stuttgart-Leipzig 1907, S. 318.

19 Staatssekretär Graf Herbert von Bismarck. Aus seiner politischen Privatkorrespondenz. Hg. u. eingel. von Walter Bußmann, Göttingen 1964, S. 168.
20 Die geheimen Papiere Friedrich von Holsteins, Bd. 3, S. 99.
21 Ebenda, S. 107, 132.
22 Zur Russlandpolitik Bismarcks nach 1871 siehe: Sigrid Kumpf-Korfes: Bismarcks »Draht nach Rußland«. Zum Problem der sozialökonomischen Hintergründe der deutsch-russischen Entfremdung im Zeitraum 1878 bis 1891, Berlin 1968; Konrad Canis: Bismarck und Waldersee. Die außenpolitischen Krisenerscheinungen und das Verhalten des Generalstabes 1882 bis 1890, Berlin 1980; derselbe: Bismarcks Rußlandpolitik nach der Reichsgründung. In: Das lange 19. Jahrhundert. Personen – Ereignisse – Ideen – Umwälzungen. Ernst Engelberg zum 90. Geburtstag. Hg. von Wolfgang Küttler, 1. Halbbd., Berlin 1999, S. 47 ff.; Hans-Ulrich Wehler: Bismarcks späte Rußlandpolitik. In: Derselbe: Krisenherde des Kaiserreichs 1871–1918, 2. Aufl., Göttingen 1979, S. 166 ff.; Ulrich Lappenküper: Die Mission Radowitz. Untersuchungen zur Rußlandpolitik Otto von Bismarcks 1871–1875, Göttingen 1990.
23 Bernhard Fürst von Bülow. Denkwürdigkeiten. Bd. 4, S. 528 f.
24 BA Koblenz, NL Bülow, Nr. 65, Bl. 87.
25 Über Zar Alexander III. siehe Detlef Jena: Die russischen Zaren in Lebensbildern, Graz-Wien-Köln 1996, S. 452 ff.
26 Über Pobedonoszew siehe ebenda, S. 533 f. Stökl bezeichnet Pobedonoszew zu Recht als den »ideologischen und politischen Generalstabschef« Alexanders III. Siehe: Günther Stökl: Russische Geschichte von den Anfängen bis zur Gegenwart, 5. Aufl., Stuttgart 1990, S. 560.
27 Siehe Denkwürdigkeiten des Botschafters General von Schweinitz. Hg. von Wilhelm von Schweinitz, 2 Bde., Berlin 1927; Briefwechsel des Botschafters General von Schweinitz. Hg. von Wilhelm von Schweinitz, Berlin 1928; Jörg Kastl: Am straffen Zügel. Bismarcks Botschafter in Russland 1871–1892, München 1994, S. 65 ff., 174 ff.
28 Bernhard Fürst von Bülow, Denkwürdigkeiten. Bd. 4, S. 577 f.
29 Eine Auswahl dieser Briefe ist in stark gekürzter Form veröffentlicht in: Staatssekretär Graf Herbert von Bismarck.
30 So beauftragte der Reichskanzler Herbert Bismarck am 12. November 1885, Bülows Brief vom 8. November Kaiser Wilhelm I. vorzulesen und ihn auszugsweise dem Botschafter in Wien mitzuteilen. In: Ebenda, S. 337 ff.
31 Karl von Lindenau, 1891–1894 Kommisarischer Hilfsarbeiter im Auswärtigen Amt, 1894–1906 Vortragender Legationsrat.
32 BA Koblenz, NL Bülow, Nr. 99, Bl. 83–85.
33 Staatssekretär Graf Herbert von Bismarck, S. 267.
34 Kennan bezeichnet Giers als einen »äußerst fähigen Berufsdiplomaten«, der »nach Bismarck wahrscheinlich der erfahrenste und fähigste Staatsmann seiner Zeit in Europa« gewesen sei. Siehe George F. Kennan: Die schicksalhafte Allianz. Frankreich und Rußland am Vorabend des Ersten Weltkrieges, Köln 1990, S. 31.
35 Staatssekretär Graf Herbert von Bismarck, S. 327.
36 Ebenda, S. 331.
37 Siehe Konrad Canis: Bismarck und Waldersee, S. 156 und 163 f.

38 Siehe Helmut Krausnick: Holsteins Geheimpolitik in der Ära Bismarck 1886–1890, 2. Aufl., Hamburg 1942.
39 Siehe Ernst Engelberg: Bismarck. Das Reich in der Mitte Europas, S. 502 ff.; Michael Schmid: Der »Eiserne Kanzler« und die Generäle. Deutsche Rüstungspolitik in der Ära Bismarck (1871–1890), Paderborn/München/Wien/Zürich 2003, Kap. VIII u. IX.
40 BA Koblenz, NL Bülow, Nr. 99, Bl. 94.
41 Die geheimen Papiere Friedrichs von Holstein, Bd. 3, S. 175.
42 Zitiert nach: Helmut Krausnick, S. 110.
43 GP, Bd. 5, Nr. 992, S. 75 ff.; Ernst Engelberg: Bismarck. Das Reich in der Mitte Europas, S. 494 ff.
44 Staatssekretär Graf Herbert von Bismarck, S. 422.
45 GP, Bd. 5, Nr. 1 072 und 1 073, S. 222 ff.
46 Staatssekretär Graf Herbert von Bismarck, S. 441.
47 Text in GP, Bd. 5, Nr. 1 092, S. 253 ff.
48 Die Bedeutung des Rückversicherungsvertrages sowie seiner Nichtverlängerung im Jahre 1890 sind in der wissenschaftlichen Literatur nach wie vor umstritten. Siehe: Zur Geschichte und Problematik des deutsch-russischen Rückversicherungsvertrages von 1887. Hg. von Hans Hallmann, Darmstadt 1968. Insbesondere in älteren deutschen Veröffentlichungen ist die Bedeutung des Rückversicherungsvertrages oft überschätzt worden. In dieser Tradition steht auch Gordon A. Craig, wenn er sagt, man könne »einiges zugunsten der These anführen«, dass die außenpolitische Entscheidung 1890 »entscheidender war als alle anderen zwischen 1890 und dem Ausbruch des Ersten Weltkrieges getroffenen, und daß sie die unglückselige Kettenreaktion in Gang setzte, die zur Katastrophe hinführte«. Siehe: Gordon A. Craig: Deutsche Geschichte 1866–1945. Vom Norddeutschen Bund bis zum Ende des Dritten Reiches, München 1989, S. 210. Sichtlich unterschätzt wird die Bedeutung des Vertrages bei Immanuel Geiss, Der lange Weg in die Katastrophe. Die Vorgeschichte des Ersten Weltkrieges 1815–1914, München/Zürich 1990, S. 177 ff.
49 Siehe Sigrid Kumpf-Korfes, S. 121 ff.
50 Siehe Gustav Seeber, Horst Bartel [u. a.]: Der Kapitalismus der freien Konkurrenz und der Übergang zum Monopolkapitalismus im Kaiserreich von 1871 bis 1897, Berlin 1988, S. 305 f. = Deutsche Geschichte in zwölf Bänden, Bd. 5.
51 George F. Kennan, S. 42 ff.
52 Staatsekretär Graf Herbert von Bismarck, S. 503.
53 Denkwürdigkeiten des Botschafters General von Schweinitz, Bd. 2, S. 351.
54 GP, Bd. 5, Nr. 1 118, S. 302.
55 Siehe Fritz Fischer: Krieg der Illusionen. Die deutsche Politik von 1911 bis 1914, Düsseldorf 1969, S. 87 f.; Peter Winzen: Bülows Weltmachtkonzept. Untersuchungen zur Frühphase seiner Außenpolitik 1897–1901, Boppard a. Rh. 1977, S. 44, Anm., bezeichnet eine solche Interpretation des Bülow-Briefes vom 10. Dezember 1887 als »abwegig«.
56 Die geheimen Papiere Friedrich von Holstein. Bd. 3, S. 213 ff.
57 Siehe Bülows Brief an Eulenburg vom 25. Dezember 1887. In: Philipp Eulenburgs politische Korrespondenz, Bd. 1, S. 257.

58 Die geheimen Papiere Friedrich von Holstein, Bd. 3, S. 216, Anm. 6.
59 BA Koblenz, NL Bülow, Nr. 99, Bl. 124.
60 Staatssekretär Graf Herbert von Bismarck, S. 434–436.
61 Ebenda, S. 437.
62 Ebenda, S. 436.
63 Zur Tätigkeit Bülows in Rumänien siehe Dan Berindei: Bernhard von Bülow in Rumänien in den ersten Jahren seiner Mission in Bukarest. In: Deutsche Frage und europäisches Gleichgewicht. Festschrift für Andreas Hillgruber. Hg. von Klaus Hildebrand u. Reiner Pommerin, Köln/Wien 1985, S. 47 ff.
64 Bernhard Fürst von Bülow, Denkwürdigkeiten. Bd. 4, S. 371.
65 Ebenda, Bd. 1, Berlin 1930, S. 47.
66 Siehe ebenda. Bd. 3, Berlin 1931, S. 265; Josef Sonntag, Begegnungen mit Bülow und anderen, Berlin 1935, passim.

Anmerkungen zum Kapitel: Der Weg nach oben 1888–1897

1 BA Koblenz, NL Bülow, Nr. 99, Bl. 129.
2 Dan Berindei, S. 55.
3 Ebenda, S. 56.
4 Siehe GP, Bd. 3, Kapitel XVII.
5 Die geheimen Papiere Friedrichs von Holsteins, Bd. 3, S. 287.
6 Philipp Eulenburgs politische Korrespondenz, Bd. 2, Boppard a. Rh. 1979, S. 1084; Bülow an Eulenburg.
7 BA Koblenz, NL Bülow, Nr. 99, Bl. 154.
8 Über Treitschke siehe: Walter Bußmann: Treitschke. Sein Welt- und Geschichtsbild, 2., unveränderte Aufl., Göttingen-Zürich 1981; Ulrich Langer: Heinrich von Treitschke. Politische Biographie eines deutschen Nationalisten, Düsseldorf 1998; Georg Iggers: Heinrich von Treitschke. In: Deutsche Historiker. Hg. von Hans-Ulrich Wehler, Bd. II, Göttingen 1971, S. 66–80; Ralf Forsbach: Heinrich von Treitschke (1834–1896). In: Das Kaiserreich. Portrait einer Epoche in Biographien. Hg. von Michael Fröhlich, Darmstadt 1991, S. 131–141; zur Treitschke-Rezeption Bülows siehe Peter Winzen: Bülows Weltmachtkonzept, S. 25 ff.
9 Über Wilhelm II. siehe John C. G. Röhl: Wilhelm II. Die Jugend des Kaisers 1859–1888, München 1993; derselbe: Wilhelm II. Der Aufbau der Persönlichen Monarchie 1888–1900, München 2001 (der dritte, abschließende Band ist in Vorbereitung); derselbe: Kaiser, Hof und Staat. Wilhelm II. und die deutsche Politik, 4., verb. u. erw. Aufl., München 1995; Michael Balfour: Der Kaiser. Wilhelm II. und seine Zeit, Berlin 1967; Willibald Gutsche: Wilhelm II. Der letzte Kaiser des Deutschen Reiches. Eine Biographie, Berlin 1991; Lamar Cecil: Wilhelm II. Prince and Emperor, 1859–1890, Chapel Hill 1989; derselbe: Wilhelm II. Emperor and Exile, 1900–1941, Chapel Hill 1996; Wolfgang J. Mommsen: War der Kaiser an allem schuld? Wilhelm II. und die preußisch-deutschen Machteliten, München 2002; Christopher Clark: Kaiser Wilhelm II., London 2000; Gerd Fesser: Wilhelm II. und der Wilhelminismus. In: Karl Holl – Hans Kloft – Gerd Fesser: Caligula – Wilhelm II. und der Caesarenwahnsinn. Antikenrezeption und wilhelminische Politik am Beispiel des »Caligula« von Ludwig Quidde, Bremen 2001, S. 117–152.

Eine apologetische Tendenz haben Hans Rall: Wilhelm II. eine Biographie, Graz-Wien-Köln 1995 und insbesondere Nicolaus Sombart: Wilhelm II. Sündenbock und Herr der Mitte, Berlin 1996. Siehe dazu unsere Besprechungen in: Zeitschrift für Geschichtswissenschaft, H. 8/1996, S. 748 f. und H. 8/1997, S. 746 f. Gleichfalls apologetisch angelegt sind die Passagen über Wilhelm II. in Eberhard Straubs Band »Drei letzte Kaiser. Der Untergang der großen europäischen Dynastien« (Berlin 1998). Siehe dazu die Besprechung von Ralf Forsbach in: Historische Zeitschrift, Bd. 270, 2000, S. 239f.

10 Das Tagebuch der Baronin Spitzemberg geb. Freiin von Varnbüler. Aufzeichnungen aus der Hofgesellschaft des Hohenzollernreiches. Ausgewählt u. hg. von Rudolf Vierhaus, 5. Aufl., Göttingen 1989, S. 289.

11 John C. G. Röhl, Wilhelm II. Die Jugend des Kaisers 1859–1888, S. 429 ff.

12 Ebenda, S. 812, 601.

13 Ebenda, S. 739 ff.

14 Ebenda, S. 741 f.

15 Die geheimen Papiere Friedrich von Holsteins, Bd. 2, S. 391.

16 John C. G. Röhl: Kaiser, Hof und Staat, S. 19.

17 Zur Entlassung Bismarcks siehe Bismarcks Sturz. Zur Rolle der Klassen in der Endphase des preußisch-deutschen Bonapartismus 1884/85 bis 1890. Von einem Autorenkollektiv unter Leitung von Gustav Seeber, Berlin 1977, bes. Kap. VI; John C. G. Röhl: Wilhelm II. Der Aufbau der Persönlichen Monarchie 1888–1900, Kap. 12; Volker Ullrich: Als der Thron ins Wanken kam. Das Ende des Hohenzollernreiches 1890–1918, Bremen 1993, Kap. I.

18 Siehe Hans-Ulrich Wehler: Deutsche Gesellschaftsgeschichte, 3. Bd.: Von der »Deutschen Doppelrevolution« bis zum Beginn des Ersten Weltkrieges 1849–1914, München 1995, S. 993 ff.

19 Bernhard Fürst von Bülow. Denkwürdigkeiten, Bd. 4, S. 641.

20 Aus 50 Jahren. Erinnerungen, Tagebücher und Briefe aus dem Nachlaß des Fürsten Philipp zu Eulenburg-Hertefeld, 2. Aufl., Berlin 1925, S. 288–290.

21 Philipp Eulenburgs politische Korrespondenz, Bd. 1, S. 467.

22 Ebenda, S. 468.

23 Ebenda, S. 472.

24 BA Koblenz, NL Bülow, Nr. 99, Bl. 160.

25 Über Caprivi siehe Briefe des Reichskanzlers Caprivi. [Hg. von] Max Schneidewind. In: Deutsche Revue, Jg. 47, Bd. 2, 1922; Heinrich Otto Meisner: Der Reichskanzler Caprivi, Darmstadt 1969; Peter Leibenguth: Modernisierungskrisis des Kaiserreiches an der Schwelle zum wilhelminischen Imperialismus, Diss., Köln 1975.

26 Über den »Neuen Kurs« siehe Hans-Peter Ullmann: Politik im Deutschen Kaiserreich 1871–1918, München 1999, S. 33 f.; Gustav Seeber, Horst Bartel [u. a.], Kap. 7.

27 Über Holstein siehe Norman Rich: Friedrich von Holstein. Politics and Diplomacy in the Era of Bismarck and Wilhelm II., 2 Bd.e, Cambridge 1965; Karl Nolden, Friedrich von Holstein, Berlin 1983.

28 Denkwürdigkeiten des General-Feldmarschalls Alfred Grafen von Waldersee. Hg. von Heinrich Otto Meisner, Bd. 2, Stuttgart-Berlin 1922, S. 122.

29 Philipp Eulenburgs politische Korrespondenz, Bd. 1, S. 512.

30 Ebenda, S. 513.

31 Konrad Canis: Von Bismarck zur Weltpolitik. Deutsche Außenpolitik 1890 bis 1902, Berlin 1997, S. 40 f.
32 Ebenda, S. 33 ff.
33 Siehe George F. Kennan: Die schicksalhafte Allianz. Frankreich und Rußland am Vorabend des Ersten Weltkriegs, Köln 1990.
34 Ebenda, S. 337.
35 Theodor Wolff. Tagebücher 1914–1919. Der Erste Weltkrieg und die Entstehung der Weimarer Republik in Tagebüchern, Zeitungsartikeln und Briefen des Chefredakteurs an das »Berliner Tageblatt« und Mitbegründers der Deutschen Demokratischen Partei. Eingel. u. hg. von Bernd Sösemann, Boppard a. Rh. 1984, S. 542.
36 BA Koblenz, NL Bülow, Nr. 99, Bd. 168.
37 Über Eulenburg siehe John C. G. Röhl: Philipp Graf zu Eulenburg – des Kaisers bester Freund, in: derselbe: Kaiser, Hof und Staat, S. 35–77; Hans W. Burmeister: Prince Philipp zu Eulenburg – Hertefeld, 1897–1921: his influence on Kaiser Wilhelm II. and his role in the German governement, 1888–1902, Wiesbaden 1981.
38 John G. G. Röhl: Philipp Graf zu Eulenburg, S. 40.
39 Siehe Ebenda, S. 60 ff.
40 Siehe Rolf Weitowitz: Deutsche Politik und Handelspolitik unter Reichskanzler Leo von Caprivi 1890–1894, Düsseldorf 1978, S. 204 ff; Hans-Jürgen Puhle: Agrarische Interessenpolitik und preußischer Konservatismus im wilhelminischen Reich 1893–1914. Ein Beitrag zur Analyse des Nationalismus in Deutschland am Beispiel des Bundes der Landwirte und der Deutsch-Konservativen Partei, 2., verb. Aufl., Bonn/Bad Godesberg 1975, S. 28 ff.
41 Siehe John C. G. Röhl: Wilhelm II. Der Aufbau der Persönlichen Monarchie 1888–1900, S. 450 f.
42 Ebenda, S. 661 ff.; Lothar Machtan: Bismarcks Tod und Deutschlands Tränen. Reportage einer Tragödie, München 1998, S. 75 ff.
43 Philipp Eulenburgs politische Korrespondenz, Bd. 1, S. 532.
44 Ebenda, Bd. 2, S. 758–765.
45 Ebenda, S. 79.
46 Ebenda, S. 842.
47 Ebenda, S. 909 f.
48 Ludwig Raschdau: Unter Bismarck und Caprivi. Erinnerungen eines deutschen Diplomaten aus den Jahren 1885–1894, Berlin 1939, S. 309 f.
49 Philipp Eulenburgs politische Korrespondenz, Bd. 2, S. 1035.
50 Ebenda, S. 1046.
51 Die geheimen Papiere Friedrich von Holsteins, Bd. 3, S. 386.
52 Siehe John C. G. Röhl, Graf Philipp zu Eulenburg,S. 49 f.
53 Karl von Engelbrecht, preußischer Oberst, später General, 1882–1895 Militärattaché in Rom.
54 Philipp Eulenburgs politische Korrespondenz, Bd. 2, S. 1153 f.
55 Ebenda, S. 1155.
56 John C. G. Röhl: Graf Philipp zu Eulenburg, S. 51 f.
57 Philipp Eulenburgs politische Korrespondenz, Bd. 2, S. 1252 f.; Bülow an Eulenburg, 17.3.1894.

58 Laura Minghetti (1829–1915), verwitwete Fürstin di Camporale, in zweiter Ehe mit Marco Minghetti (1818–1886; 1863–1864 und 1873–1876 Ministerpräsident Italiens) verheiratet.
59 Philipp Eulenburgs politische Korrespondenz, Bd. 2, S. 1253.
60 Bernhard Fürst von Bülow. Denkwürdigkeiten, Bd. 4, S. 670 ff.
61 Sigmund Münz: Fürst Bülow, der Staatsmann und Mensch. Aufzeichnungen, Erinnerungen und Erwägungen, Berlin 1930, S. 37.
62 GP, Bd. 8, Nr. 1992, S. 364.
63 Ebenda.
64 Walter Wittwer: Vom Sozialistengesetz zur Umsturzvorlage. Zur Politik der preußisch-deutschen Regierung gegen die Arbeiterbewegung 1890 bis 1894, Berlin 1983, S. 212 f.
65 Siehe Fürst Chlodwig zu Hohenlohe-Schillingsfürst. Denkwürdigkeiten der Reichskanzlerzeit. Hrg. von Karl Alexander von Müller, Stuttgart/Berlin 1931.
66 Siehe John C. G. Röhl: Wilhelm II. Der Aufbau der Persönlichen Monarchie 1888–1900, S. 767 ff.
67 Fürstin Marie Radziwill. Briefe vom Deutschen Kaiserhof 1889–1915, Berlin 1936, S. 36.
68 Denkwürdigkeiten des General-Feldmarschalls Alfred Grafen von Waldersee, Bd. 2, S. 320.
69 Philipp von Eulenburgs politische Korrespondenz, Bd. 2, S. 1414.
70 Johannes Haller: Aus dem Leben des Fürsten Philipp zu Eulenburg-Hertefeld, 2. Aufl., Berlin/Leipzig 1926, S. 180.
71 Zur Sammlungspolitik siehe: Hans-Ulrich Wehler: Deutsche Gesellschaftsgeschichte, 3. Bd., S. 1007 f.; derselbe: Das Deutsche Kaiserreich 1871–1918, 6., bibliographisch erneuerte Aufl., Göttingen 1988, S. 100 ff.; Dirk Stegmann: Die Erben Bismarcks. Parteien und Verbände in der Spätphase des wilhelminischen Deutschlands. Sammlungspolitik 1897–1918, Köln 1970; Hans-Peter Ullmann, S. 93 f.
72 Über Miquel siehe Hans Herzfeld: Johannes von Miquel. Sein Anteil am Ausbau des Deutschen Reiches bis zur Jahrhundertwende, 2 Bde., Detmold 1938.
73 Siehe Hans-Ulrich Wehler: Deutsche Gesellschaftsgeschichte, 3. Bd., S. 990 ff; Bismarcks Sturz, S. 107 ff.
74 Philipp Eulenburgs politische Korrespondenz, Bd. 2, S. 1453.
75 Erinnerungen und Gedanken des Botschafters Anton Graf Monts. Hg. von Karl Friedrich Nowak u. Friedrich Thimme, Berlin 1932, S. 339.
76 Siehe Wilfried Loth: Katholiken im Kaiserreich. Der politische Katholizismus in der Krise des wilhelminischen Deutschlands, Düsseldorf 1984, S. 23; John C. G. Röhl: Wilhelm II. Der Aufbau der Persönlichen Monarchie 1888–1900, S. 791.
77 Philipp Eulenburgs politische Korrespondenz, Bd. 2, S. 1457.
78 Ebenda, S. 1296 f.
79 Ebenda, S. 1432.
80 Ebenda, S. 1464, 1453.
81 Ebenda, S. 1464.
82 Ebenda, Bd. 3, S. 1621.

83 Treffende Wertung der Haltung Bülows gegenüber Wilhelm II. bei Emil Ludwig: Wilhelm der Zweite, Berlin 1926, S. 219 ff.
84 Philipp Eulenburgs politische Korrespondenz, Bd. 3, S. 1714.
85 Siehe Gustav Seeber, Horst Bartel [u. a.], S. 155 ff; John C. G. Röhl: Wilhelm II. Der Aufbau der Persönlichen Monarchie 1888–1900, S. 935 ff.; Dieter Fricke: Die Affäre Leckert – Lützow – Tausch und die Regierungskrise von 1897 in Deutschland. In: Zeitschrift für Geschichtswissenschaft, 1960.
86 Denkwürdigkeiten des General-Feldmarschalls Alfred Graf von Waldersee, Bd. 2, S. 385–389.
87 Ebenda, S. 390.
88 Reden des Kaisers. Ansprachen, Predigten und Trinksprüche Wilhelms II. Hg. von Ernst Johann, 2. Aufl., München 1977, S. 70; Das Tagebuch der Baronin Spitzenberg, S. 353.
89 Fürst Chlodwig zu Hohenlohe – Schillingsfürst. Denkwürdigkeiten der Reichskanzlerzeit, S. 327.
90 Philipp Eulenburgs politische Korrespondenz, Bd. 3, S. 1780 f. u. 1801; Bülow an Eulenburg, 16.1. u. 17.3.1897.

Anmerkungen zum Kapitel: Um den »Platz an der Sonne« 1897–1900

1 Fürst Bülows Reden nebst urkundlichen Beiträgen zu einer Politik. Mit Erlaubnis des Reichskanzlers hg. von Johannes Penzler, Bd. 1, Berlin 1907, S. 70.
2 Siehe dazu unten S. 59f.
3 Zit. nach: Peter Winzen: Bülows Weltmachtkonzept, S. 64, Anm. 11.
4 Siehe Fritz Fischer: Krieg der Illusionen, S. 62 ff.; Raymond Poidevin: Die unruhige Großmacht. Deutschland und die Welt im 20. Jahrhundert, Darmstadt 1985, S. 32 ff.; Stig Förster: Der doppelte Militarismus. Die deutsche Heeresrüstungspolitik zwischen Status-quo-Sicherung und Aggression 1890–1913, Wiesbaden/Stuttgart 1985, S. 86 ff.
5 Max Weber: Gesammelte Politische Schriften, 2., erw. Aufl., Tübingen 1958, S.23.
6 Siehe Raymond Poidevin, S. 25 ff.; Wolfgang J. Mommsen: Triebkräfte und Zielsetzungen des deutschen Imperialismus vor 1914, in: derselbe: Der autoritäre Nationalstaat. Verfassung, Gesellschaft und Kultur des deutschen Kaiserreiches, Frankfurt a. M. 1990, S. 182 ff.; Thomas Nipperdey: Deutsche Geschichte 1866-1918, Bd 2: Machtstaat vor der Demokratie, München 1992, S. 629 ff.; Konrad Canis: Von Bismarck zur Weltpolitik, S. 223 ff. Canis benennt vier »Triebkraftbündel« der »Weltpolitik« – den »weltpolitischen Zeitgeist«, den wirtschaftlichen, den außenpolitischen und den innenpolitischen Faktor. Er sieht diese vier Faktoren offenkundig als gleichrangig an. Entscheidend dürfte jedoch der innenpolitisch-propagandistische Aspekt gewesen sein. In solchem Sinne bemerkt Wolfgang J. Mommsen (Großmachtstellung und Weltpolitik. Die Außenpolitik des Deutschen Reiches 1870 bis 1914, Frankfurt a. M.-Berlin 1993, S. 149): »Für Bülow standen Prestigeerwägungen und innenpolitisches Kalkül im Vordergrund […]«.
7 Siehe Gregor Schöllgen: Das Zeitalter des Imperialismus, 3., überarb. u. erw. Aufl., München 1994, S. 47 f.

8 Siehe Horst Gründer: Geschichte der deutschen Kolonien, Paderborn/München/Zürich/Wien 1985, S. 269.

9 Siehe unten S. 75f.

10 Zu den ökonomischen Antrieben der »Weltpolitik« siehe etwa Raymond Poidevin, S. 26 f., 43 ff.; Wolfgang J. Mommsen: Triebkräfte und Zielsetzungen, S. 194 ff.; Konrad Canis: Von Bismarck zur Weltpolitik, S. 233 ff.; Wilibald Gutsche: Monopole, Staat und Expansion vor 1914. Zum Funktionsmechanismus zwischen Industriemonopolen, Großbanken und Staatsorganen in der Außenpolitik des Deutschen Reiches 1897 bis zum Sommer 1914, Berlin 1986. Gutsche liefert eine überzogene Darstellung des ökonomischen Aspekts, wenn er etwa meint, daß es bei Bülows »Weltpolitik [...] nicht um abstrakte politische, sondern vorrangig um sehr konkrete ökonomische Macht ging« (S. 89).

11 Philipp Eulenburgs politische Korrespondenz, Bd. 3, S. 1877 f.

12 Fürst Bülows Reden, Bd. I, S. 112.

13 Stig Förster: Der doppelte Militarismus, S. 125.

14 Konrad Schilling: Beiträge zu einer Geschichte des radikalen Nationalismus in der Wilhelminischen Ära 1890–1909. Die Entstehung des radikalen Nationalismus, sein Einflussnahme auf die innere und äußere Politik des Deutschen Reiches und die Stellung von Regierung und Reichstag zu seiner politischen und publizistischen Aktivität, phil. Diss., Köln 1968, S. 415 ff.; Heinz Alfred Gemeinhardt: Deutsche und österreichische Pressepolitik während der Bosnischen Krise 1908/09, Husum 1980, S. 20 ff.; Wolfgang J. Mommsen: Außenpolitik und öffentliche Meinung im Wilhelminischen Deutschland 1897–1914. In: Derselbe: Der autoritäre Nationalstaat, S. 363 ff.

15 Briefe der Kaiserin Friederich. Hg. von Sir Frederick Ponsonby, Berlin [1929], S. 463.

16 Zit. nach Peter Winzen: Bülows Weltmachtkonzept, S. 64, Anm. 12.

17 Reden des Kaisers. Hg. von Ernst Johann, S. 71, 72 und 81 f.

18 Siehe Wolfgang Petter: Deutsche Flottenrüstung von Wallenstein bis Tirpitz, in: Deutsche Militärgeschichte in sechs Bänden 1648–1939. Hg. vom Militärgeschichtlichen Forschungsamt (Pawlak-Ausgabe), Bd. 5, München 1983, S. 147 ff.

19 Siehe John C. G. Röhl: Wilhelm II. Der Aufbau der Persönlichen Monarchie 1888–1900, S. 945 ff.

20 Über Tirpitz siehe Michael Salewski: Tirpitz. Aufstieg – Macht – Scheitern, Göttingen 1979; Baldur Kaulisch: Alfred Tirpitz und die imperialistische deutsche Flottenrüstung. Eine politische Biographie, 3., durchges. Aufl., Berlin 1988.

21 Michael Freund: Deutsche Geschichte. Fortgeführt von Thilo Vogelsang, München 1979, Sp. 839.

22 Vgl. Bernhard Fürst von Bülow. Denkwürdigkeiten, Bd. 1, S. 56.

23 Baldur Kaulisch, S. 75.

24 Bernhard Fürst von Bülow. Denkwürdigkeiten, Bd. 1, S. 56.

25 Ebenda.

26 Siehe Peter Winzen: Bülows Weltmachtkonzept, S. 79 ff.

27 Siehe Wilhelm Deist: Flottenpolitik und Flottenpropaganda. Das Nachrichtenbureau des Reichsmarineamtes, Stuttgart 1976.

28 Zur Okkupation von Kiautschou siehe Peter Winzen: Bülows Weltmachtkonzept, S. 130 ff.; Konrad Canis: Von Bismarck zur Weltpolitik, S. 256 ff.; A. S. Jerussalimski: Die Außenpolitik und die Diplomatie des deutschen Imperialismus Ende des 19. Jahrhunderts, Berlin 1954, Kap. VII.; Gerd Fesser: Der Traum vom Platz an der Sonne. Deutsche »Weltpolitik« 1897–1914, Bremen 1996, Kap. I.
29 GP, Bd. 14/I, Nr. 3670, S. 47, Anm.
30 Ebenda, Nr. 3690, S. 69; Wilhelm II. an Bülow, 7.11.1897.
31 Ebenda.
32 Ebenda.
33 Ebenda, Nr. 3717, S. 103; Aufzeichnung Bülows.
34 Text in: Quellen zur deutschen Außenpolitik im Zeitalter des Imperialismus 1890–1911. Hg. von Michael Behnen, Darmstadt 1977, Nr. 86, S. 16–169.
35 Fürst Bülows Reden, Bd. 1, S. 15 f.
36 Das Tagebuch der Baronin Spitzemberg, S. 365.
37 Fürst Bülows Reden, Bd. 1, S. 102.
38 Siehe Eckart Kehr: Schlachtflottenbau und Parteipolitik 1894–1901. Versuch eines Querschnitts durch die innenpolitischen, sozialen und ideologischen Voraussetzungen des deutschen Imperialismus, Berlin 1930.
39 Zit. nach Baldur Kaulisch, S. 82.
40 Eckart Kehr: Schlachtflottenbau und Parteipolitik 1894–1901, S. 50, 122 f., 164 und 248 ff.
41 Ebenda.
42 Siehe Herbert Gottwald: Der Umfall des Zentrums. Die Stellung der Zentrumspartei zur Flottenvorlage von 1897. In: Studien zum deutschen Imperialismus vor 1914. Hg. von Fritz Klein, Berlin 1976, S. 181 ff.
43 Philipp Eulenburgs politische Korrespondenz, Bd. 3, S. 1886.
44 Bernhard Guttmann, Der Staatsmann des alten Systems. In: Frankfurter Zeitung, 29.10.1929.
45 GStA PK Berlin, Rep. 90a B III 2b Nr. 6, Bd. 135, Bl. 39R, Staatsministerialsitzungsprotokoll.
46 Ebenda, Bl. 41R.
47 Das betont zu Recht Michael Stürmer: Das ruhelose Reich. Deutschland 1866–1918, Berlin 1983, S. 193 und 207.
48 Siehe Alfred Thayer Mahan: Der Einfluss der Seemacht auf die Geschichte 1660–1812. Überarb. u. hg. von Gustav-Adolf Wolter, Herford 1957.
49 Zit. nach Peter Winzen: Bülows Weltmachtkonzeption, S. 90.
50 BA Koblenz, NL Bülow, Nr. 99, Bl. 365.
51 HHStA Wien, PA III Preußen, Karton 151, Bl. 17.
52 Philipp Eulenburgs politische Korrespondenz, Bd. 3, S. 1885.
53 Volker Ullrich: Die nervöse Großmacht. Aufstieg und Untergang des deutschen Kaiserreichs 1871–1918, Frankfurt a. M. 1997, S. 158.
54 Zit. nach: Katharine Anne Lerman: The Decisive Relationship. Kaiser Wilhelm II. and Chancellor Bernhard von Bülow 1900–1905, in: Kaiser Wilhelm II. New Interpretations. The Corfu Papers. Hg. von John C. G. Röhl u. Nicolaus Sombart, Cambridge 1982, S. 227.
55 Wolfgang J. Mommsen: Bürgerstolz und Weltmachtstreben. Deutschland unter Wilhelm II. 1890 bis 1918, Berlin 1995, S. 201. = Propyläen Geschichte Deutschlands, Bd. 7/II.

56 Bernhard Fürst von Bülow. Denkwürdigkeiten, Bd. 1, S. 139.
57 Philipp Eulenburgs politische Korrespondenz, Bd. 3, S. 1906.
58 Siehe Peter Winzen: Bülows Weltmachtkonzept, S. 50 ff.; Dieter Hertz-Eichenrode: Deutsche Geschichte 1890–1918. Das Kaiserreich in der Wilhelminischen Zeit, Stuttgart/Berlin/Köln 1996, S. 111 ff.
59 Philipp Eulenburgs politische Korrespondenz, Bd. 3, S. 1524; Bülow an Eulenburg, 25.8.1895.
60 Ebenda.
61 GStA PK Berlin, Brandenburg – Preußisches Hausarchiv, Rep. 53 J, NL Wilhelm II., Lit. B Nr. 16a, vol. I, Bl. 27.
62 Philipp Eulenburgs politische Korrespondenz, Bd. 3, S. 1626; Bülow an Eulenburg, 27.12.1895.
63 Bernhard Fürst von Bülow. Denkwürdigkeiten, Bd. 4, S. 580.
64 GP, Bd. 3, Nr. 777, S. 124 ff.
65 Siehe Peter Winzen: Die Englandpolitik Friedrich von Holsteins 1895–1901, phil. Diss., II. Teil, Köln 1975, bes. S. 65 ff.
66 Zit. nach: Peter Winzen: Bülows Weltmachtkonzept, S. 88, Anm. 7.
67 Siehe Jost Dülffer/Martin Krüger/Rolf-Harald Wippich: Vermiedene Kriege. Deeskalation von Konflikten der Großmächte zwischen Krimkrieg und Erstem Weltkrieg (1856–1914), München 1997, S. 513 ff.
68 GP, Bd. 15, Nr. 4145, S. 34.
69 Ebenda, Nr. 4151, S. 44.
70 HHStA Wien, PA III Preußen, Karton 151, Bl. 364.
71 Zur Orientreise Wilhelms II. siehe: Jan Stefan Richter: Die Orientreise Kaiser Wilhelms II. 1898. Eine Studie zur deutschen Außenpolitik an der Wende zum 20. Jahrhundert, Hamburg 1997; Des Kaisers Reise in den Orient 1898. Hg. von Klaus Jaschinski/Julius Waldschmidt, Berlin 2002; Wilhelm van Kampen: Studien zur deutschen Türkeipolitik in der Zeit Wilhelms II., Diss., Kiel 1968; Horst Gründer: Die Kaiserfahrt Wilhelms II. ins Heilige Land 1898. Aspekte deutscher Palästinapolitik im Zeitalter des Imperialismus. In: Weltpolitik, Europagedanke, Regionalismus. Festschrift für Heinz Gollwitzer zum 65. Geburtstag am 30. Januar 1982. Hg. von Heinz Dollinger/Horst Gründer/Alwin Hanschmidt, Münster 1982, S. 363 ff.; Gregor Schöllgen: Imperialismus und Gleichgewicht. Deutschland, England und die orientalische Frage 1871–1914, 3. Aufl., München 2000, S. 107 ff.; Gerd Fesser: Der Traum vom Platz an der Sonne, Kap. II.
72 Siehe Gregor Schöllgen: Imperialismus und Gleichgewicht, S. 38 ff.
73 Zur Bagdadbahn siehe ebenda, bes. S. 118 ff. und 163 ff.; Johann Manzenreiter: Die Bagdadbahn als Beispiel für die Entstehung des Finanzimperialismus in Europa (1872–1903), Bochum 1982; Helmut Mejcher: Die Bagdadbahn als Instrument deutschen wirtschaftlichen Einflusses im Osmanischen Reich. In: Geschichte und Gesellschaft, 1975, S. 447 ff.
74 GP, Bd.14/II, Nr. 3980, S. 474.
75 Fürst Bülows Reden, Bd. 1, S. 32.
76 HHStA Wien, PA III Preußen, Karton 152, Bl. 359.
77 Friedrich Rosen: Aus einem diplomatischen Wanderleben, [Bd. 1:] Auswärtiges Amt. Marokko, Berlin 1931, S. 66.
78 Siehe Gregor Schöllgen, Imperialismus und Gleichgewicht, S. 86 ff.; Michael

Fröhlich: Imperialismus. Deutsche Kolonial- und Weltpolitik 1880 bis 1914, 2. Aufl., München 1997, S. 89 ff.
79 GP, Bd.14/II, Nr. 3782, S. 196 ff.
80 Text (Auszug) in: Quellen zu den deutsch-britischen Beziehungen 1815–1914. Hg. von Reiner Pommerin u. Michael Fröhlich, Darmstadt 1997, S. 78 f.
81 GP, Bd. 14/II, Nr. 3785, S. 205.
82 Ebenda.
83 Ebenda, S. 207.
84 Ebenda, Nr. 3806, S. 260.
85 Text in: Ebenda, Nr. 3872, S. 347 ff.
86 Entgegen seiner Darstellung in den »Denkwürdigkeiten« (Bd. 1, S. 426) hat Bülow später nicht erkannt, dass die Briten den Angola-Vertrag durch eine geheime Übereinkunft mit Portugal – den Windsor-Vertrag – unterlaufen haben. Siehe Rolf Peter Tschapek: Bausteine eines künftigen deutschen Mittelafrika. Deutscher Imperialismus und die Portugiesischen Kolonien. Deutsche Interesse an den südafrikanischen Kolonien Portugals vom ausgehenden 19. Jahrhundert bis zum Ersten Weltkrieg, Stuttgart 2000; Peter Winzen: Bülows Weltmachtkonzept, S. 267 ff.
87 Siehe Jost Dülffer/Martin Kröger/Rolf-Harald Wippich, S. 491 ff.; Gerd Fesser: Faschoda 1898. Ein Pulverfaß imperialistischer Expansionspolitik. In: Damals, 1992, H 2, S. 864 ff.
88 GP, Bd. 14/II, Nr. 4042, S. 592.
89 GStA PK Berlin, Brandenburg-Preußisches Hausarchiv, Rep. 53 J, NL Wilhelm II., Lit. B Nr. 16a, vol. I, Bl. 1.
90 Text in: Quellen zur deutschen Außenpolitik im Zeitalter des Imperialismus 1890–1911, S. 226 ff.
91 Siehe Lothar Reinermann: Der Kaiser in England. Wilhelm II. und sein Bild in der britischen Öffentlichkeit, Paderborn/München/Wien/Zürich 2001, S. 185 ff.
92 GStA PK Berlin, Brandenburg-Preußisches Hausarchiv, Rep. 53 J, NL Wilhelm II., Lit. B Nr. 16a, vol. I, Bl. 15.
93 Siehe Jost Dülffer: Regeln gegen den Krieg? Die Haager Friedenskonferenzen von 1899 und 1907 in der internationalen Politik, Berlin/Frankfurt a. M./Wien 1981.
94 GStA PK Berlin, Brandenburg-Preußisches Hausarchiv, Rep. 53 J. NL Wilhelm II., Lit. B Nr. 16a, vol. II, Bl. 14, 13R.
95 Peter Winzen: Bülows Weltmachtkonzept, S. 222.
96 Quellen zur deutschen Außenpolitik im Zeitalter des Imperialismus 1890–1911, S. 232 f.
97 Fürst Bülows Reden, Bd. 1, S. 89.
98 Ebenda, S. 90.
99 Ebenda.
100 Ebenda, S. 96.
101 GStA PK Berlin, Brandenburg-Preußisches Hausarchiv, Rep. 53 J, NL Wilhelm II., Lit. B Nr. 16a, vol. II, Bl. 59 f.
102 Peter Winzen, Bülows Weltmachtkonzept, S. 80 f.; derselbe: Zur Genesis von Weltmachtkonzept und Weltpolitik. In: Der Ort Kaiser Wilhelm II. in der deutschen Geschichte. Hg. von John C. G. Röhl, München 1991, S. 189.

103 Siehe Volker R. Berghahn: Der Tirpitz-Plan. Genesis und Verfall einer innenpolitischen Krisenstrategie unter Wilhelm II., Düsseldorf 1991; Barbara Vogel: Deutsche Rußlandpolitik. Das Scheitern der deutschen Weltpolitik unter Bülow 1900–1906, Düsseldorf 1973.

104 Andreas Hillgruber: Die gescheiterte Großmacht. Eine Skizze des Deutschen Reiches 1871–1945, Düsseldorf 1984, S. 36; Imanuel Geiss: Der lange Weg in die Katastrophe. Die Vorgeschichte des Ersten Weltkrieges 1815–1914, München/Zürich 1990, S. 210; Stig Förster: der doppelte Militarismus, S. 76.

105 Gregor Schöllgen: Das Zeitalter des Imperialismus, S. 161.

106 Siehe etwa Wolfgang J. Mommsen: Der Topos vom unvermeindlichen Krieg. Außenpolitik und öffentliche Meinung im Deutschen Reich im letzten Jahrzehnt vor 1914. In: Bereit zum Krieg. Kriegsmentalität im wilhelminischen Deutschland 1890–1914. Beiträge zur historischen Friedensforschung. Hg. von Jost Dülffer u. Karl Holl, Göttingen 1986, S. 194 ff.

107 Siehe Roger Chickering: Die Alldeutschen erwarten den Krieg. In: ebenda, S. 20 ff.

108 Auf ein charakteristisches Beispiel verwies Holstein am 19. August 1908 in einem Brief an Bülow. Er schrieb: »Jetzt hat er [Wilhelm II.] dem Hardinge [britischer Diplomat] vom ›Kriegsfall‹ gesprochen, weil er genau weiß, daß die jetzige [britische] Regierung keinen Krieg machen wird. Er pfiff aus einer anderen Tonart als Beit [britischer Finanzier] ihm zu Weihnachten 1905 den Krieg in der Ferne zeigte.« Die geheimen Papiere Friedrich Holsteins, Bd. 4, S. 495.

109 GP, Bd. 15, Nr. 4398, S. 420.

110 Zu »Boxeraufstand« und Interventionskrieg siehe Das Deutsche Reich und der Boxeraufstand. Hg. von Susanne Kuß/Bernd Martin, München 2002; Tilemann Grimm: Die Boxerbewegung in China 1898–1901. In: Historische Zeitschrift, Bd. 224, 1977, S. 615 ff.; Fan Wönlan: Neue Geschichte Chinas, Bd. I: 1840–1901, Berlin 1959; Gerd Fesser: Der Traum vom Platz an der Sonne, Kap. VI.

111 GP, Bd. 16, Nr. 4527, S. 14.

112 Text in: Quellen zur deutschen Außenpolitik im Zeitalter des Imperialismus 1890–1911, S. 246 f. Siehe dazu Bernd Sösemann: Die sog. Hunnenrede Wilhelms II. Textkritische und interpretatorische Bemerkungen zur Ansprache des Kaisers vom 27. Juli 1900 in Bremerhaven. In: Historische Zeitschrift, Bd. 222, 1976, S. 342 ff.

113 Quellen zur deutschen Außenpolitik im Zeitalter des Imperialismus 1890–1911, S. 247.

114 Bernhard Fürst von Bülow. Denkwürdigkeiten. Bd. 1, S. 260. Diese Version ließ sich bisher nicht belegen, weil nur drei der um 1900 in Wilhelmshaven existierenden Zeitungen überprüft werden konnten. Siehe Bernd Sösemann: Die sog. Hunnenrede Wilhelms II., S. 347.

115 GP, Bd. 16, Nr. 4615.

116 Ebenda, Nr. 4635.

117 Zit. nach Fritz Klein: Über die Verfälschung der historischen Wahrheit in der Aktenpublikation »Die Große Politik der Europäischen Kabinette 1871–1914«. In: Zeitschrift für Geschichtswissenschaft, 1959, H. 2, S. 324.

118 Siehe Susanne Kuß: Deutsche Soldaten während des Boxeraufstandes in

China: Elemente und Ursprünge des Vernichtungskrieges. In: Das Deutsche Reich und der Boxeraufstand, S. 165, 172 f.

119 Philipp Eulenburgs politische Korrespondenz, Bd. 3, S. 1971.

120 Ebenda, S. 1973.

121 HHStA Wien, PA III Preußen, Karton 151, Bl. 337, Szögyényi an Goluchowski, 24.5.1899.

122 Otto Hammann: Zur Vorgeschichte des Weltkrieges. Erinnerungen aus den Jahren 1897 1906, Berlin 1918, S. 6.

123 Philipp Eulenburgs politische Korrespondenz, Bd. 3, S. 1882.

124 Bernhard Fürst von Bülow. Denkwürdigkeiten, Bd. 1, S.

Anmerkungen zum Kapitel: »Brotwucher« und »Weltpolitik« 1900–1904

1 Fürst Chlodwig zu Hohenlohe-Schillingsfürst. Denkwürdigkeiten der Reichskanzlerzeit, S. 576 f.

2 GStA PK, Berlin, Rep. 90a, B III 2b Nr. 6, Bd. 141, Bl. 218R-222, Staatsministerialsitzungsprotokoll.

3 Vgl.: George W. F. Hallgarten: Imperialismus vor 1914, 2., durchges. u. stark erw. Aufl., Bd. 1, München 1963, S. 535.

4 Großherzog Friedrich I. von Baden und die Reichspolitik 1871–1907. Hg. von Walther Peter Fuchs, Bd. 4, Stuttgart 1980, S. 263.

5 Philipp Eulenburgs politische Korrespondenz, Bd. 3, S. 2025.

6 GStA PK, Berlin, NL Waldersee, AI Nr. 30, Bl. 33R-34.

7 Reden des Kaisers, S. 97.

8 Graf Westarp: Konservative Politik im letzten Jahrzehnt des Kaiserreichs, Bd. 1, Berlin 1935, S. 40.

9 Fritz Hartung: Verantwortliche Regierung, Kabinette und Nebenregierungen im konstitutionellen Preußen 1848–1918. In: derselbe: Volk und Staat in der deutschen Geschichte, Leipzig 1940, S. 319.

10 Zahlreiche solcher Zettel finden sich in: BA, Abt. Berlin, NL Hammann.

11 Die geheimen Papiere Friedrich von Holsteins, Bd. 4, S. 189, Anm. 3.

12 Belege bei Peter Winzen: Bülows Weltmachtkonzept, S. 13, Anm. 13.

13 Front wider Bülow. Hg. von Friedrich Thimme, München 1931, S. 45, Anm.

14 Die geheimen Papiere Friedrich von Holsteins, Bd. 4, S. 273.

15 Ebenda, S. 260 ff.

16 Die Nachlässe Bülows und Loebells im BA Koblenz enthalten einen umfangreichen Briefwechsel zwischen Bülow und Loebell, der Nachlass Loebells dessen unveröffentlichte Memoiren.

17 Siehe John C. G. Röhl: Kaiser, Hof und Staat, S. 60 ff.

18 Siehe Philipp Eulenburgs politische Korrespondenz, Bd. 3, S. 2048 ff.

19 GStA PK, Berlin, Brandenburg-Preußisches Hausarchiv, Rep. 53 J, NL Wilhelm II., Lit. B Nr. 16a, vol. III, Bl. 56.

20 Siehe BA Koblenz, NL Loebell, Nr. 27, Bl. 15.

21 Siehe Heinz Alfred Gemeinhardt, S. 23 ff.

22 PA/AA, Berlin, Deutschland 122, Nr. 13, Bd. 4, unpag.

23 Fürst Bülows Reden, Bd. 1, S. 191.

24 Siehe Hannelore Horn: Der Kampf um den Bau des Mittellandkanals, Köln/Opladen 1964.

25 Siehe Peter Christian Witt: Die Finanzpolitik des Deutschen Reiches 1903 bis 1913, Lübeck/Hamburg 1970, S. 63 ff.
26 Dirk Stegmann, S. 82 f.
27 Peter Christian Witt, S. 67 f.
28 Ebenda, S. 69 f.
29 Siehe Hans-Jürgen Puhle, S. 238.
30 Archiwum Archidiecezjalne, Wroclaw, NL Ernst Lieber, Nr. 9, unpag.
31 Hans-Jürgen Puhle, S. 239.
32 BA Koblenz, NL Bülow, Nr. 33, Bl. 44 f.; Bülow an Richthofen, 24.9.1902.
33 Peter-Christian Witt, S. 71.
34 Akten zur staatlichen Sozialpolitik in Deutschland 1890–1914. Hg. von Peter Rassow u. Karl Erich Born, Wiesbaden 1959, S. 124 f.
35 Otto Hammann: Zur Vorgeschichte des Weltkrieges, S. 118 berichtet, Bülow habe ihm »zur Zeit seiner Ernennung« als Reichskanzler gesagt, er werde »niemals ein Ausnahmegesetz gegenzeichnen.«
36 Karl Erich Born: Von der Reichsgründung bis zum Ersten Weltkrieg, 16. Aufl., München 1999, S. 218. = Gebhardt. Handbuch der deutschen Geschichte, Taschenbuchausgabe, Bd. 16.
37 Fürst Bülows Reden, Bd. 1, S. 392.
38 Bernhard Fürst von Bülow. Denkwürdigkeiten, Bd. 1, S. 600.
39 GStA PK, Berlin, NL Hans Frh. von Berlepsch, Nr. 36, Bl. 563.
40 Ebenda, NL Waldersee, AI, Nr. 29, Bl. 68R.
41 Siehe August Bebel. Ausgewählte Reden und Schriften, Bd. 7/2: Reden und Schriften 1899 bis 1905, München 1997, S. 513 ff.
42 Fürst Bülows Reden, Bd. 2, S. 14.
43 BA Koblenz, NL Bülow, Nr. 60, Bl. 1.
44 GStA PK, Berlin, NL Hans Frh. von Berlepsch, Nr. 36, Bl. 556.
45 Siehe Klaus Saul: Staat, Industrie und Arbeiterschaft im Kaiserreich, Düsseldorf 1974, S. 128 f.
46 Siehe Hans-Ulrich Wehler: Polenpolitik im Deutschen Kaiserreich. In: Derselbe: Krisenherde des Kaiserreichs 1871–1918, S. 189, 197 f.
47 Fürst Bülows Reden, Bd. 1, S. 268 u. 278.
48 Hans-Ulrich Wehler: Polenpolitik im Deutschen Kaiserreich, S. 191.
49 Siehe Armin Mitter: Rechtsradikale und Kriegshysterie. Bemerkungen zu Roger Chickering: We Men Who Feel Most German. A Cultural Study of the Pan-German League 1886–1914. In: Jahrbuch für Geschichte der sozialistischen Länder Europas, Bd. 32, Berlin 1988, S. 342 ff.
50 GP, Bd. 18/I, Nr. 5709, S. 510.;
51 Ebenda, Bd. 16, Nr. 4880, S. 392; Randverfügung Bülows zu einem Bericht Mumm von Schwarzensteins vom 23. 3. 1901.
52 Ebenda, Bd. 17, Nr. 4995, S. 43.
53 Ebenda, S. 44.
54 Siehe Gregor Schöllgen: Imperialismus und Gleichgewicht, S. 98 ff.; Klaus Hildebrand, S. 218 ff.
55 GP, Bd. 17, Nr. 4983, S. 21.
56 Ebenda, Nr. 5003, S. 55 f.; Bülow an Hatzfeld, 11. 5. 1901.
57 Fürst Bülows Reden, Bd. 1, S. 242.
58 Ebenda.

59 Zit. nach: Peter Winzen, Bülows Weltmachtkonzept, S. 384.
60 Fürst Bülows Reden, Bd. 1, S. 246.
61 Klaus Hildebrand, S. 193.
62 BA Koblenz, NL Bülow, Nr. 22, Bl. 442 f.
63 GStA PK, Berlin, Brandenburg-Preußisches Hausarchiv, Rep. 53 J, NL Wilhelm II., Lit. B Nr. 16a, vol. II. Bl. 12.
64 Siehe Holger Afflerbach: Der Dreibund. Europäische Großmacht- und Allianzpolitik vor dem Ersten Weltkrieg, Wien/Köln/Weimar 2002, S. 407 ff.
65 Siehe Michael Behnen: Rüstung – Bündnis – Sicherheit. Dreibund und informeller Imperialismus 1900–1908, Tübingen 1985, S. 64 ff.
66 BA Koblenz, NL Bülow, Nr. 23, Bl. 156.
67 Fürst Bülows Reden, Bd. 1, S. 243.
68 PA/AA, Deutschland 122, Nr. 13, Bd. 5, unpag.
69 Siehe GP, Bd. 17, Kap. CXII; Reiner Pommerin: Der Kaiser und Amerika. Die USA in der Politik der Reichsleitung 1890 – 1917, Köln/Wien 1986, S. 113 ff.; Ragnhild Fiebig – von Hase: Lateinamerika als Konfliktherd der deutsch-amerikanischen Beziehungen 1889–1903, Göttingen 1986; dieselbe: Großmachtkonflikt in der Westlichen Hemisphäre: Das Beispiel der Venezuelakrise vom Winter 1902/03. In: Jost Dülffer/Martin Kröger/Rolf-Harald Wippich, S. 527 ff.
70 GP, Bd. 17, Nr. 5106, S. 243; Nr. 5120, S. 258.
71 Ebenda, Nr. 5119, S. 258.
72 Siehe Reiner Pommerin, S. 126 ff.
73 Jost Dülffer/Martin Kröger/Rolf-Harald Wippich, S. 547 f.
74 GP, Bd. 17, Nr. 5262, S. 441.
75 Ebenda, Nr. 5186, S. 342.
76 Ebenda, Bd. 18/II, Nr. 5911, S. 840.
77 Siehe Gregor Schöllgen: Das Zeitalter des Imperialismus, S. 74f. u. 151.
78 Friedrich von Holstein. Lebensbekenntnis in Briefen an eine Frau. Eingel. u. hg. von Helmuth Rogge, Berlin 1932, S. 231.
79 Fürst Bülows Reden, Bd. 2, S. 54.
80 GP, Bd. 19/I, Nr. 6120, Anlage II.
81 Ebenda, Nr. 6125, S. 312.
82 Ebenda, Nr. 6126, Anlage, S. 317.
83 Siehe Dietmar Wulff: Der russisch-deutsche Handelsvertrag von 1904, in: Jahrbuch für Geschichte der sozialistischen Länder Europas, Bd. 32, Berlin 1988, S. 145.
84 GP, Bd. 19/I, Nr. 6190, S. 332 ff.; Nr. 6149, S. 353f.
85 Ebenda, Bd. 19/II, Nr. 6153, S. 359
86 Ebenda, Bd. 19/I, Nr. 6140, S. 332.
87 Ebenda, Bd. 19/II, Nr. 6154, Anlage, S. 363.
88 Die geheimen Papiere Friedrich von Holsteins, Bd. 4, S. 288.
89 PA/AA, Berlin, Deutschland 138 secr., Bd. 6, unpag.
90 Zum Kolonialkrieg in Deutsch-Südwestafrika siehe Horst Drechsler: Südwestafrika unter deutscher Kolonialherrschaft. Der Kampf der Hereros und Nama gegen den deutschen Imperialismus (1884–1915), 2., durchges. Aufl., Berlin 1984, Kap. III; Walter Nuhn: Sturm über Südost. Der Hereroaufstand von 1904 – ein düsteres Kapitel der deutschen kolonialen Vergangenheit

Namibias, Koblenz 1989; Gesine Krüger: Kriegsbewältigung und Geschichtsbewusstsein. Realität, Deutung und Verarbeitung des deutschen Kolonialkriegs in Namibia 1904 bis 1907, Göttingen 1999; Gerd Fesser: Der Traum vom Platz an der Sonne, Kap. VIII.

91 Siehe Quellen zur deutschen Außenpolitik im Zeitalter des Imperialismus 1890–1911, S. 291.

92 Horst Drechsler, S. 166 f.

93 Ebenda, S. 167.

Anmerkungen zum Kapitel: Griff nach Marokko 1905/06

1 GP, Bd. 20/I, Nr. 6589, S. 286.

2 Siehe ebenda, Nr. 6557, S. 255 f.

3 Ebenda, Nr. 6523, S. 212.

4 Ebenda, Nr. 6516, S. 203.

5 Ebenda, Nr. 6573, S. 271.

6 Ebenda, Bd. 20/II, Nr. 6599, S. 303.

7 HHStA Wien, PA III Preußen, Karton 162, Bl. 203 f.

8 Maurice Paléologue: Un grand tournant de la politique mondiale 1904–1906, Paris 1934, S. 437 f.

9 Siehe etwa Fritz Fischer: Krieg der Illusionen, S. 100 f.; Gordon A. Craig: Deutsche Geschichte 1866–1945, München 1989, S. 281 f.; Heiner Raulff: Zwischen Machtpolitik und Imperialismus. Die deutsche Frankreichpolitik 1904/05, Düsseldorf 1976, S. 18 ff.; Bernd-Felix Schulte: Die deutsche Armee 1900–1914. Zwischen Beharren und Verändern, Düsseldorf 1977, S. 387, Anm. 1; Fritz Klein: Deutschland von 1897/98 bis 1917 (Deutschland in der Periode des Imperialismus bis zur Großen Sozialistischen Oktoberrevolution), 5., bearb. Aufl., Berlin 1986, S. 135 = Lehrbuch der deutschen Geschichte (Beiträge), Bd. 9.

10 Siehe Albrecht Moritz: Das Problem des Präventivkrieges in der deutschen Politik während der 1. Marokkokrise, Bern/Frankfurt a. M. 1974, S. 107 ff.; Jost Dülffer/Martin Kröger/Rolf-Harald Wippich, S. 566; Klaus Hildebrand, S. 230.

11 George W. F. Hallgarten, Bd. 1, S. 636.

12 Text des Björkoe-Vertrages in: Quellen zur deutschen Außenpolitik im Zeitalter des Imperialismus 1890–1911, S. 326 f.

13 GP, Bd. 19/II, Nr. 6228, S. 476.

14 Ebenda, Nr. 6235, S. 489.

15 Ebenda, Nr. 6237, S. 498.

16 GStA PK Berlin, Brandenburg-Preußisches Hausarchiv, Rep. 53 J, NL Wilhelm II., Lit. B Nr. 16a, vol. III, Bl. 21 f.

17 Barbara Vogel, S. 227 ff.

18 Text des Schlieffenplans in: Quellen zur deutschen Außenpolitik im Zeitalter des Imperialismus 1890–1911, S. 343 ff.

19 GP, Bd. 21/I, Nr. 6932, S. 62.

20 Ebenda, Bd. 20/II, Nr. 6856, S. 627; Bülow an Speck von Sternburg, 10.6.1905.

21 Siehe Bernd-Felix Schulte, S. 381 ff.

22 BA, Abt. Berlin, NL Hammann, Nr. 10, Bl. 6.
23 Zit. nach: Die Auswirkungen der ersten russischen Revolution von 1905–1907 auf Deutschland. Hg. Von Leo Stern, Bd. 1, Berlin 1954, S. 130.
24 Zit. nach: Josef Reimann: Fürst Bülows Denkwürdigkeiten und die deutsche Marokkopolitik (1897–1909), Würzburg 1935, S. 11.
25 Text der Algeciras-Akte (Auszug) in: Quellen zur deutschen Außenpolitik im Zeitalter des Imperialismus 1890–1911, S. 365 ff.
26 BA, Abt. Berlin, NL Hammann, Nr. 11, Bl. 22R.
27 Siehe Die Geheimen Papiere Friedrich von Holsteins, Bd. 4, S. 371; Karl Ulrich von Bülow an Tschirschky.
28 Zit. nach: Philipp Eulenburgs politische Korrespondenz, Bd. 3, S. 2122, Anm. 3.
29 Die geheimen Papiere Friedrich von Holsteins, Bd. 4, S. 373.
30 GStA PK Berlin, Brandenburg-Preußisches Hausarchiv, Rep. 53 J, NL Wilhelm II., Lit. B Nr. 16a, vol. III, Bl. 12R.
31 PA/AA, Berlin, Deutschland 121, Nr. 3 sec., Bd. 1, unpag.
32 Kriegsrüstung und Kriegswirtschaft. Anlagen zum 1. Bd., Berlin 1930, S. 95 = Der Weltkrieg 1914 bis 1918. Bearb. im Reichsarchiv.
33 Ebenda, S. 98 ff.
34 Bernhard Fürst von Bülow. Denkwürdigkeiten, Bd. 2, S. 230.
35 Ebenda, S. 235.
36 Ebenda.
37 Ebenda, S. 233.
38 Siehe: Horst Drechsler, S. 218 f.
39 GStA PK, Berlin, Brandenburg-Preußisches Hausarchiv, Rep. 53 J, NL Wilhelm II., Lit. B Nr. 16a, vol. III, Bl. 3 f.
40 Ebenda, Bd. 9.
41 BA, Abt. Berlin, Reichskanzlei, Nr. 943, Bl. 5.
42 Siehe: Katharine Anne Lerman: The Chancellor as Courtier. Bernhard von Bülow and the Governance of Germany 1900–1909, S. 70.
43 BA, Abt. Berlin, Reichskanzlei, Nr. 944, Bl. 17.
44 Ebenda, Bl. 56.
45 Friedrich von Holstein. Lebensbekenntnis in Briefen an eine Frau, S. 268.
46 Das Tagebuch der Baronin Spitzemberg, S. 465.
47 Johannes Haller: Aus dem Leben des Fürsten Philipp zu Eulenburg-Hertefeld, S. 332.
48 Philipp Eulenburgs politische Korrespondenz, Bd. 3, S. 2137, Anm. 2.
49 Großherzog Friedrich I. von Baden und die Reichspolitik 1871–1907, Bd. 4, S. 660.
50 Fürst Bülows Reden, Bd. 2, S. 343.
51 Die Zukunft, 57. Bd., S. 264.
52 Siehe Wilfried Loth, S. 113 ff.

Anmerkungen zum Kapitel: Bülow-Block und die »Daily-Telegraph«-Affäre 1906–1908

1 Siehe GStA PK Berlin, Rep. 90a B III 2b, Nr. 6, Bd. 153, Bl. 270 ff., Staatsministerialsitzungsprotokoll; Theodor Eschenburg: Das Kaiserreich am Scheideweg. Bassermann, Bülow und der Block, Berlin 1929, S. 41 ff.

2 GStA PK Berlin, Rep. 90a B III 2b, Nr. 6, Bd. 153, Bl. 275 ff., 280.
3 Siehe Joachim Haferkorn: Bülows Kampf um das Reichskanzleramt im Jahre 1906, Würzburg 1939.
4 Siehe Dieter Fricke: Der deutsche Imperialismus und die Reichstagswahlen von 1907. In: Zeitschrift für Geschichtswissenschaft, 1961, H. 3, S. 538 ff.
5 GStA PK Berlin, Rep. 90a B III 2b, Nr. 6, Bd. 153, Bl. 258, Staatsministerialsitzungsprotokoll, S. 8, Sonderprotokoll.
6 Ebenda, S. 7 R.
7 Siehe Dieter Fricke: Der deutsche Imperialismus und die Reichstagswahlen von 1907.
8 Rosa Luxemburg: Die Krise der Sozialdemokratie, in: dieselbe: Gesammelte Werke, Bd. 4, Berlin 1974, S. 83.
9 Text in: Schultheß' Europäischer Geschichtskalender, Jg. 1906, s. 232 ff.
10 Fürst Bülows Reden nebst urkundlichen Beiträgen zu seiner Politik, Bd. 3, hg. von Otto Hötzsch, Berlin 1909, S. 233 f.
11 Ebenda, S. 241.
12 In einer Aufzeichnung von Ende 1909/Anfang 1910 vermerkte Bülow in einer Erfolgsbilanz der Blockära: »Zentrum ›erzogen‹ «. Zit. nach: Friedrich Freiherr Hiller von Gaertringen: Fürst Bülows Denkwürdigkeiten. Untersuchungen zu ihrer Entstehungsgeschichte und ihrer Kritik, Tübingen 1956, S. 33.
13 Zit. nach Wilfried Loth, S. 133 f., Anm.
14 GStA PK Berlin, NL Hans Frh. von Berlepsch, Nr. 36, Bl. 431.
15 Großherzog Friedrich I. von Baden und die Reichspolitik 1871–1907, Bd. 4, S. 720.
16 Herbert Gottwald/Günter Wirth: Zentrum. In: Lexikon zur Parteiengeschichte. Hg. von Dieter Fricke, Werner Fritsch [u. a.], Bd. 4, Leipzig 1986, S. 579.
17 HHStA Wien, PA III Preußen, Karton 164, Bl. 204.
18 Fürst Bülows Reden, Bd. 3, S. 249.
19 Verhandlungen des Reichstags. Stenographische Berichte, Bd. 227, Berlin 1908, S. 38.
20 GStA PK Berlin, Rep. 90a B III 2b, Nr. 6, Bd. 154, Bl. 288 R, Staatsministerialsitzungsprotokoll.
21 Bernhard Fürst von Bülow. Denkwürdigkeiten, Bd. 2, S. 300.
22 Zit. nach: Klaus Saul: Staat, Industrie, Arbeiterbewegung im Kaiserreich, Düsseldorf 1974, S. 287.
23 GStA PK Berlin, NL Hans Frh. von Berlepsch, Nr. 36l, Bl. 432.
24 Zit. nach: Harald Koth/Thomas Seidel: Zur Vorgeschichte des Stuttgarter Kongresses der II. Internationale 1907. In: Beiträge zur Geschichte der Arbeiterbewegung, 1987, H. 4, S. 502.
25 Siehe Gerd Fesser: Zur Genesis des Reichsvereinsgesetzes. Staatsorgane, bürgerliche Parteien und Vereinsgesetzgebung im Deutschen Reich 1906 bis 1908, in: Forschungsergebnisse zur Geschichte des deutschen Imperialismus vor 1917. Hg. von B. A. Aisin u. W. Gutsche, Berlin 1980, S. 116 f.
26 Siehe BA, Abt. Berlin, Reichsamt des Innern, Nr. 13851, Bl. 180 ff.; Gerd Fesser: Zur Genesis des Reichsvereinsgesetzes, S. 117 f.
27 Siehe BA, Abt. Berlin, Reichskanzlei, Nr. 2241, Bl. 80 ff.

28 GStA PK Berlin, Rep. 90a, B III 2b, Nr. 6, Bd. 155, Bl. 35 f., Staatsministerialsitzungsprotokoll.
29 Fürst Bülows Reden, Bd. 3, S. 58.
30 Nach einer Berechnung von M. Wertheimer waren 47 Prozent aller Reichstagsabgeordneten, die vor 1914 dem Alldeutschen Verband angehörten, Nationalliberale. Siehe Mildred S. Wertheimer: The Pan-German-League 1890–1914, phil. Diss., New York 1924, S. 133.
31 Zur Eulenburg-Affäre siehe John C. G. Röhl: Kaiser, Hof und Staat, S. 60 ff.
32 Siehe Hans Dieter Hellige: Rathenau und Harden in der Gesellschaft des Deutschen Kaiserreichs. In: Walther Rathenau-Gesamtausgabe. Hg. Von Hans Dieter Hellige u. Ernst Schulin, Bd. VI: Walther Rathenau Maximilian Harden. Briefwechsel 1897–1920, München-Heidelberg 1983, S. 162 ff.
33 Ebenda, S. 539.
34 BA, Abt. Berlin, NL Hammann, Nr. 13, Bl. 20.
35 Ebenda, Reichskanzlei, Nr. 798/1, Bl. 11 R.
36 Zur »Daily-Telegraph«-Affäre siehe Peter Winzen: Das Kaiserreich am Abgrund. Die Daily-Telegraph-Affäre und das Hale-Interview von 1908, Stuttgart 2002; Wilhelm Schüssler: Die Daily-Telegraph-Affäre. Fürst Bülow, Kaiser Wilhelm und die Krise des Deutschen Reiches 1908, Göttingen 1953; Friedrich Freiherr Hiller von Gaertringen, S. 119 ff.
37 BA Koblenz, NL Bülow, Nr. 33, Bl. 25.
38 GP, Bd. 24, Nr. 8249; S. 168.
39 Die meisten der Historiker, die sich mit der »Daily-Telegraph«-Affäre beschäftigt haben, kamen zu dem Ergebnis, Bülow habe den Artikel Stuart Wortleys vor der Veröffentlichung nicht gelesen, so auch Schüssler und Hiller von Gaertringen. Winzen (Das Kaiserreich am Abgrund, S. 9) hingegen erklärt, seine Auseinandersetzung mit den Quellen erlaube die »fundierte und nahezu hundertprozentig abgesicherte Annahme«, dass Bülow den Artikel doch gelesen habe. Dazu sei ein Fragezeichen gesetzt. Winzens Kronzeugen sind nämlich Wilhelm II. und der Gesandte Felix von Müller. Von diesen hat Wilhelm bekanntermaßen des Öfteren gelogen, und Müller hat sich bei seinen Äußerungen zur »Daily-Telegraph«-Affäre von Anfang an in Widersprüche verwickelt.
40 Bernhard Fürst von Bülow. Denkwürdigkeiten, Bd. 2, nach S. 352.
41 GP, Bd. 24, Nr. 8257.
42 BA Koblenz, NL Bülow, Nr. 33, Bl. 46 f.
43 Wilhelm Spickernagel: Fürst Bülow, S. 1401.
44 Zum Hale-Interview siehe Peter Winzen: Das Kaiserreich am Abgrund, S. 68 ff. u. 343 ff.; Ralph R. Menning/Carol Bresnahan Menning: »Baseless Allegations«: Wilhelm II and the Hale Interview of 1908, in: Central European History, 1983, S. 368.
45 BA Koblenz, NL Bülow, Nr. 112, Bl. 98.
46 Fürst Bülows Reden, Bd. 3, S. 139.
47 Ebenda.
48 Die geheimen Papiere Friedrich von Holsteins, Bd. 4, S. 535.
49 Robert Graf Zedlitz-Trützschler. Zwölf Jahre am deutschen Kaiserhof, Stuttgart/Berlin/Leipzig 1925, S. 195.
50 Ebenda, S. 197.

51 HHStA Wien, PA III Preußen, Karton 167, Bl. 238.
52 Zum »Dreadnought-Sprung« siehe Wilhelm Epkenhans: Die wilhelminische Flottenrüstung 1908–1914. Weltmachtstreben, industrieller Fortschritt, soziale Integration, München 1991; Robert K. Massie: Die Schalen des Zorns. Großbritannien, Deutschland und das Heraufziehen des Ersten Weltkrieges, Frankfurt a. M. 1993, S. 407 ff.
53 Siehe: Baldur Kaulisch, S. 134 ff.
54 A. von Tirpitz: Politische Dokumente [Bd. 1:]. Der Aufbau der deutschen Weltmacht, Stuttgart-Berlin 1924, S. 21.
55 GP, Bd. 25/I, Nr. 8655, S. 242.
56 GStA PK Berlin, Brandenburg-Preußisches Hausarchiv, Rep. 53 J, NL Wilhelm II., Lit. B. Nr. 16a, vol. IV, Bl. 37 R; Bülow an Wilhelm II., 9.9.1907.
57 GP, Bd. 25/I, Nr. 8667, S. 261 f., Anm.
58 Ebenda, S. 261 f.
59 Siehe Gerd Fesser: Der Traum vom Platz an der Sonne, Kap. X; Robert K. Massie, S. 491 ff.
60 GP, Bd. 25/I, Nr. 8534, S. 40.
61 Ebenda, Bd. 21/II, Nr. 7263, S. 581.
62 Ebenda, Bd. 23/I, Nr. 7813, S. 81 f., Anm.
63 Ebenda, Nr. 7879, S. 163.
64 Fürst Bülows Reden, Bd. 3, S. 35.
65 Die geheimen Papiere Friedrich von Holsteins, Bd. 4, S. 427.
66 GP, Bd. 23/II, Nr. 7992, S. 330.
67 Zit. nach Jost Dülffer, Regeln gegen den Krieg?, S. 203.
68 GP, Bd. 25/II, Nr. 8820, S. 476.
69 Ebenda.
70 Ebenda, S. 477.
71 Ebenda, S. 478.
72 Ebenda, S. 479.
73 Ebenda, S. 478.
74 Ebenda, Bd. 24, Nr. 8217, S. 104.
75 Die geheimen Papiere Friedrich von Holsteins, Bd. 4, S. 498.
76 GP, Bd. 24, Nr. 8239, S. 150.
77 Ebenda, Nr. 8244, S. 157 f.
78 Otto Hammann: Bilder aus der letzten Kaiserzeit, Berlin 1922, S. 60.
79 GP, Bd. 28, Nr. 10235, S. 23.
80 Ebenda, Nr. 10241, S. 36.
81 Ebenda, Nr. 10247, S. 53.

Anmerkungen zum Kapitel: Bosnische Krise und Kanzlersturz 1908/09

1 GP, Bd. 27/II, Nr. 9958, Anlage, S. 565.
2 Siehe Gregor Schöllgen: Imperialismus und Gleichgewicht, S. 239 ff.
3 GP, Bd. 27/II, Nr. 9958, S. 559.
4 Ebenda, S. 560.
5 Heinz Alfred Gemeinhardt, S. 2061.
6 GP, Bd. 26/I, Nr. 9077, S. 222.
7 Ebenda, Bd. 27/I, Nr. 9799, S. 277.

8 Ebenda, S. 278, Anm. 3.
9 Siehe József Galántai: Die Österreichisch-Ungarische Monarchie und der Weltkrieg o. O. [Budapest] 1979, S. 67 ff.; Heinz Alfred Gemeinhardt, S. 123 ff.
10 GP, Bd. 26/I, Nr. 8927, s. 28.
11 Ebenda, Nr. 8934, S. 39.
12 Ebenda, Bd. 25/I, Nr. 8820, S. 47 f.
13 Ebenda, Bd. 26/I, Nr. 9079, S. 227.
14 Fürst Bülows Reden, Bd. 3, S. 187.
15 GStA PK Berlin, Brandenburg-Preußisches Hausarchiv, NL Wilhelm II., Lit. B Nr. 16a, vol. IV, Bl. 1 R–2.
16 Siehe Heinz Alfred Gemeinhardt, S. 203 ff.
17 Siehe Ernst Jäckh: Staatssekretär von Kiderlen-Wächter über Bülows Charakter und Politik. In: Front wider Bülow, S. 58.
18 Siehe Oskar Regele: Feldmarschall Conrad. Auftrag und Erfüllung 1906–1918, Wien/München 1955, S. 57.
19 Quellen zur deutschen Außenpolitik im Zeitalter des Imperialismus 1890–1911, S. 423.
20 Siehe das Telegramm Bülows an den Botschafter in St. Petersburg, Friedrich Graf von Pourtalés, vom 21. März 1909, in: GP, Bd. 26/II, Nr. 9460, S. 693 ff.
21 George W. F. Hallgarten bemerkt zu Bülows Vorgehen, dass dieses »auf genauen Informationen über die finanzielle und militärische Unfähigkeit der Russen, ernstlich einen Krieg zu wagen«, beruhte. Bülows Coup sei, »so improvisiert und aggressiv er nach außen wirken mochte, gleichwohl ganz richtig berechnet« gewesen. George W. F. Hallgarten, Bd. 2, S. 115 f.
22 BA Koblenz, NL Bülow, Nr. 126, Bl. 36.
23 Zit. nach Robert K. Massie, S. 504.
24 Ebenda.
25 Generalfeldmarschall Colmar Freiherr von der Goltz. Denkwürdigkeiten. Bearb. u. hg. von Friedrich Frh. von der Goltz und Wolfgang Förster, Berlin 1929, S. 333.
26 GP, Bd. 25 II, Nr. 8820, S. 478.
27 Fürst Bülows Reden, Bd. 3, S. 95; BA Koblenz, NL Loebell, Nr. 6, Bl. 19; Bülow an Loebell, 27.4.1908.
28 Reinhold von Sydow: Lebenserinnerungen (Manuskript), S. 337; in: GStA PK Berlin, NL Sydow I 1.
29 Peter-Christian Witt, S. 332 ff.
30 GStA PK Berlin, Brandenburg-Preußisches Hausarchiv, Rep. 53 J, NL Wilhelm II., Lit. B Nr. 16a, vol. IV, Bl. 7 R.
31 Ebenda, Rep. 53, Nr. 243, unpag.
32 BA Koblenz, NL Bülow, Nr. 33, Bl. 161 f.
33 Rudolf von Valentini. Kaiser und Kabinettschef. Nach eigenen Aufzeichnungen und dem Briefwechsel … dargestellt von Bernhard Schwertfeger, Oldenburg i. O. 1931, S. 106.
34 Robert Graf Zedlitz-Trützschler. Zwölf Jahre am deutschen Kaiserhof, S. 223.
35 Ebenda.
36 Zit. nach Hans-Jürgen Puhle: Agrarische Interessenpolitik und preußischer Konservatismus im wilhelminischen Reich (1893–1914), S. 266, Anm. 263.
37 BA Koblenz, NL Loebell, Nr. 6, Bl. 392.

38 PA/AA Berlin, NL Eisendecher, Nr. 213, Bl. 86 R.
39 GP, Bd. 28, Nr. 10254, S. 69.
40 Das Protokoll der Besprechung in: Ebenda, Nr. 10306, S. 168 ff.
41 Alfred von Tirpitz, S. 160 f.
42 GP, Bd. 28, Nr. 10302, S. 156 ff.
43 Ebenda, S. 156.
44 Zit. nach Helmuth Rogge: Holstein und Harden, München 1959, S. 463.
45 Bogdan Graf von Hutten-Crapski: Sechzig Jahre Politik und Gesellschaft, Berlin 1936, S. 554.
46 Fürst Bülows Reden, Bd. 3, S. 220, 223.
47 BA Koblenz, NL Loebell, Nr. 27, Bl. 14.
48 Bernhard Fürst von Bülow. Denkwürdigkeiten, Bd. 2, S, 511.
49 Rudolf von Valentini, S. 121.
50 Zit. nach Willibald Gutsche: Monopole, Staat und Expansion vor 1914, S. 123.
51 Fürst Bülows Reden, Bl. 3, S. 373.

Anmerkungen zum Kapitel: In Rom und Klein-Flottbek 1909–1914

1 Über die Villa Malta siehe Ferdinand Gregorovius: Kleine Schriften zur Geschichte und Kultur, Bd. III: Die Villa Malta in Rom und ihre deutschen Erinnerungen, Leipzig 1888; Giovanni Caprile: Villa Malta dall'antica Roma á »Civiltá Cattolica«, Rom 1999.
2 GP, Bd. 24, Nr. 8271, S. 203.
3 Ebenda, Nr. 8273, S. 209 f.
4 Robert Graf Zedlitz-Trützschler, S. 237.
5 BA Koblenz, NL Loebell, Nr. 7, Bl. 90.
6 Fürstin Marie Radziwill, S. 336.
7 Friedrich Freiherr Hiller von Gaertringen, S. 42.
8 Ebenda, S. 50, Anm. 117 u. 118a.
9 Wilhelm Spickernagel, S. 179 f.
10 Ebenda, S. 181.
11 Zit. nach Friedrich Freiherr Hiller von Gaertringen, S. 33.
12 BA Koblenz, NL Bülow, Nr. 101, Bl. 27.
13 Ebenda, Nr. 151, Merkbuch D, Bl. 160a.
14 Ebenda, NL Loebell, Nr. 7, Bl. 160a.
15 Ebenda, NL Bülow, Nr. 135, unpag.
16 Eine Neuausgabe der »Deutschen Politik«, herausgegeben und eingeleitet von Peter Winzen, erschien 1992 in Bonn. Sie enthält den Text der Ausgaben von 1913 und 1916, dazu die Korrespondenz zwischen Bülow, Loebell und Berger.
17 Ba Koblenz, NL Bülow, Nr. 135, unpag.

Anmerkungen zum Kapitel: Im Ersten Weltkrieg

1 Fürst Bülows Reden. In Auswahl hg. von Wilhelm von Massow, 5. Bd., Leipzig o. J., S. 289 f.
2 Bernhard Fürst von Bülow. Denkwürdigkeiten, Bd. 3, Berlin 1931, S. 167 f. Friedrich Thimme meint dazu in »Front wider Bülow« (S. 207): an Bülows

Bericht über sein Gespräch mit Ballin sei »nicht ein wahres Wort«. Bülow habe das Ganze »offenbar unter Missbrauch des Namens Ballin frei erfunden«. Das ist ein Beispiel für die Voreingenommenheit Thimmes gegenüber Bülow. Fritz Klein hat nämlich in seinem Aufsatz »Sonst kriege ich die Sozialdemokraten nicht mit« (In: Beiträge zur Geschichte der deutschen Arbeiterbewegung, 1967, S. 843 ff.) nachgewiesen, dass Bülow die Episode vom 1. August 1914 wahrheitsgemäß überliefert hat. Das betont Dieter Groh: Negative Integration und revolutionäre Attentismus. Die deutsche Sozialdemokratie am Vorabend des Ersten Weltkrieges, Frankfurt a. M./Berlin/Wien 1973, S. 670 f.

3 In: Die deutschen Dokumente zum Kriegsausbruch. Hg. im Auftrage des Auswärtigen Amtes, 2. Aufl., Bd. 1, Berlin 1922, Nr. 72, S. 99–101.

4 In: ebenda, Bd. 4, Anhang 4, Nr. 2, S. 126–130.

5 Bernhard Fürst von Bülow. Denkwürdigkeiten, Bd. 3, Berlin 1931, S. 242.

6 BA Koblenz, NL Bülow, Nr. 151, Merkbuch E, Bl. 71.
Im Jahre 1910 hatte Bülow zu Rudolf Martins Buch »Bülow und Wilhelm II«. (Leipzig 1909) vermerkt: »Martin plädiert für eine polenfreundliche Politik, Krieg mit Rußland, Erwerbung der Ostseeprovinzen und Widerherstellung Polens. Für eine solche Politik war ich allerdings nicht zu haben.« BA Koblenz, NL Loebell, Nr. 6, Bl. 136. Bülows Einstellung zum Präventivkrieg wird von Isabel Hull auf die krass überzogenen Formel gebracht: »Seine eigenen Schriften aus den Jahren 1909–1914 strotzten vor Angriffslust«. Siehe: Dies., Bernhard von Bülow. In: Die deutschen Kanzler. Von Bismarck bis Schmidt. Hg. Von Wilhelm v. Sternburg, Frankfurt a. M. 1985, S. 84.

7 Zit. nach Friedrich Freiherr Hiller von Gaertringen, S. 571.

8 Ebenda.

9 Siehe vor allem Front wider Bülow, S. 194 ff. Vgl. dagegen Gerd Fesser: Bernhard v. Bülow und der Ausbruch des Ersten Weltkrieges. In: Militärgeschichtliche Mitteilungen, 1992, S. 317 ff.

10 Friedrich Freiherr Hiller von Gaertringen, S. 57.

11 Zit. nach: Adolf Gasser: preußischer Militärgeist und Kriegsentfesselung, Basel/Frankfurt a. M. 1985, S. 112.

12 Theodor Wolff. Tagebücher 1914–1919. Eingel. u. hg. Von Bernd Sösemann, Bd. 1, Boppard a. Rh. 1984, S. 139.

13 Bernhard Fürst von Bülow. Denkwürdigkeiten, Bd. 3, S. 245.

14 Ebenda.

15 BA Koblenz, NL Bülow, Nr. 151, Merkbuch F, Bl. 51b.

16 Ebenda, Merkbuch G, Bl. 17b.

17 T. W. [Theodor Wolff:] Was Fürst Bülow im Sommer 1914 getan hätte, in: Berliner Tageblatt, Nr. 510 vom 29.10.1929.

18 Siehe Heinz-Ludger Borgert: Grundzüge der Landkriegsführung von Schlieffen bis Guderian. In: Deutsche Militärgeschichte in sechs Bänden 1648–1939, Bd. 6, S. 492 ff.; Helmut Otto/Karl Schmiedel: Der erste Weltkrieg,
3., völlig überarb. u. ergänzte Aufl., Berlin 1977, S. 61 ff.

19 Wenige Wochen vor dem Attentat von Sarajevo führte Generalstabschef Helmuth v. Moltke ein Gespräch mit Jagow, über das der Staatssekretär später notiert hat: »Die Aussichten in die Zukunft bedrückten ihn schwer. In

zwei bis drei Jahren würde Rußland seine Rüstungen beendet haben. Die militärische Übermacht unserer Feinde wäre dann so groß, daß er nicht wüsste, wie wir ihrer Herr werden könnten. Jetzt wären wir ihnen noch einigermaßen gewachsen. Es bliebe seiner Ansicht nach nichts übrig, als einen Präventivkrieg zu führen, um den Gegner zu schlagen, solange wir den Kampf noch einigermaßen bestehen könnten. Der Generalstabschef stellte mir demgemäß anheim, unsere Politik auf die baldige Herbeiführung eines Krieges einzustellen.« Zit. nach: Egmont Zechlin: Krieg und Kriegsrisiko. Zur deutschen Politik im Ersten Weltkrieg. Aufsätze, Düsseldorf 1979, S. 97 f.

20 Friedrich Freiherr Hiller von Gaertringen, S. 54.

21 PA/AA Berlin, Deutschland 122, Nr. 13 secr., Bd. 1, unpag.

22 Ebenda.

23 Ebenda.

24 Ebenda.

25 BA Koblenz, NL Bülow, Nr. 38, Bl. 321.

26 Siehe Alberto Monticone: Deutschland und die Neutralität Italiens 1914 bis 1915, Wiesbaden 1982, S. 15 ff.

27 Ebenda, S. 28.

28 Friedrich Freiherr Hiller von Gaertringen, S. 87, Anm. 317.

29 Theodor Wolff. Tagebücher 1914–1919, Bd. 1, S. 225.

30 Alberto Monticone, S. 105 ff.

31 Ebenda, S. 129 f.

32 Ebenda, S. 116.

33 Ebenda, S. 233 ff.

34 BA Koblenz, NL Bülow, Nr. 151, Merkbuch F, Bl. 9.

35 Zum »Septemberprogramm« siehe Deutsche Quellen zur Geschichte des Ersten Weltkrieges. Hg. von Wolfdieter Bihl, Darmstadt 1991, S. 61 f.; Deutschland im ersten Weltkrieg. Von einem Autorenkollektiv unter Leitung von Fritz Klein, Bd. 1, 3., durchges. Aufl., Berlin 1971, S. 366 ff.; Peter Graf Kielmansegg: Deutschland und der Erste Weltkrieg, 2., durchges. Aufl., Stuttgart 1980, s. 219 ff.

36 Siehe Heinz Lemke: Allianz und Rivalität. Polen und die Mittelmächte im ersten Weltkrieg, Berlin 1977.

37 BA Koblenz, NL Bülow, Nr. 151, Merkbuch F, Bl. 9.

38 Fürst von Bülow: Deutsche Politik, Berlin 1916, S. 262.

39 Theodor Wolff. Tagebücher 1914–1919, Bd. 1, S. 225.

40 BA Koblenz, NL Bülow, Nr. 151, Merkbuch F. Bl. 51b.

41 Die britischen amtlichen Dokumente über den Ursprung des Weltkrieges 1898–1914, Bd. 11, Berlin 1926, Nr. 571.

42 Theodor Wolff. Tagebücher 1914–1919, Bd. 1, S. 440.

43 Ebenda, S. 440 f.

44 BA Koblenz, NL Bülow, Nr. 50, Bl. 3.

45 HHStA Wien, PA III Preußen, Karton 172, Bl. 31.

46 Siehe Bernhard Fürst von Bülow: Denkwürdigkeiten, Bd. 3, S. 265.

47 Dass sich in der Führungsschicht des Kaiserreichs hinsichtlich der Kriegsziele ungeachtet der vielfältigen Differenzen zwei Grundströmungen unterscheiden lassen, wird von Historikern verschiedener Richtung konstatiert. So unterscheidet Imanuel Geiss (S. 97) »Annexionisten« und »Mitteleuro-

päer« und fügt hinzu: »[...] die meisten Annexionisten waren eher konservativ, die meisten Mitteleuropäer eher liberal (nach deutschen Verhältnissen).« Eberhard Demm (Ein Liberaler im Kaiserreich und Republik. Der politische Weg Alfred Webers bis 1920, Boppard a. Rh. 1990, S. 168) verwendet die Bezeichnungen »konservative Imperialisten« und »liberale Imperialisten«.

48 Siehe Klaus Epstein: Matthias Erzberger und das Dilemma der deutschen Demokratie, Berlin/Frankfurt a. M. 1962, S. 215 ff.

49 Siehe Friedrich Freiherr Hiller von Gaertringen, S. 61 ff.

50 Siehe Klaus Epstein, S. 215 ff.

51 Rudolf von Valentini, S. 11 ff.

52 Siehe: Dieter Hein: Georg Michaelis. In: Die deutschen Kanzler, S. 115.

53 PA/AA Berlin, Deutschland 122, Nr. 13. Secr., Bd. 1, unpag.

54 Friedrich Freiherr Hiller von Gaertringen, S. 74.

55 Siehe Briefwechsel Hertling – Lerchenfeld 1912–1917. Hg. von Ernst Deuerlein, Boppard a. Rh. 1973, S. 945.

56 Ebenda, S. 948.

57 Text in: Front wider Bülow, S. 326–332. Zur Interpretation vgl. Friedrich Freiherr Hiller von Gaertringen, S. 76, Anm. 260.

58 Siehe Briefwechsel Hertling – Lerchenfeld 1912–1917, S. 945.

59 Walther Rathenau – Gesamtausgabe, Bd. 6, S. 735.

60 Philipp Hiltebrandt. Erinnerungen an den Fürsten Bülow, Bonn 1930, S. 25 f.

61 BA Koblenz, NL Bülow, Nr. 51, Bl. 285.

62 Ebenda.

63 E. R. Hubers Äußerung »Erst der Reichskanzler Graf Hertling machte sich diese Forderung [den § 153 der Reichsgewerbeordnung aufzuheben – d. V.] in seiner großen Programmrede vom 29. November 1917 zu eigen« ist folglich nicht exakt. Siehe: Ernst Rudolf Huber: Deutsche Verfassungsgeschichte seit 1789, Bd. V: Weltkrieg, Revolution und Reichserneuerung 1914–1919, Stuttgart/Berlin/Köln/Main 1978, S. 475.

64 Klaus Epstein meint: »Wenn überhaupt ein Zivilist Ludendorff hätte Zügel anlegen können, so wären es Bülow gewesen.« Siehe Klaus Epstein, S. 220.

65 National-Zeitung, Nr. 101 vom 2.5.1929, 8-Uhr-Abendblatt.

66 August Winnig: Bülows Umsturzpläne, in: Schwäbischer Merkur, Nr. 19 vom 24.1.1931.

Anmerkungen zum Kapitel: Das letzte Jahrzehnt

1 Friedrich Freiherr Hiller von Gaertringen, S. 267

2 Bernhard Fürst von Bülow: Denkwürdigkeiten, Bd. 1, S. 125, 202, 286.

3 Friedrich Freiherr Hiller von Gaertringen, S. 81

4 Ebenda, S. 102.

5 Bernhard Fürst von Bülow. Denkwürdigkeiten, Bd. 3, S. 105.

6 BA Koblenz, NL Bülow, Nr. 7, Bl. 40.

7 Gustav Stresemann. Vermächtnis. Hg. von Henry Bernhard, Bd. 2, Berlin 1932, S. 254.

8 Ebenda, S. 500.

9 BA Koblenz, NL Loebell, Nr. 9, Bl. 47.

10 Ebenda, NL Bülow, Nr. 9, Bl. 48.
11 Friedrich Rosen: Aus einem diplomatischen Wanderleben, [Bd. 1:] Auswärtiges Amt. Marokko, Berlin 1931, S. 89 ff.; Theodor Wolff. Die Wilhelminische Epoche. Fürst Bülow am Fenster und andere Begegnungen. Hg. u. eingel. von Bernd Sösemann, Frankfurt a. M 1989, S. 363.

Anmerkungen zum Kapitel: Die »Denkwürdigkeiten«

1 Philipp Eulenburgs politische Korrespondenz, Bd. 3, S. 2009.
2 Zu Bülows »Denkwürdigkeiten« siehe Friedrich Freiherr Hiller von Gaertringen; Theodor Wolff. Die Wilhelminische Epoche, S. 11 ff; Siegfried A. Kaehler: Legende und Wirklichkeit im Lebensbild des Kanzlers Bernhard v. Bülow. In: Ders. Studien zur deutschen Geschichte des 19. und 20. Jahrhunderts. Hg. von Walter Bussmann, Göttingen 1961, S. 220 ff.; Hans Küsswetter: Studien zu Fürst Bülows Denkwürdigkeiten, phil. Diss., München 1936.
3 Theodor von Betmann Hollweg. Betrachtungen zum Weltkriege, 2 Teile, Berlin 1919 u. 1921. Neuausgabe in 1 Bd. Hg. von Jost Dülffer, Essen 1989.
4 Hermann Freiherr von Eckardstein. Lebenserinnerungen und Politische Denkwürdigkeiten, 3 Bd.e, Leipzig 1919–1921.
5 Johannes Haller: Die Aera Bülow, Stuttgart-Berlin 1922.
6 Fritz Hartung: Bülows Denkwürdigkeiten, in: Zeitschrift für Politik, Bd. 21, 1932, S. 48.
7 BA Koblenz, NL Bülow, Nr. 160, Bl. 131, 137.
8 Vossische Zeitung, Nr. 140 vom 24.4.1931, Morgen-Ausgabe.
9 Theodor Wolff. Die Wilhelminische Epoche, S. 14.
10 Der Band »Front wider Bülow« sollte ursprünglich »Fürst Bülows wahres Gesicht« heißen. Siehe BA Koblenz, NL Solf, Nr. 83, Bl. 44; Friedrich Thimme an Wilhelm Solf, 4.4.1931.
11 BA Koblenz, NL Bülow, Nr. 160, Bl. 87.
12 Ebenda, NL Haller, Nr. 13, H. 2, unpag.
13 Siehe Lothar Machtan, Bismarck-Kult und deutscher National-Mythos 1890 bis 1940. In: Bismarck und der deutsche Nationalmythos. Hg. von Lothar Machtan, Bremen 1994, S. 14 ff.

Anmerkungen zu den Schlussbetrachtungen

1 Geoff Eley: Wilhelminismus, Nationalismus, Faschismus. Zur historischen Kontinuität in Deutschland, Münster 1991, S. 144.
2 Wolfgang J. Mommsen: Außenpolitik und öffentliche Meinung im Wilhelminischen Deutschland 1897–1914, S. 360 f.
3 Hugo Graf Lerchenfeld-Koefering. Erinnerungen und Denkwürdigkeiten, 2. Aufl., Berlin 1935, S. 374 f.

Anmerkungen zum Nachwort

1 Sigmund Münz: Fürst Bülow, der Staatsmann und Mensch, Berlin 1930
2 Das betont Eberhard von Vietsch in seiner Vorbemerkung vom Jahre 1958 zum Findbuch »Bülow« des Bundesarchivs Koblenz.

3 In: Deutsche Literaturzeitung, Bd. 113, H. 11/12 – 1992, Sp. 744.
4 In: DIE ZEIT, Nr. 19 vom 1. Mai 1992.
5 In: Zeitschrift für Geschichtswissenschaft, 1993, H. 1, S. 254.
6 In: Geschichte – Erziehung – Politik, 1992, H. 718, S. 503.
7 In: Historische Zeitschrift, Bd. 258, 1994, S. 235.
8 Peter Winzen: Reichskanzler Bernhard Fürst von Bülow. Weltmachtstratege ohne Fortune – Wegbereiter der großen Katastrophe, Göttingen/Zürich 2003.
9 Ebenda, S. 71 ff.
10 Siehe oben, S. 76f.
11 Peter Winzen: Reichskanzler Bernhard Fürst von Bülow, S. 95.
12 Siehe Konrad Canis: Von Bismarck zur Weltpolitik, S. 340 ff.
13 Peter Winzen: Reichskanzler Bernhard Fürst von Bülow, S. 68.
14 Ebenda, S. 134.
15 Ebenda, S. 163.
16 Ebenda, S. 9 ff.
17 Ebenda, S. 9 u. 174.
18 Ebenda, S. 64.
19 Siehe oben, S. 131
20 Über Haller siehe Hans-Erich Volkmann: Als Polen noch der Erbfeind war. Zum 50. Todestag des politischen Historikers Johannes Haller. In: DIE ZEIT, Nr. 51 vom 12. Dezember 1997.
21 BA Koblenz, NL Haller, Nr. 13, H. 2, unpag.

Anmerkungen zum Dokumentenanhang

1 Heinrich Prinz von Preußen (1862–1929), Bruder Kaiser Wilhelms II., Admiral.
2 Robert Arthur Talbot Gascoyne-Cecil, Marquess of Salisbury (1830–1903), 1885/86, 1886–1892, 1895–1902 britischer Premierminister.
3 John Bull: Spitzname des englischen Volkes oder des typischen Engländers.
4 Hugo Lesz´y c Fürst von Radolin (1841–1917), 1892–1895 deutscher Botschafter in Konstantinopel, 1895–1900 in St. Petersburg, 1900–1910 in Paris.
5 Joseph Maria von Radowitz (1839–1912), 1882–1892 Botschafter in Konstantinopel, 1892–1908 in Madrid.
6 Zur Orientreise Wilhelms II. siehe oben S. 67f.
7 Rudolf Heinrich Reinhold Klehmet (1859–1915), seit 1886 im Auswärtigen Amt, 1896 Vortragender Rat.
8 Georg (Moritz) Ebers (1837–1898), Romanautor und Ägyptologe.
9 Herodot(os) (um 490/84– 430/25 v. C.), griechischer Geschichtsschreiber.
10 Georg Herbert Graf zu Münster, seit 1899 Fürst Münster von Derneburg (1820–1902), 1873–1885 deutscher Botschafter in London, in Paris 1885–1900.
11 Gemeint ist die erste Haager Friedenskonferenz vom 18. Mai bis 9. Juli 1899, auf der Münster die deutsche Delegation leitete.
12 Sir Frank Cavendish Lascelles (1841–1920), 1894–1895 britischer Botschafter in St. Petersburg, in Berlin 1895–1908.
13 Paul Graf von Hatzfeld-Wildenburg (1831–1901), 1881–1885 Staatssekretär des Auswärtigen Amtes, 1895–1901 Botschafter in London.

14 Théophile Delcassé (1852–1923), 1894/95 französischer Kolonialminister, 1898–1905 und 1914/15 Außenminister.

15 Savaii, Upolu: neben Tutoila die größten der Samoainseln im zentralen Pazifischen Ozean.

16 Joseph Chamberlain (1836–1914), 1895–1903 britischer Kolonialminister.

17 Sergej Juljewitsch Witte (1849–1915), 1892–1903 russischer Finanzminister, 1905–1906 Ministerpräsident.

18 Wladimir Nikolajewitsch Graf Lamsdorff (1845–1907), 1900–1906 russischer Außenminister.

19 Li Hongzhang (1823–1901), Vizekönig von Tschili, Ende des 19. Jahrhunderts faktisch Leiter der Außenpolitik Chinas.

20 Albert I. (1848–1922), Fürst von Monaco (seit 1889).

21 Eugen Richter (1838–1906), langjähriger Führer der deutschen Linksliberalen (Fortschrittspartei, Deutsche freisinnige Partei, Freisinnige Volkspartei).

VERZEICHNIS DER BENUTZTEN ARCHIVBESTÄNDE

1. Bundesarchiv (BA) Koblenz
   Nachlässe Bernhard von Bülow, Friedrich Wilhelm von Loebell, Johannes Haller, Wilhelm Solf
2. Bundesarchiv (BA) Abteilungen Berlin
   Bestand Reichskanzlei, Nachlass Otto Hammann
3. Geheimes Staatsarchiv Preußischer Kulturbesitz (GStA PK) Berlin
   Bestand Staatsministerialsitzungsprotokolle
   Nachlässe Wilhelm II., Alfred von Waldersee, Hans Hermann von Berlepsch, Reinhold von Sydow
4. Politisches Archiv des Auswärtigen Amtes (PA/AA) Berlin
   Bestand Deutschland
   Nachlass Karl von Eisendecher
5. Haus-, Hof und Staatsarchiv (HHStA) Wien
   Bestand Preußen
6. Archiwum Archediececjalne (Erzbischöfliches Archiv) Wroclaw
   Nachlass Ernst Lieber

VERZEICHNIS DER GEDRUCKTEN QUELLEN (AKTENEDITIONEN, BRIEFE, REDEN, TAGEBÜCHER, MEMOIREN, ZEITGENÖSSISCHE VERÖFFENTLICHUNGEN)

Der Ausbruch des Krieges. Dokumente des Britischen Auswärtigen Amtes 28. Juni bis 4. August 1914. Ges. u. zus.gestellt [...] von J. W. Headlam Morley, Berlin 1926 = Die britischen Amtlichen Dokumente über den Ursprung des Weltkrieges 1898–1914, [Bd. 11].

Akten zur staatlichen Sozialpolitik in Deutschland 1890–1914. Hg. von Peter Rassow u. Karl Erich Born, Wiesbaden 1959.

Die Auswirkungen der ersten russischen Revolution von 1905–1907 auf Deutschland. Hg. von Leo Stern, 2 Bd.e, Berlin 1954 u. 1956.

August Bebel. Ausgewählte Reden und Schriften, 10 Bd.e in 14 Teilbänden, München 1995–1997.

Theobald von Bethmann Hollweg. Betrachtungen zum Weltkriege, 2 Teile, Berlin 1919 u. 1921. Neuausgabe in 1 Bd. Hg. von Jost Dülffer, Essen 1989.

Graf Johann Heinrich Bernstorff. Erinnerungen und Briefe, Zürich 1936.

Staatssekretär Graf Herbert von Bismarck. Aus seiner politischen Privatkorrespondenz. Hg. u. eingeleitet von Walter Bußmann, Göttingen 1964.

Otto Fürst von Bismarck. Die gesammelten Werke, 15 Bd.e, Berlin 1924–1935.

Fürst Bülows Reden. In Auswahl hg. und mit Einleitungen und verbindender geschichtlicher Darstellung versehen von Wilhelm von Massow, 5 Bd.e, Leipzig 1910–1915.

Fürst Bülows Reden nebst urkundlichen Beiträgen zu seiner Politik. Bde. I und II: Hg. von Johannes Penzler, Bd. III: Hg. von Otto Hötzsch, Berlin 1907–1909.

Bernhard Fürst von Bülow. Denkwürdigkeiten, 4 Bd.e, Berlin 1930/31.

Bernhard Fürst von Bülow. Deutsche Politik, hrsg. und eingeleitet von Peter Winzen, Bonn 1992.

Briefe des Reichskanzlers Caprivi. [Hg. von] Max Schneidewind. In: Deutsche Revue, Jg. 47, Bd. 2, 1922.

Die Deutschen Dokumente zum Kriegsausbruch. Hg. im Auftrage des Auswärtigen Amtes, 2. Aufl., 4 Bd.e, Berlin 1922.

Hermann Freiherr von Eckardstein. Lebenserinnerungen und Politische Denkwürdigkeiten, 3 Bd.e, Leipzig 1919–1921.

Aus 50 Jahren. Erinnerungen, Tagebücher und Briefe aus dem Nachlass des Fürsten Philipp zu Eulenburg-Hertefeld, 2. Aufl., Berlin 1925.

Philipp Eulenburgs politische Korrespondenz. Hg. von John C. G. Röhl, Bd.e I – III, Boppard a. Rh. 1976–1983.

Die Briefe der Kaiserin Friedrich. Hg. von Sir Frederick Ponsonby, Berlin 1929.

Generalfeldmarschall Colmar Freiherr von der Goltz. Denkwürdigkeiten. Hg. u. bearb. Von Friedrich Freiherr von der Goltz und Wolgang Förster, Berlin 1929.

Johannes Haller. Aus dem Leben des Fürsten Philipp zu Eulenburg-Hertefeld, 2. Aufl., Berlin/Leipzig 1926.

Otto Hammann. Zur Vorgeschichte des Weltkrieges. Erinnerungen aus den Jahren 1897–1906, Berlin 1918.

Otto Hammann. Bilder aus der letzten Kaiserzeit, Berlin 1922.

Briefwechsel Hertling-Lerchenfeld 1912–1917. Dienstliche Privatkorrespondenz zwischen dem bayerischen Ministerpräsidenten Georg Graf von Hertling und dem bayerischen Gesandten in Berlin Hugo Graf von und zu Lerchenfeld, 2 Teile, Boppach a. Rh. 1973.

Philipp Hiltebrandt. Erinnerungen an den Fürsten Bülow, Bonn 1930.

Denkwürdigkeiten des Fürsten Chlodwig zu Hohenlohe-Schillingsfürst. Im Auftrage des Prinzen Alexander zu Hohenlohe-Schillingsfürst hg. von Friedrich Curtius, 2 Bd.e, Stuttgart/Leipzig 1906/07.

Chlodwig Fürst zu Hohenlohe-Schillingsfürst. Denkwürdigkeiten der Reichskanzlei. Hg. von Karl Alexander von Müller, Stuttgart/Berlin 1931.

Friedrich von Holstein. Lebensbekenntnis in Briefen an eine Frau. Hg. und eingeleitet von Helmuth Rogge, Berlin 1932.

Die geheimen Papiere Friedrich von Holsteins. Hg. von Norman Rich und M. H. Fisher, 4 Bd.e, Göttingen/Berlin/Frankfurt a. M. 1956–1963.

Bogdan Graf von Hutten-Czapski. Sechzig Jahre Politik und Gesellschaft, 2 Bde. Berlin 1936.

Rosa Luxemburg. Gesammelte Werke, 5 Bde. Berlin 1970–1975.

Alfred Thayer Mahan. Der Einfluß der Seemacht auf die Geschichte 1660–1812, hrsg. und überarbeitet von Gustav-Adolf Wolter, Herford 1967.

Rudolf Martin. Bülow und Wilhelm II., Leipzig 1909.

Erinnerungen und Gedanken des Botschafters Anton Graf Monts. Hg. von Karl Friedrich Nowak u. Friedrich Thimme, Berlin 1932.

Die Große Politik der Europäischen Kabinette 1871 bis 1914. Sammlung der Diplomatischen Akten des Auswärtigen Amtes. Hg. von Johannes Lepsius, Albrecht Mendelssohn Bartholdy, Friedrich Thimme, 40 Bde, Berlin 1922 ff.

Quellen zur deutschen Außenpolitik im Zeitalter des Imperialismus 1890–1911. Hg. von Michael Behnen, Darmstadt 1977.

Helmuth Rogge. Holstein und Hohenlohe. Neue Beiträge zu Friedrich von Holsteins Tätigkeit als Mitarbeiter Bismarcks und als Ratgeber Hohenlohes. Nach Briefen und Aufzeichnungen aus dem Nachlass des Fürsten Chlodwig zu Hohenlohe-Schillingsfürst 1874 bis 1894, Stuttgart 1957.

Helmuth Rogge. Holstein und Harden. Politisch-publizistisches Zusammenspiel zweier Außenseiter des Wilhelminischen Reiches, München 1959.

Fürstin Marie Radziwill. Briefe vom deutschen Kaiserhof 1889–1915, ausgewählt und übersetzt von Paul Wiegler, Berlin 1936.

Ludwig Raschdau. Unter Bismarck und Caprivi. Erinnerungen eines deutschen Diplomaten aus den Jahren 1885–1895, Berlin 1939.

Friedrich Rosen. Aus einem diplomatischen Wanderleben, Bd.e 1–2, Berlin 1931/32.

Denkwürdigkeiten des Botschafters General von Schweinitz. Hg. von Wilhelm von Schweinitz, 2 Bde., Berlin 1927.

Briefwechsel des Botschafters General von Schweinitz. Hg. von Wilhelm von Schweinitz, Berlin 1928.

Josef Sonntag. Begegnungen mit Bülow und anderen, Berlin 1935.

Das Tagebuch der Baronin Spitzemberg geb. Freiin von Varnbüler. Aufzeichnungen aus der Hofgesellschaft des Hohenzollernreiches. Ausgewählt u. hg. von Rudolf Vierhaus, 5. Aufl., Göttingen 1989.

Gustav Stresemann. Vermächtnis. Der Nachlaß in drei Bänden. Hg. von Henry Bernhard, Berlin 1932/33.

Rudolf von Valentini. Kaiser und Kabinettschef. Nach eigenen Aufzeichnungen und dem Briefwechsel ... dargestellt von Bernhard Schwertfeger, Oldenburg 1931.

Kuno Graf Westarp. Konservative Politik im letzten Jahrzehnt des Kaiserreiches, 2 Bd.e, Berlin 1935.

August Winnig: Bülow Umsturzpläne. In: Schwäbischer Merkur, Nr. 18 vom 24.1.1931.

Theodor Wolff. Tagebücher 1914–1919. Der Erste Weltkrieg und die Entstehung der Weimarer Republik in Tagebüchern, Leitartikeln und Briefen des Chefredakteurs am »Berliner Tageblatt« und Mitbegründers der »Deutschen Demokratischen Partei«. Eingel. u. hg. von Bernd Sösemann, 2 Teile, Boppard a. Rh. 1984.

Theodor Wolff. Die Wilhelminische Epoche. Fürst Bülow am Fenster und andere Begegnungen. Hg. u. eingel. von Bernd Sösemann, Frankfurt a. M. 1989.

Robert Graf Zedlitz-Trützschler. Zwölf Jahre am deutschen Kaiserhof, Stuttgart/Leipzig/Berlin 1925.

LITERATURVERZEICHNIS

Holger Afflerbach: Der Dreibund. Europäische Großmacht- und Allianzpolitik vor dem Ersten Weltkrieg, Wien/Köln/Weimar 2002.

Eugene N. Anderson: The social and political conflict in Prussia 1858–1864, Lincoln/Nebraska 1954.

Michael Balfour: Der Kaiser. Wilhelm II. und seine Zeit, Berlin 1967.

Winfried Baumgart: Europäisches Konzept und nationale Bewegung. Internationale Beziehungen 1830–1878, Paderborn/München/Wien/Zürich 1999 = Handbuch der Internationalen Beziehungen, Bd. 6.

Michael Behnen: Rüstung – Bündnis – Sicherheit. Dreibund und informeller Imperialismus 1900–1908, Tübingen 1985.

Bereit zum Krieg. Kriegsmentalität im wilhelminischen Deutschland 1890–1914. Beiträge zur historischen Friedensforschung. Hg. von Jost Dülffer u. Karl Holl, Göttingen 1986.

Volker Berghahn: Der Tirpitz-Plan. Genesis und Verfall einer innenpolitischen Krisenstrategie unter Wilhelm II., Düsseldorf 1971.

Dan Berindei: Bernhard von Bülow in Rumänien in den ersten Jahren seiner Mission in Bukarest. In: Deutsche Frage und europäisches Gleichgewicht. Festschrift für Andreas Hillgruber. Hg. von Klaus Hildebrand u. Reiner Pommerin, Köln/Wien 1985, S. 47 ff.

Bismarcks Sturz. Zur Rolle der Klassen in der Endphase des preußisch-deutschen Bonapartismus 1884/85 bis 1890. Von einem Kollektiv unter Leitung von Gustav Seeber, Berlin 1977.

Karl-Heinz Börner: Die Krise der preußischen Monarchie von 1858 bis 1862, Berlin 1976.

Heinz-Ludger Borgert: Grundzüge der Landkriegführung von Schlieffen bis Guderian, in: Deutsche Militärgeschichte in sechs Bänden 1648–1939. Hg. vom Militärgeschichtlichen Forschungsamt durch Friedrich Forstmeier, Wolfgang von Groote [u. a.], Herrsching 1983 (Pawlak-Ausgabe), Bd. 6, S. 427 ff.

Karl Erich Born: Von der Reichsgründung bis zum Ersten Weltkrieg. In: Gebhardt. Handbuch der deutschen Geschichte, Bd. 16, 9., neu bearb. Aufl., (Taschenbuchausgabe), München 1980.

Walter Bussmann: Treitschke. Sein Welt- und Geschichtsbild, 2., unveränderte Aufl., Göttingen/Zürich 1981.

Hans W. Burmeister: Prince Philipp zu Eulenburg-Hertefeld, 1897–1921: his influence on Kaiser Wilhelm II. and his role in the German governement, 1888–1902, Wiesbaden 1981.

Konrad Canis: Bismarck und Waldersee. Die außenpolitischen Krisenerscheinungen und das Verhalten des Generalstabes 1882 bis 1890, Berlin 1980

Konrad Canis: Von Bismarck zur Weltpolitik. Deutsche Außenpolitik 1890 bis 1902, Berlin 1997.

Konrad Canis: Bismarcks Rußlandpolitik nach der Reichsgründung. In: Das lange

19. Jahrhundert. Personen – Ereignisse – Ideen – Umwälzungen. Ernst Engelberg zum 90. Geburtsgag. Hg. von Wolfgang Küttler, 1. Halbbd., Berlin 1999, S. 47 ff.

Giovanni Caprile: Villa Malta dall' antica Roma a »Civiltá Cattolica«, Rom 1999

Jean-Pierre Cartier: Der Erste Weltkrieg 1914–1818, München/Zürich 1984.

Lamar Cecil: Wilhelm II. Prince and Emperor, 1859–1890, Chapel Hill 1989; derselbe: Wilhelm II. Emperor und Exile, 1900–1941, Capel Hill 1996.

Roger Chickering: Die Alldeutschen erwarten den Krieg. In: Bereit zum Krieg, S. 20 ff.

Christopher Clark: Kaiser Wilhelm II., London 2000.

Gordon A. Craig: Deutsche Geschichte 1866–1945. Vom Norddeutschen Bund bis zum Ende des Dritten Reiches, München 1989.

Wilhelm Deist: Flottenpolitik und Flottenpropaganda. Das Nachrichtenbureau des Reichsmarineamtes, Stuttgart 1976.

Eberhard Demm: Ein Liberaler in Kaiserreich und Republik. Der politische Weg Alfred Webers bis 1920, Boppard a. Rh. 1990.

Deutschland im ersten Weltkrieg. Bd. 1: Vorbereitung, Entfesselung und Verlauf des Krieges bis Ende 1914. Von einem Autorenkollektiv unter Leitung von Fritz Klein, 3., durchges. Aufl., Berlin 1971.

Horst Drechsler: Südwestafrika unter deutscher Kolonialherrschaft. Der Kampf der Herero und Nama gegen den deutschen Imperialismus, 2., durchges. Aufl., Berlin 1984.

Jost Dülffer: Regeln gegen den Krieg? Die Haager Friedenskonferenzen von 1899 und 1907 in der internationalen Politik, Berlin/Frankfurt a. M./Wien 1981.

Jost Dülffer [Rezension zu]: Gerd Fesser: Reichskanzler Bernhard Fürst von Bülow. Eine Biographie. In: Deutsche Literaturzeitung, Bd. 113, H. 11/12 – 1992, Sp. 744 f.

Jost Dülffer/Martin Kröger/Rolf-Harald Wippich, Vermiedene Kriege, München 1997.

Geoff Eley: Wilhelminismus, Nationalismus, Faschismus. Zur historischen Kontinuität in Deutschland, München 1991.

Ernst Engelberg: Bismarck. Urpreuße und Reichsgründer, Berlin 1985.

Ernst Engelberg: Bismarck. Das Reich in der Mitte Europas, Berlin 1990.

Wilhelm Epkenhans: Die wilhelminische Flottenrüstung 1908–1914. Weltmachtsstreben, industrieller Fortschritt, soziale Integration, München 1991

Fan Wönlan: Neue Geschichte Chinas. Bd. I: 1840–1901, Berlin 1959.

Gerd Fesser: Linksliberalismus und Arbeiterbewegung. Die Stellung der Deutschen Fortschrittspartei zur Arbeiterbewegung 1861–1866, Berlin 1976.

Gerd Fesser: Zur Genesis des Reichsvereinsgesetzes. Staatsorgane, bürgerliche Parteien und Vereinsgesetzgebung im Deutschen Reich 1906 bis 1908. In: Forschungsergebnisse zur Geschichte des deutschen Imperialismus vor 1917. Hg. von B. A. Aisin und W. Gutsche, Berlin 1980, S. 107 ff.

Gerd Fesser: Reichskanzler Bernhard Fürst von Bülow. Eine Biographie, Berlin 1991.

Gerd Fesser: Zur »Weltpolitik« Bernhard von Bülows. In: Zeitschrift für Geschichtswissenschaft, 1992, H. 9, S. 864 ff.

Gerd Fesser: Bernhard von Bülow und der Ausbruch des Ersten Weltkrieges. In: Militärgeschichtliche Mitteilungen, 1992, S. 317 ff.

Gerd Fesser: Der Traum vom Platz an der Sonne. Deutsche »Weltpolitik« 1897–1914, Bremen 1996.

Gerd Fesser: Bernhard von Bülow. In: Das Kaiserreich. Hg. von Michael Fröhlich, S. 216 ff.

Gerd Fesser: Wilhelm II. und der Wilhelminismus, in: Karl Holl – Hans Kloft – Gerd Fesser: Caligula – Wilhelm II. und der Caesarenwahnsinn. Antikenrezeption und wilhelminische Politik am Beispiel des »Caligula« von Ludwig Quidde, Bremen 2001, S. 117 ff.

Fritz Fischer: Krieg der Illusionen. Die deutsche Politik von 1911 bis 1914, Düsseldorf 1969.

Ragnhild Fiebig-von Hase: Lateinamerika als Konfliktherd der deutsch-amerikanischen Beziehungen 1890–1913. Vom Beginn der Panamerikapolitik bis zur Venezuelakrise von 1902/02, Göttingen 1986.

Ragnhild Fiebig-von Hase: Großmachtkonflikte in der Westlichen Hemisphäre. Das Beispiel des Venezuelakrise von Winter 1902/03. In: Jost Dülffer/Martin Kröger/Rolf-Harald Wippich, S. 527 ff.

Stig Förster: Der doppelte Militarismus. Die deutsche Heeresrüstungspolitik zwischen Status-quo-Sicherung und Aggression 1890–1913, Wiesbaden/Stuttgart 1985.

Ralf Forsbach: Alfred von Kiderlen-Wächter (1852–1912). Ein Diplomatenleben im Kaiserreich, 2 Teilbd.e, Göttingen 1997.

Ralf Forsbach: Heinrich von Treitschke (1834–1896), in: Das Kaiserreich. Hg. von Michael Fröhlich, S. 131 ff.

Michael Freund: Deutsche Geschichte. Fortgeführt von Thilo Vogelsang, München 1979.

Dieter Fricke: Die Affäre Leckert – Lützow – Tausch und die Regierungskrise von 1897 in Deutschland. In: Zeitschrift für Geschichtswissenschaft, 1960.

Dieter Fricke: Der deutsche Imperialismus und die Reichstagswahlen von 1907, in: Zeitschrift für Geschichtswissenschaft, 1961, H. 3, S. 538 ff.

Michael Fröhlich: Imperialismus. Deutsche Kolonial- und Weltpolitik 1880 bis 1914, 2. Aufl., München 1997.

Jürgen Frölich: Die Berliner »Volkszeitung« 1853 bis 1867, Frankfurt am Main/Bern/New York 1990.

Front wider Bülow. Staatsmänner, Diplomaten und Forscher zu seinen Denkwürdigkeiten. Hg. von Friedrich Thimme, München 1931.

József Galantai: Die Österreichisch-Ungarische Monarchie und der Weltkrieg. o. O. [Budapest] 1979.

Adolf Gasser: Preußischer Militärgeist und Kriegsentfesselung 1914. Drei Studien zum Ausbruch des Ersten Weltkrieges, Basel/Frankfurt a. M. 1985.

Imanuel Geiss: Der lange Weg in die Katastrophe. Die Vorgeschichte des Ersten Weltkrieges 1815–1914, München/Zürich 1990.

Heinz Alfred Gemeinhardt: Deutsche und österreichische Pressepolitik während der Bosnischen Krise 1908/09, Husum 1980.

Herbert Gottwald: Der Umfall des Zentrums. Die Stellung der Zentrumspartei zur Flottenvorlage von 1897. In: Studien zum deutschen Imperialismus vor 1914. Hg. von Fritz Klein, Berlin 1976.

Herbert Gottwald/Günter Wirth: Zentrum. In: Lexikon zur Parteiengeschichte. Die bürgerlichen und kleinbürgerlichen Parteien und Verbände in Deutschland (1789 – 1945). Hg. von Dieter Fricke, Werner Fritsch [u. a.], Bd. 4, Leipzig, S. 552 ff.

Ferdinand Gregorovius: Kleine Schriften zur Geschichte und Kultur, Bd. III: Die Villa Malta in Rom und ihre deutschen Erinnerungen, Leipzig 1888.

Tilemann Grimm: Die Boxerbewegung in China 1898–1901. In: Historische Zeitschrift, Bd. 224, 1977, S. 615 ff.

Dieter Groh: Negative Integration und revolutionärer Attentismus. Die deutsche Sozialdemokratie am Vorabend des Ersten Weltkrieges, Frankfurt a. M./Berlin/Wien 1973.

Horst Gründer: Die Kaiserfahrt Wilhelms II. ins Heilige Land 1898. Aspekte deutscher Palästinapolitik im Zeitalter des Imperialismus. In: Weltpolitik, Europagedanke, Regionalismus. Festschrift für Heinz Gollwitzer zum 65. Geburtsstag am 30. Januar 1982. Hg. von Heinz Dollinger/Horst Gründer/Alwin Hanschmidt, Münster 1982, S. 363 ff.

Horst Gründer: Geschichte der deutschen Kolonien, Paderborn/München/Zürich/Wien 1985.

Willibald Gutsche: Monopole, Staat und Expansion vor 1914. Zum Funktionsmechanismus zwischen Industriemonopolen, Großbanken und Staatsorganen in der Außenpolitik des Deutschen Reiches 1897 bis zum Sommer 1914, Berlin 1986.

Wilhelm Gutsche: Wilhelm II. Der letzte Kaiser des Deutschen Reiches. Eine Biographie, Berlin 1991.

Joachim Haferkorn: Bülows Kampf um das Reichskanzleramt im Jahre 1906, Würzburg 1939.

Erich J. Hahn: Rudolf von Gneist 1816–1895. Ein politischer Jurist in der Bismarckzeit, Frankfurt a. M. 1995.

Johannes Haller: Die Aera Bülow. Eine historisch-politische Studie, Stuttgart/Berlin 1922.

George W. F. Hallgarten: Imperialismus vor 1914. Die soziologischen Grundlagen der Außenpolitik europäischer Großmächte vor dem Ersten Weltkrieg, 2 Bde., 2., durchges. u. stark erw. Aufl., München 1963.

Fritz Hartung: Bülows Denkwürdigkeiten. In: Zeitschrift für Politik, Bd. 21, 1932, S. 48.

Fritz Hartung: Verantwortliche Regierung, Kabinette und Nebenregierungen im konstitutionellen Preußen 1848–1918. In: derselbe: Volk und Staat in der deutschen Geschichte, Leipzig 1940.

Dieter Hein: Georg Michaelis. In: Die deutschen Kanzler, S. 115.

Hans Dieter Hellige: Rathenau und Harden in der Gesellschaft des Deutschen Kaiserreichs. Eine sozialgeschichtlich-biographische Studie zur Entstehung neokonservativer Positionen bei Unternehmern und Intellektuellen. In: Walther Rathenau Maximilian Harden. Briefwechsel 1897–1920. Mit einer einleitenden Studie von Hans Dieter Hellige, München-Heidelberg 1983. = Walther Rathenau-Gesamtausgabe. Hg. von Hans Dieter Hellige und Ernst Schulin, VI.

Dieter Hertz-Eichenrode: Deutsche Geschichte 1890–1918. Das Kaiserreich in der Wilhelminischen Zeit, Stuttgart/Berlin/Köln 1996.

Hans Herzfeld: Johannes von Miquel. Sein Anteil am Ausbau des Deutschen Reiches bis zur Jahrhundertwende, 2 Bde., Detmold 1938.

Klaus Hildebrand: Das vergangene Reich. Deutsche Außenpolitik von Bismarck bis Hitler 1871–1945, Stuttgart 1995.

Friedrich Freiherr Hiller von Gaertringen: Fürst Bülows Denkwürdigkeiten. Untersuchungen zu ihrer Entstehungsgeschichte und ihrer Kritik, Tübingen 1956

Andreas Hillgruber: Die gescheiterte Großmacht. Eine Skizze des Deutschen Reiches 1871–1945, Düsseldorf 1984.

Hannelore Horn: Der Kampf um den Bau des Mittellandkanals. Köln/Opladen 1964.

Ernst Rudolf Huber: Deutsche Verfassungsgeschichte seit 1789, Stuttgart/Berlin/Köln/Mainz, Bd. IV: Struktur und Krisen des Kaiserreiches, 2., verb. u. ergänzte Aufl., 1982; Bd. V: Weltkrieg, Revolution und Reichserneuerung 1914–1919, 1978.

Isabel V. Hull: Entourage of Wilhelm II., 1888–1918, Cambridge 1982.

Isabel V. Hull: Bernhard von Bülow. In: Die deutschen Kanzler. Hg. von Wilhelm von Sternburg, S. 69 ff.

Georg Iggers: Heinrich von Treitschke, in: Deutsche Historiker. Hg. von Hans-Ulrich Wehler, Bd. II., Göttingen 1971, S. 66 ff.

Ernst Jäckh: Staatssekretär von Kiderlen-Wächter über Bülows Charakter und Politik. In: Front wider Bülow, S. 56 ff.

Detlef Jena: Die russischen Zaren in Lebensbildern, Graz/Wien/Köln 1996

A. S. Jerussalimski: Die Außenpolitik und die Diplomatie des deutschen Imperialismus Ende des 19. Jahrhunderts, Berlin 1954.

Siegried A. Kaehler: Legende und Wirklichkeit im Lebensbild des Kanzlers Bernhard v. Bülow. In: Siegfried A. Kaehler. Studien zur deutschen Geschichte des 19. und 20. Jahrhunderts. Hg. von Walter Bussmann, Göttingen 1961, S. 220 ff.

Das Kaiserreich. Portrait einer Epoche in Biographien. Hg. von Michael Fröhlich, Darmstadt 2001.

Die deutschen Kanzler. Von Bismarck bis Schmidt. Hg. von Wilhelm von Sternburg, Frankfurt a. M. 1987.

Jörg Kastl: Am straffen Zügel. Bismarcks Botschafter in Russland, 1871–1892, München 1994.

Baldur Kaulisch: Alfred Tirpitz und die imperialistische deutsche Flottenrüstung. Eine politische Biographie, 3., durchges. Aufl., Berlin 1988.

Eckart Kehr: Schlachtflottenbau und Parteipolitik 1894–1901. Versuch eines Querschnitts durch die innenpolitischen, sozialen und ideologischen Voraussetzungen des deutschen Imperialismus, Berlin 1930.

Eckart Kehr: Der Primat der Innenpolitik. Gesammelte Aufsätze zur preußischen deutschen Sozialgeschichte im 19. und 20. Jahrhundert. Hg. u. eingel. von Hans-Ulrich Wehler, 2., durchges. Aufl., Frankfurt a. M./Berlin/Wien 1976.

George F. Kennan: Die schicksalhafte Allianz. Frankreich und Rußland am Vorabend des Ersten Weltkrieges, Köln 1990.

Peter Graf Kielmansegg: Deutschland und der Erste Weltkrieg, 2., durchges. Aufl., Stuttgart 1980.

Fritz Klein: Über die Verfälschung der historischen Wahrheit in der Aktenpublikation »Die Große Politik der Europäischen Kabinette 1871–1914«, in: Zeitschrift für Geschichtswissenschaft, 1959, H. 2, S. 318 ff.

Fritz Klein: Deutschland von 1897/98 bis 1917 (Deutschland in der Periode des Imperialismus bis zur Großen Sozialistischen Oktoberrevolution), 5., bearb. Aufl., Berlin 1986 = Lehrbuch der deutschen Geschichte (Beiträge), Bd. 9.

Fritz Klein: »Sonst kriege ich die Sozialdemokraten nicht mit«. In: Beiträge zur Geschichte der deutschen Arbeiterbewegung, 1967, S. 843 ff.
Harald Koth/Thomas Seidel: Zur Vorgeschichte des Stuttgarter Kongresses der II. Internationale 1907. In: Beiträge zur Geschichte der Arbeiterbewegung, 1987, H. 4.
Helmut Krausnick: Holsteins Geheimdiplomatie in der Ära Bismarck 1886–1890, 2. Aufl., Hamburg 1942.
Gesine Krüger: Kriegsbewältigung und Geschichtsbewußtsein. Realität, Deutung und Verarbeitung des deutschen Kolonialkriegs in Namibia 1904 bis 1907, Göttingen 1999.
Hans Küsswetter: Studien zu Fürst Bülows Denkwürdigkeiten, phil. Diss., München 1936.
Sigrid Kumpf-Korfes: Bismarcks »Draht nach Russland«. Zum Problem der sozialökonomischen Hintergründe der deutsch-russischen Entfremdung im Zeitraum 1878 bis 1891, Berlin 1968.
Ulrich Langer: Heinrich von Treitschke. Politische Biographie eines deutschen Nationalisten, Düsseldorf 1998.
Ulrich Lappenküper: Die Mission Radowitz. Untersuchungen zur Rußlandpolitik Otto von Bismarcks 1871–1875, Göttingen 1990.
Peter Leibenguth: Modernisierungskrisis des Kaiserreiches an der Schwelle zum wilhelminischen Imperialismus, Diss., Köln 1975.
Heinz Lemke: Allianz und Rivalität. Polen und die Mittelmächte im ersten Weltkrieg (bis zur Februarrevolution), Berlin 1977.
Katharine Anne Lerman: The Decisive Relationship. Kaiser Wilhelm II. and Chancellor Bernhard von Bülow 1900–1905. In: Kaiser Wilhelm II. New Interpretations. The Corfu Papers. Hg. von John C. G. Röhl u. Nicolaus Sombart, Cambridge 1982, S. 227.
Katharine Anne Lerman: The Chancellor as Courtier. Bernhard von Bülow and the Governance of Germany 1900–1909, Cambride 1990.
Wilfried Loth: Katholiken im Kaiserreich. Der politische Katholizismus in der Krise des wilhelminischen Deutschlands, Düsseldorf 1984.
Emil Ludwig: Wilhelm der Zweite, Berlin 1926.
Lothar Machtan [Rezension zu]: Gerd Fesser: Reichskanzler Bernhard Fürst von Bülow. Eine Biographie. In: Zeitschrift für Geschichtswissenschaft, 1993, H. 1, S. 252 ff.
Lothar Machtan: Bismarck-Kult und deutscher National-Mythos 1890 bis 1940, in: Bismarck und der deutsche Nationalmythos. Hg. von Lothar Machtan, Bremen 1994, S. 14 ff.
Lothar Machtan: Bismarcks Tod und Deutschlands Tränen. Reportage einer Tragödie, München 1998.
Johann Manzenreiter: Die Bagdadbahn als Beispiel für die Entstehung des Finanzimperialismus in Europa (1872–1903), Bochum 1982.
Robert K. Massie: Die Schalen des Zorns. Großbritannien, Deutschland und das Heraufziehen des Ersten Weltkrieges, Frankfurt a. M. 1993.
Heinrich Otto Meisner: Der Reichskanzler Caprivi, Darmstadt 1969.
Helmut Mejcher: Die Bagdadbahn als Instrument deutschen wirtschaftlichen Einflusses im Osmanischen Reich. In: Geschichte und Gesellschaft, 1975, S. 447 ff.
Ralph Menning/Carol Menning: »Baseless Allegations«: Wilhelm II. and the Hale Interview of 1908. In: Central European History, 1983, S. 368 ff.

Armin Mitter: Rechtsradikale und Kriegshysterie. Bemerkungen zu: Roger Chickering: We Men Who Feel Most German. A Cultural Study of the Pan-German League 1886–1914. In: Jahrbuch für Geschichte der sozialistischen Länder Europas, Bd. 32, Berlin 1988, S. 432 ff.

Wolfgang J. Mommsen: Der autoritäre Nationalstaat. Verfassung, Gesellschaft und Kultur des deutschen Kaiserreiches, Frankfurt a. M. 1990.

Wolfgang J. Mommsen: Großmachtstellung und Weltpolitik. Die Außenpolitik des Deutschen Reiches 1870 bis 1914, Frankfurt a. M./Berlin 1993.

Wolfgang J. Mommsen: Bürgerstolz und Weltmachtstreben. Deutschland unter Wilhelm II. 1890 bis 1918, Berlin 1995 = Propyläen Geschichte Deutschlands, Bd. 7/II.

Wolfgang J. Mommsen: War der Kaiser an allem schuld? Wilhelm II. und die preußisch-deutschen Machteliten, München 2002.

Alberto Monticone: Deutschland und die Neutralität Italiens 1914 bis 1915, Wiesbaden 1982.

Albrecht Moritz: Das Problem des Präventivkrieges in der deutschen Politik während der 1. Marokkokrise, Bern/Frankfurt a. M. 1974.

Gerhard Müller [Rezension zu]: Gerd Fesser: Reichskanzler Bernhard Fürst von Bülow. Eine Biographie. In: Geschichte – Erziehung – Politik, 1992, H 7/8, S. 501 ff.

Sigmund Münz: Fürst Bülow: Der Staatsmann und Mensch. Erinnerungen und Erwägungen, Berlin 1930.

Sönke Neitzel: Chlodwig Fürst zu Hohenlohe-Schillingsfürst. In: Das Kaiserreich. Hg. von Michael Fröhlich, S. 77 ff.

Thomas Nipperdey: Deutsche Geschichte 1866–1918, Bd. 2: Machtstaat vor der Demokratie, München 1992.

Walter Nuhn: Sturm über Südwest. Der Hereroaufstand von 1904 – Ein düsteres Kapitel der deutschen kolonialen Vergangenheit Namibias, Koblenz 1989.

Maurice Paléologue: Un grand tournant de la politique mondiale 1904–1906, Paris 1934.

Wolfgang Petter: Deutsche Flottenrüstung von Wallenstein bis Tirpitz. In: Deutsche Militärgeschichte in sechs Bänden 1648–1939, Bd. 5, München 1983, S. 13 ff.

Raymond Poidevin: Die unruhige Großmacht. Deutschland und die Welt im 20. Jahrhundert, Darmstadt 1985.

Reiner Pommerin: Der Kaiser und Amerika. Die USA in der Politik der Reichsleitung 1890–1917, Köln/Wien 1996.

Hans-Jürgen Puhle: Agrarische Interessenpolitik und preußischer Konservatismus im wilhelminischen Reich 1893–1914. Ein Beitrag zur Analyse des Nationalismus in Deutschland am Beispiel des Bundes der Landwirte und der Deutsch-Konservativen Partei, 2., verb. Aufl., Bonn-Bad Godesberg 1975.

Hans Rall: Wilhelm II. Eine Biographie, Graz/Wien/Köln 1995.

Heiner Raulff: Zwischen Machtpolitik und Imperialismus. Die deutsche Frankreichpolitik 1904/05, Düsseldorf 1976.

Oskar Regele: Feldmarschall Conrad. Auftrag und Erfüllung 1906–1918, Wien/München 1955.

Das Deutsche Reich und der Boxeraufstand. Hg. von Susanne Kuß/Bernd Martin, München 2002.

Josef Reimann: Fürst Bülows Denkwürdigkeiten und die deutsche Marokkopolitik (1897–1909), Würzburg 1935.

Des Kaisers Reise in den Orient 1898. Hg. von Klaus Jaschinski/Julius Waldschmidt, Berlin 2002.
Norman Rich: Friedrich von Holstein. Politics and Diplomacy in the Era of Bismarck and Wilhelm II., 2 Bd.e, Cambridge 1965.
Jan Stefan Richter: Die Orientreise Kaiser Wilhelms II. 1898. Eine Studie zur deutschen Außenpolitik an der Wende zum 20. Jahrhundert, Hamburg 1997.
John C. G. Röhl: Kaiser, Hof und Staat. Wilhelm II. und die deutsche Politik, 4., verb. u. erw. Aufl., München 1995.
John C. G. Röhl: Wilhelm II. Die Jugend des Kaiser 1859–1888, München 1993.
John C. G. Röhl: Wilhelm II. Der Aufbau der Persönlichen Monarchie 1888–1900, München 2001.
Michael Salewski: Tirpitz. Aufstieg – Macht – Scheitern, Göttingen 1979.
Klaus Saul: Staat, Industrie, Arbeiterbewegung im Kaiserreich. Zur Innen- und Sozialpolitik des Wilhelminischen Deutschland 1903–1914, Düsseldorf 1974.
Konrad Schilling: Beiträge zu einer Geschichte des radikalen Nationalismus in der Wilhelminischen Ära 1890–1909. Die Entstehung des radikalen Nationalismus, seine Einflußnahme auf die innere und äußere Politik des Deutschen Reiches und die Stellung von Regierung und Reichstag zu seiner politischen und publizistischen Aktivität, phil. Diss., Köln 1968.
Gregor Schöllgen: Das Zeitalter des Imperialismus, 3., überarb. u. erw. Aufl., München 1994.
Gregor Schöllgen: Imperialismus und Gleichgewicht. Deutschland, England und die orientalische Frage 1871–1914, 3. Aufl., München 2000.
Wilhelm Schüssler: Die Daily-Telegraph-Affäre. Fürst Bülow, Kaiser Wilhelm und die Krise des Zweiten Reiches 1908, Göttingen 1952.
Bernd-Felix Schulte: Die deutsche Armee 1900–1914. Zwischen Beharren und Verändern, Düsseldorf 1977.
Gustav Seeber/Horst Bartel [u. a.]: Der Kapitalismus der freien Konkurrenz und der Übergang zum Monopolkapitalismus von 1871 bis 1897, Berlin 1988 = Deutsche Geschichte in zwölf Bänden, Bd. 5.
Bernd Sösemann: Die sog. Hunnenrede Wilhelms II. Textkritische und interpretatorische Bemerkungen zur Ansprache des Kaisers vom 27. Juli 1900 in Bremerhaven, in: Historische Zeitschrift, Bd. 222, 1976, S. 342 ff.
Nicolaus Sombart: Wilhelm II. Sündenbock und Herr der Mitte, Berlin 1996.
Dirk Stegmann: Die Erben Bismarcks. Parteien und Verbände in der Spätphase des wilhelminischen Deutschlands. Sammlungspolitik 1897–1918, Köln 1970.
Günther Stökl: Russische Geschichte von den Anfängen bis zur Gegenwart, 5. Aufl., Stuttgart 1990.
Eberhard Straub: Drei letzte Kaiser. Der Untergang der großen europäischen Dynastien, Berlin 1998.
Michael Stürmer: Das ruhelose Reich. Deutschland 1866–1918, Berlin 1983.
Peter Tschapek: Bausteine eines künftigen deutschen Mittelafrika. Deutscher Imperialismus und die Portugiesischen Kolonien. Deutsches Interesse an den südafrikanischen Kolonien Portugals vom ausgehenden 19. Jahrhundert bis zum Ersten Weltkrieg, Stuttgart 2000.
Hans-Peter Ullmann: Politik im Deutschen Kaiserreich 1871–1918, München 1999.

Volker Ullrich: Als der Thron ins Wanken kam. Das Ende des Hohenzollernreiches 1890–1918, Bremen 1993.

Volker Ullrich: Die nervöse Großmacht. Aufstieg und Untergang des deutschen Kaiserreichs 1871–1918, Frankfurt a. M. 1997.

Barbara Vogel: Deutsche Rußlandpolitik. Das Scheitern der deutschen Weltpolitik unter Bülow 1900–1906, Düsseldorf 1973.

Hans-Ulrich Wehler: Bismarcks späte Rußlandpolitik. In: derselbe: Krisenherde des Kaiserreichs 1871–1918, 2. Aufl., Göttingen 1979, S. 166 ff.

Hans-Ulrich Wehler: Das Deutsche Kaiserreich 1871–1918, 6., bibliographisch erneuerte Aufl., Göttingen 1988.

Hans-Ulrich Wehler: Deutsche Gesellschaftsgeschichte, 3. Bd.: Von der »Deutschen Doppelrevolution« bis zum Beginn des Ersten Weltkrieges 1849–1914, München 1995.

Rolf Weitowitz: Deutsche Politik und Handelspolitik unter Reichskanzler Leo von Caprivi, Düsseldorf 1978.

Mildred S. Wertheimer: The Pan-German-League 1890–1914, phil. Dis., New York 1924.

Heinrich August Winkler: Preußischer Liberalismus und deutscher Nationalstaat. Studien zur Geschichte der deutschen Fortschrittspartei 1861–1866, Tübingen 1964.

Peter Winzen. Die Englandpolitik Friedrich von Holsteins 1895–1901, phil. Diss., II. Teil, Köln 1975.

Peter Winzen: Bülows Weltmachtkonzept. Untersuchungen zur Frühphase seiner Außenpolitik 1897–1901, Boppard a. Rh. 1977.

Peter Winzen: Zur Genesis von Weltmachtkonzept und Weltpolitik. In: Der Ort Kaiser Wilhelms II. in der deutschen Geschichte, hrsg. von John C. G. Röhl, München 1991.

Peter Winzen: Reichskanzler Bernhard Fürst von Bülow. Weltmachtstratege ohne Fortune – Wegbereiter der großen Katastrophe, Göttingen/Zürich 2003.

Peter-Christian Witt: Die Finanzpolitik des Deutschen Reiches von 1903–1913. Eine Studie zur Innenpolitik des Wilhelminischen Deutschland, Lübeck-Hamburg 1970.

Walter Wittwer: Vom Sozialistengesetz zur Umsturzvorlage. Zur Politik der preußisch-deutschen Regierung gegen die Arbeiterbewegung 1890 bis 1894, Berlin 1983.

Heinz Wolter: Bismarcks Außenpolitik 1871–1881. Außenpolitische Grundlinien von der Reichsgründung bis zum Dreikaiserbündnis, Berlin 1983.

Dietmar Wulff: Der russisch-deutsche Handelsvertrag von 1904. In: Jahrbuch für Geschichte der sozialistischen Länder Europas, Bd. 32, Berlin 1988, S. 129 ff.

Egmont Zechlin: Krieg und Kriegsrisiko. Zur deutschen Politik im Ersten Weltkrieg. Aufsätze, Düsseldorf 1979.

PERSONENREGISTER

BILDNACHWEIS

Abb. S. 56: Paul Meinhold: Wilhelm II. 25 Jahre Kaiser und König, Berlin 1912.
Abb. S. 72: Erich Scheurmann, Samoa, Horn in Baden 1926.
Abb. S. 165: Der Weltkrieg in seiner rauhen Wirklichkeit. Kriegsbilder – Werk (...) nach (...) Original-Aufnahmen durch den Kriegsphotographen Hermann Rex, Oberammergau 1926.
Abb. S. 138: Unsere Marine. Hg. von Eduard von Mantey, 1928.
Abb. S. 147: Generalfeldmarschall Colmar Freiherr von der Goltz. Hg. von Friedrich Freiherr von der Goltz u. Wolfgang Förster, Berlin 1929.
Abb. S. 41, 58, 93: Bernhard Fürst von Bülow. Denkwürdigkeiten, Bd. 1, Berlin 1930.
Abb. S. 159: Bernhard Fürst von Bülow. Denkwürdigkeiten, Bd. 2, Berlin 1930.
Abb. S. 169: Bernhard Fürst von Bülow. Denkwürdigkeiten, Bd. 3, Berlin 1931.
Abb. S. 9, 18: Bernhard Fürst von Bülow. Denkwürdigkeiten, Bd. 4, Berlin 1931.
Abb. S. 25, 37, 48, 52, 61, 69, 74, 75, 78, 95, 107, 113, 126, 148, 152, 163, 178, 184: Archiv Dr. Gerd Fesser, Jena-Isserstadt.